U0686317

人民日报记者说

好稿是怎样“修炼”成的

费伟伟　著

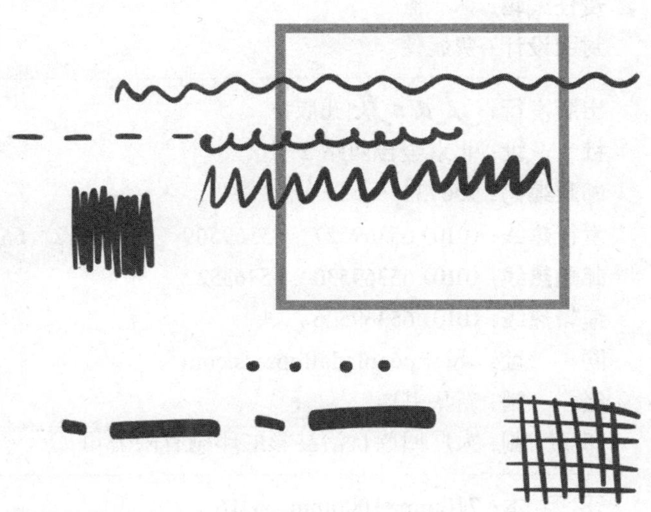

人民日报出版社

图书在版编目（CIP）数据

人民日报记者说：好稿是怎样“修炼”成的 / 费伟伟著 .
-- 北京 : 人民日报出版社 , 2018.6
ISBN 978-7-5115-5485-7

Ⅰ. ①人… Ⅱ. ①费… Ⅲ. ①报纸编辑 Ⅳ. ① G214.1

中国版本图书馆 CIP 数据核字（2018）第 101599 号

书　　名：人民日报记者说：好稿是怎样“修炼”成的
著　　者：费伟伟

出 版 人：刘华新
责任编辑：林　薇
封面设计：费晨仪

出版发行：人民日报出版社
社　　址：北京金台西路 2 号
邮政编码：100733
发行热线：(010) 65369527　65369509　65369512　65369846
邮购热线：(010) 65369530　65363527
编辑热线：(010) 65369526
网　　址：www.peopledailypress.com
经　　销：新华书店
印　　刷：大厂回族自治县彩虹印刷有限公司

开　　本：710mm×1000mm　1/16
字　　数：320 千字
印　　张：23.25
版　　次：2018 年 7 月第 1 版　　2023 年 3 月第 19 次印刷

书　　号：ISBN 978-7-5115-5485-7
定　　价：49.00 元

代序

新闻的力量，在更远的前方

卢新宁

时间是一种充满魔力的尺度，标注时代的变迁，也丈量个人的足迹。历经时间的反复淘洗，一个记者究竟能走多远？

读罢《好稿是怎样“修炼”成的》一书，心中多少有了答案。“要鲜活，更要鲜明”“把太硬的打碎”“从貌似熟悉中发现陌生”……仅仅是目录，就“拽”着人不由自主往下翻阅。标题怎么短下来？怎样在冲突中写好人物？如何既突出问题意识，也体现过程意识？……细览内容，详尽的案例引人入胜，犀利的点评激荡人心。可以说，这本书既有“术”的经验总结，也有“道”的深入辨析。无论是围绕具体作品的个案分析，还是跳出新闻报道的抽象思考，都浸润着一名老记者的精品意识和探索精神。

作者费伟伟是我熟识多年的同事。温润如玉的江南才子，性格里却有一种不平常的执着。自进入人民日报工作以来，他辗转多个岗位，始终坚持以佳作记录时代、影响社会、成风化人，采编了卷帙浩繁的新闻作品，多次荣获中国新闻奖等奖项。30余载丰富多彩的从业经历，映照着热爱新闻事业的初心，也诠释了好稿是不畏繁难创作出来的。“好声音在基层，好故事在路上。好新闻是‘用脚走出来的’，讲好故事，当深入一线，接地气，心贴着大地和民众行走。”作者的感慨，很难不引起新闻工作者的共鸣。

有人说，日报如同“绞肉机”，如果缺乏一种抵抗碎片化的自觉，很容易在岁月的流逝中消磨了韶华。伟伟无疑是个有心人。殊为可贵的是，这本书详细记录并还原了一些稿件的幕后编采过程与业务研讨内容，堪称现实版的“编辑部的故事”。不少细节，读来令人趣味盎然。对于经典案例，本书还同时附有原稿，方便读者对照查看。如此匠心，不仅有助于读者了解一篇优秀新闻稿件是如何诞生的，相信对一般意义上的写作也具有指导价值。

学者马克思·韦伯将学术与政治视为一种志业，认为这是一种“去用力而缓慢地穿透硬木板”的工作。做新闻又何尝不是如此呢？“活蹦乱跳、顶花带刺”的鲜活文字，背后是作者深厚的洞察力、判断力，最根本的则是党报记者的高远站位。“风雷激荡一纸书”，走过70年不凡征程的人民日报，一直以来都倡导记者要“站在天安门上看问题”，涵养立足中国、胸怀世界的大局观，形成认识问题、分析问题的全面能力。事实上，一个人积累越厚，越能抓住事物的本质，走出局部真实而抵达整体真实；也越能在小荷初露尖尖角时发现大趋势，在风云变幻中站稳脚跟。

互联网时代，信息已由稀缺、昂贵变为丰富、廉价，媒体融合方兴未艾，新闻样态日趋多元，新闻与社会的关系更趋立体、复杂。处身所谓的“后真相”时代，面对日新月异的传播场域，记者何以立足，新闻何以“留痕”？常青的生活之树下，“内容为王”依然有其价值，高质量的新闻文本依然是稀缺资源。人们期待着记者迎着问题上、抓住真问题，用好作品回应时代的关切，有力量行进至更远的远方。

北京的冬夜里，伟伟提着书稿在夜班找到我时的情景仍在眼前，而对他书稿的阅读，让我想起被鲁迅称为“中国最为杰出的抒情诗人”冯至在《南方的夜》中的一句诗，“这时我胸中觉得有一朵花儿隐藏／它要在这静夜里火一样地开放”。我想好记者是否都该如此，在“日计有余，岁计不足”的奔忙中隐藏一份漫长的思考，并最终寻找到时机绽放。

2018年5月

（作者系人民日报社副总编辑）

目　录

第三辑　文有大法

第四辑　千斟万酌　以求一是

第五辑　观千剑而后识器

第六辑　领异标新二月花

第七辑　题好一半文

第一辑

文章合为时而著

“文以载道”，从古至今，我国历代先贤都强调，文章须表达一定的观点和主张，在社会生活中发挥积极作用。“为世用者，百篇无害；不为用者，一章无补。”（汉·王充《论衡·自纪》）

新闻报道直接服务于社会实践，更应与时代同频共振。诚如唐代著名诗人白居易所倡导的，“文章合为时而著，歌诗合为事而作。”（《白氏长庆集·与元九书》）

当今中国的伟大变革，正在直面问题中展开波澜壮阔的画卷，也同样呼唤广大新闻工作者“迎着问题上”，抓住真问题，弘扬正能量。

君子之文，必有其道。“载道”不仅要明道，更要通晓载道之方法，要以战略思维洞观全局，学会“站在天安门上看问题”；以辩证思维看问题，瞰全面，察过程；以底线思维定边界，尊重并把握新闻规律。聚焦要害，剖析微观，让报道直抵矛盾交聚的深处。

要鲜活，更要鲜明

“你们不赔偿 200 万，我就炸了医院！”

“术后恢复不当，自己承担后果！”……

4 月 11 日，淅淅沥沥的春雨中，戴着黑框眼镜的南昌县调处中心调解员潘云辉正在忙碌。

经常处于纠纷、争执的浪尖，潘云辉周旋在当事人之间。

这是 2014 年 6 月 30 日《人民日报》一版《“金牌调解”潘云辉》（见本书第 189 页）曾经采用然而又被否掉的一个开头。

对话简洁，冲突强烈，矛盾对立尖锐，场面鲜活生动，这样的开头不是很抓人吗？为什么要否掉？

因为与主题扣得不紧。见报稿开笔就写潘云辉介入交通事故案调处，他调处成功很多这类案件，被公安交通部门誉为“编外交警”“减压中心”。千字短通讯必须不枝不蔓。

“你们说三天，这都十几天了还没看到补偿款！”下午两点，记者刚走进社区服务中心，就听见村民蒲绍彭正发泄不满。

陈友凤倒是淡定，说：“你先别吵，我打电话请镇长了，等咱们人来齐了我一块儿说。”

服务中心里面还没消停，外面开始热闹——社区老年文化队为群众路线教育活动宣讲排练节目。

听到外面排练，怒气冲冲的老百姓陆陆续续出门看起节目，脸上也由阴转晴，时不时被精彩的对白逗乐。

约莫过了20分钟，眼尖的陈友凤发现镇长来了，一个箭步冲到镇长跟前："镇长，说好3天给钱，这都几天了？"

镇长一时有些被动，连忙说："手续没问题，明天我落实好就通知大家。"

"那我们就放心啦！"陈友凤抢着说，众声附和，蒲绍彭也咧开嘴，连说"要得，要得，那就放心啦"。

这是2014年8月31日《人民日报》一版《闲不住的陈友凤》（见本书第77页）原先修改稿中的一段，见报时这一段内容只剩两句：

下午两点，陈友凤在社区服务中心，协调好七八户村民的补偿款。4点，陈友凤马不停蹄奔赴下一个"节目"。

原稿有对话，有场景，有冲突，语言接地气，画面感也强，这样的精彩场面为何要删节？

还是因为与主题扣得不紧。千字文容不得放纵笔墨，不能满足于场面鲜活，一切都要为突出鲜明主题服务。事件如果不能深刻反映故事意义的内在逻辑，就没必要用过多篇幅做完整表述。

自人民日报社领导反复强调报道要讲故事、力求"活蹦乱跳、顶花带刺"的鲜活以来，报道文风确有很大改善。但是无论文章怎么创新，文风怎么创新，突出鲜明主题，见出思想锐利，不会变，也不能变。

以"教育实践活动中的共产党员"栏目为例，来稿比原先明显鲜活了许多，但还是毙了不少稿，返工也不少。有记者直言不讳说，不过是个千字栏目，我已经提供了好几千字的稿件了，为什么编辑还老说缺内容？

问题出在哪儿？就是在场面和语言的鲜活上花了不少工夫，而如何让主题更鲜明，琢磨得不够，提炼得不够。人民日报原副总编辑梁衡曾经说过这样一句话：如果你写得不够好，那是因为看得不够多，想得不够深，聊得不太透。

讲故事的意义不在于只是讲述一个生动引人的故事，而在于挖掘故事中人物的内心世界，事件的本质意义。因此既要讲得鲜活，更要主题鲜明。有时明知这是个千字栏目，但稿件就是一写好几千字短不下来，原因之一也便是因为不明白故事的意义在哪里，也就不知道如何取舍素材、删繁就简。

反之，心中有鲜明主题，清楚故事的意义，视野就会放得更开，采访中观察的目光就能更细致、更敏锐，也更容易捕捉到“活蹦乱跳、顶花带刺”的素材，写出鲜活报道。

人物故事大致分两种：单一型和复合型。前不久我们推出的大学生就业故事《“一米大学生”当上网络主持人》《吴霆，不当导演卖酱油》等，就是单一型故事，有头有尾，情节引人，细节鲜活，只要将故事展开就非常生动有趣。而大部分人物故事都是复合型的，往往由几个“小”故事构成一个“大”故事，其中每个“小”故事本身都要有意思。但一个故事讲得再鲜活精彩，仍显单薄，不够厚实、丰满，所以必须将若干个“小”故事集纳、综合成“大”故事。

小河有水大河满。每个“小”故事的主题鲜明了，“大”故事的主题才能鲜明。小故事的主题不鲜明，纵然事例再鲜活、对话再丰富，也是“赘文”。

“共产党员”这个专栏，报道的都是基层一线最普通的党员干部，无须组织部门层层推荐，虽然降低了采访对象的门槛，但绝不意味着降低标准，突出鲜明主题的要求不能降低，事实上反而还要更高，因为，篇幅仅限千字，却必须由小见大，“咫尺万里”。

那么，如何让这样的千字人物通讯主题鲜明呢？杨振武社长[①]在专栏稿件编辑中耳提面命，亲自指导，他对每篇稿件细细修改之精心、用心，颇给我们启示。

---

① 杨振武　2018 年 3 月任全国人大常委会秘书长，时任人民日报社社长。

比如，这个专栏的篇幅由起初的1500字逐渐压减到千字左右，而杨社长改定的稿子始终每篇有三个小标题。

仅是为了方便读者阅读吗?

写稿的人都有这个体会：稿子好写，标题难做。如果不把稿子内在逻辑上的几个层次好好想清楚，每个层次的主题提炼清楚，小标题就出不来。相反，主题鲜明，小标题自然水到渠成。

所以，《青年记者》杂志多年前曾总结过一个“记者业务的25条军规”，其中第二条说：写作应先起标题后写文，增强文章的逻辑性。

确实，如果没有小标题，稿子写来就容易松散。一经提炼，有了标题，下面怎么写就会豁然开朗，纲举目张，因为标题明确了稿件的主题、重点。主题鲜明，三个小标题让文章有了一根红线，稿件的逻辑框架也就清晰了。

显然，杨社长这样审改，是期望以此提醒和倒逼记者在采写中突出鲜明主题，见出思想锐利。

因此，在大力倡导讲故事的当下，不可忽视对故事的涵泳，尤须深刻体会故事的意义。否则，只专注鲜活表述，而缺乏鲜明主题，故事讲得再生动，也是次品！

要自然，不要自然主义

妻子、女儿，盲人；岳母，聋哑人。种6亩玉米，一家人主要靠刘文伟在乐器厂每月挣1000多元维持生计。可偏偏，去年刘文伟出车祸，撞断八根肋骨。

这样一个不幸家庭的故事，登上了《人民日报》头版（《生活变了样　日子有奔头》），真实而令人心酸。但故事传递给读者的，仍然有一种温馨的暖意：驻村干部了解情况后做了大量工作，女儿“术后视力可恢复到0.1，等右眼情况稳定了，再做左眼。以后恬恬就能看得见了”。出车祸后刘文伟不知咋办，干部“告诉他上法院起诉，很快法院判了赔偿”。家里三口有残疾证，能领特困补贴。刘文伟目前不能干活，“工作组又协调村里，帮忙申请低保”。

这是一篇“新春走基层”的现场特写稿，报道用主人的一句话结尾：

“‘孩子眼睛好了，日子也一天比一天更有盼头，咱老百姓哪能不舒心呢。’刘文伟笑呵呵地说。”

直面冷峻事实，不回避现实困难，然而冷峻中闪动温情，困难中仍能感受希望。报道很平实，版面很突出，体现了新闻人的理性和担当。

但事实上这篇稿子刊出得并不顺利。

“新春走基层”报社策划了一个专栏——“夜宿农家听民声”，给记者走进底层、深入群众明确了目标。十多位分社记者节前纷纷下村入户进院，这篇报道便是2016年2月6日传回地方部的，夜班值班编辑及时向版面做了推荐，版面也两度安排，甚至有一次上了4版头条，但最终还是被撤下。原因出在哪里呢？

改文风很重要的一个要求，就是要求记者讲故事时要自然生动，用平实的话语，不矫饰，不虚夸。但这个“自然”，指的是文风，是指表达形式，而不是内容上的自然主义，不经选择地有啥就说啥。

比如原稿中有这样一段记者与采访者的对话：

“您车祸这么严重，对方是怎么赔偿的？”记者问刘文伟。“赔偿啥呀，去要了好几次钱，人家都说没钱赔。”“那后来呢？”“也不知道该找哪说理，后来包村干部魏洪明告诉我上法院起诉，咱也不知道怎么起诉，去镇司法所找了个律师，家里也没钱，说好要来钱给他十分之一做律师费。”“开庭情况怎么样？”“不知道，开庭那天也没让我们进去，律师进去了，不知道怎么说的。”“宣判了吗？”“前几天听律师说宣判了。”“怎么判的呢？”“不知道，律师没说。”“判决书呢？”“律师没给。”“那你上诉吗？”“啥叫上诉？”……

全是对话，简洁，原汁原味，留给读者的阅读空间很大。但记者想说明什么呢？

再看原稿结尾：

不知不觉夜深了，被子很薄，里面的棉花很硬，烧了茅草的炕并不太热，把被子裹紧了仍然觉得冷。听见外面呼啸的北风，潘至琴也翻来覆去没睡着，她一定在想着记者跟她说的，赶紧把判决书拿回来，不服可以上诉；还有去大队问清楚低保的条件……

且不说“她一定在想着记者跟她说的”这样的主观猜测，和新闻报道的基本要求相违背，便以内容论，眼下虽还没结果，但有些困难问题驻村干部已经介入帮助解决，然而一经“被子很薄，里面的棉花很硬，烧了茅草的炕并不太热，把被子裹紧了仍然觉得冷”这样主观色彩强烈的悲情语言渲染，读者从这样的结尾中能读出什么，也便不言而喻了。

总编室撤稿的理由是：大过年的，别整得“凄凄惨惨戚戚”。

倘若不是大过年的呢？

事实上，无论何时，这样自然主义的报道手法都不能出现在党报上。

强调直面现实，强化问题意识，绝不是简单、直白地把问题和盘托出，反映贫困家庭的真实现状并不是报道目的，迎着问题出发，不能忘记因为什么出发，展现问题，目标是最终解决问题，目标导向和问题导向必须统一。眼下无论农村城市，仍存在大量贫困家庭，这无疑是事实，但政府和各种社会力量正处于向这类贫困宣战的积极努力中，也同样是事实，“凄凄惨惨戚戚”的结尾无以给人建设性力量，不能给读者向上向善的力量，这是我们应当旗帜鲜明予以反对的。

我们都读过鲁迅先生的小说《药》，风雨如磐暗故园，小说充满了对黑暗统治和国民愚昧性的批判，然而鲁迅仍然于极度压抑中在小说结尾抹上一笔亮色——“分明有一圈红白的花，围着尖圆的坟顶”。在《呐喊自序》中，鲁迅先生对红白花环做了解释：

> 既然是呐喊，则当然须听将令的了，所以我往往不恤用了曲笔，在《药》的瑜儿的坟上凭空添上一个花环……因为那时的主将是不主张消极的。

所有的现实主义写作都是相通的。向贫困宣战，全面完成小康目标，新的时代同样要求新闻工作者“不主张消极”。编辑向记者转达修改意见后，记者做了补充采访，稿件的立意与原稿比有了很大改变，且看标题：

（肩题）*天津静海驻村干部帮扶贫困家庭——*

（主题）**生活变了样　日子有奔头**

而且，原来在后面版上发也觉得不妥，改后这篇稿登上了头版。

回顾一下这篇稿件刊出的曲折过程，对我们在报道中如何迎着问题上，同时又如何把握反映问题的度，有很好的启示。见报稿里那些自然主义的东西自然是没有了，但有个别表述仍不够“自然”，也值得说一说。如结句：

> “孩子眼睛好了，日子也一天比一天更有盼头，咱老百姓哪能不舒心呢。”刘文伟笑呵呵地说。

困难是客观存在，一个贫困家庭必然还有不少不舒心的地方，因此，“哪能不舒心”的说法就显得不真切，不自然。查了一下第一稿，其中的表述要比现在这个自然：

> 这个年一家人还是过得比以前舒心点儿了，因为女儿的眼睛有希望了。

“比以前舒心”，准确。实事求是，也更感人。

自然主义的问题眼下在来稿中不突出，突出的，倒是诸如“哪能不舒心”这类写得不自然的问题。比如2016年2月15日9版的《薛家垛的红枣好卖了》：

> 指针已过了晚上11点，几个人却越聊越兴奋，又来到了院子里。借着倒映在流凌河面上的月光，可以看到黄河边上的一片滩枣树林。梁博望着那片滩枣树，信心满满：“今年网络销售结束之后，我们计划在平台上线枣树认养项目。还可以弄一个沿黄河枣林自行车赛，邀请在平台买过红枣的用户来参加！”
>
> 薛海亮一拍大腿：“太好了！他们来了，村民可以在窑洞家里搞农家乐，山后头空地不少，弄个停车场也没问题，这样整个村子都能盘活了！”
>
> 室外严寒，大伙儿的创业热情却越来越高涨。

结尾要结得有力，但这个有力不是用力喊口号，最忌无因而至，突如其来。“创业热情却越来越高涨”的说法便有点虚，显得不大自然。扣着上文，或可以这样改：

大伙儿说起下一步创业的事兴致越来越高，似乎忘记了室外的严寒。

“不自然”的问题，在报道结尾中似乎更明显些。

2016 年 2 月 5 日头版《瑶山夜访搬迁户》，原稿的结尾如下：

……看着楼房林立的安置小区，想象着以后这里人流密集的场景，他产生了在小区里开一间豆腐坊的想法。他正谋划着攒钱买一台豆腐磨浆机，开始学做生意。

“开豆腐店的门面，政府可以帮着协调。”镇人大主席杨迪富说。前几天镇上刚给搬迁户送来食油、大米与棉衣、棉被，今晚他们又来看望新搬入的住户。镇干部一席话，让李宜生眉头渐渐舒展。

谈笑之中，不知不觉夜已深了。微弱的烛光在黑暗之中摇曳，照亮了李宜生满是皱纹的脸，也点亮了他对新生活的期盼。

“点亮了他对新生活的期盼”，不是李宜生自己说出来的，而是记者的主观推断。

有没有道理？有。但由记者道来却是犯忌，有损新闻真实性。

编辑根据上下文，对字句稍作调整，这样结尾：

夜深了，烛光摇曳，李宜生和几位镇干部聊着今后的打算，满是皱纹的脸上眉头渐渐舒展。

变主观推断为场景的客观记录，然“一切景语皆情语”，“点亮对新生活的期盼”之意也蕴含其中，却显得水到渠成，自然而然。

天津静海驻村干部帮扶贫困家庭——

生活变了样　日子有奔头

猴年春节，天津市静海区中旺镇小中旺村村民刘文伟一家过得很开心，因为女儿刘恬恬的眼睛复明了。大年初七,一家人特意请驻村工作组干部魏洪明一起吃火锅。

刘文伟的家是三间瓦房，一缕夕阳的余晖照在东屋的炕上，墙上贴着恬恬在视障学校读书的各种奖状，刘文伟夫妻正忙活着把魏洪明带来的羊肉和时鲜蔬菜端上桌。

刘文伟今年 46 岁，妻子潘至琴和女儿都是盲人，岳母是聋哑人。一家人靠种 6 亩玉米和刘文伟在乐器厂打工每月 1000 多元的收入维持生计。刘文伟去年 5 月又出了车祸，被撞断八根肋骨，贫困的生活雪上加霜。

最让一家人揪心的还是女儿的眼睛。潘至琴从生下来就没看见过东西，没想到女儿出生后眼睛也不好，属于医学概念上的盲人。恬恬 9 岁时做过一次白内障手术，没什么效果。

去年下半年有了转机。天津市政法委干部魏洪明、梁军、王蓬组成的驻村工作组，了解村里贫困户的困难后，发起了“来自困难村的 21 个愿望”爱心捐助活动，在网络上一天就有 46.8 万次的点击量。刘文伟“我愿意跟女儿换眼睛”的愿望得到了天津医科大学眼科医院副院长魏瑞华的关注。魏瑞华联系了魏洪明，表示愿意做免费治疗。

驻村工作组陪同母女俩进城做了全面检查后，魏瑞华得出结论：潘至琴的眼睛不能手术，恬恬的情况要好得多，手术预期不错。1 月 27 日，魏瑞华亲自给恬恬做了右眼晶状体植入手术，术后视力可恢复到 0.1，等右眼情况稳定了，再做左眼。以后恬恬就能看得见了，这让一家人兴奋异常。

刘文伟出车祸后，不知道该找哪说理，魏洪明告诉他上法院起诉，很快法院判了赔偿。过年的粮油、鸡蛋等年货也是驻村工作组送来的。“想请他们到家里吃饭，说什么也不肯来，好不容易请来了，还带来这么多东西。”潘至琴说。

刘文伟家里三口有残疾证，每季度能领400块钱特困补贴。眼看刘文伟目前也不能干活了，女儿还得上学，工作组又协调村里，帮忙申请低保。“孩子眼睛好了，日子也一天比一天更有盼头，咱老百姓哪能不舒心呢。”刘文伟笑呵呵地说。

（原载《人民日报》2016年2月16日）

有“问题意识”，也要有“过程意识”

就像一棵干枯枝萎的老树，有一个枝杈不仅新绿蔟生，而且花蕾怒绽。“记者调查”《华阴老腔一声喊》(《人民日报》2016年12月16日)，关注的就是这样一个“奇葩”现象。

皮影戏的历史已有千年，老腔一直是皮影戏后台的演唱伴奏。最近几十年流行歌曲风靡城乡，电视涌进千家万户，在20世纪七八十年代，皮影戏每年还能演几百场，到2013年、2014年，每年便只演二三十场了，这两年每年就演一场。“不演了大家慢慢就不知道了，再过十来年，皮影可能就消失了。”老腔皮影戏传承人张喜民如是说。

因此，在皮影戏和众多地方戏曲一样总体式微的大背景下，老腔从皮影戏中独立门户发展出来而走红，是戏曲变革中一件颇有意味的事。《华阴老腔一声喊》以华阴老腔保护中心主任党安华撤掉皮影、把老腔从后台搬到幕前从而被世人惊为“黄土地上的摇滚”这一传奇为主线，给我们揭开了华阴老腔近些年迅猛蹿火的秘密。

一个戏种是兴是衰，关键就看能否创新；创新之关键，就在能否与时俱进。但“俱进”，不是说就必须全面地、全方位地齐头并进，某一局部的成功突围、突进，同样值得我们给予热情鼓励、热烈掌声。

而这篇报道的原稿，结尾部分记者透析了“老腔火、皮影冷”这一现象，由此前对华阴老腔从流行歌曲、电视文化中成功突围而做出的肯定急转直下：

“现在人们看到的都是老腔的片段表演，但这门古老艺术的精髓在于皮影啊，现在火热的老腔表演，其艺术价值在我看来只能占到老腔皮影艺术的十分之一。”说到这里，王振中很心痛，这也是他最初不同意老腔和皮影相剥离的主要原因。

“现在的传承是舞台化表面的传承，真正的传承是要学皮影戏。学会老腔也就是知道一两成的东西，只是一点皮毛，把很深的文化精神给漏了。”张喜民说，“比如说笑，假笑冷笑，丑角的笑，旦角的笑，都不一样。这些在舞台化的老腔片段表演里，根本无法体现，皮影传承才是根本。”

“老腔艺术是秦人民族性格的历史遗存。古老本原的形态、坚强勇悍的民族风格、崇尚好武的剧情表演，把秦人长期积淀的思维方式、价值取向、行为模式经由艺术的世代传承保存了下来。”长期研究华阴老腔的学者杨洪冰说。

老腔火了，皮影却冷了。文化传承的是千年智慧的沉淀，剔除了智慧的内核，这样的传承能够走多远呢？

皮影冷，老腔火，之间有什么必然逻辑联系吗？这种否定倾向，其实在文章的前言里已见端倪：

一个人在一个冬夜的偶然际遇，使老腔重新复苏，更让它走出华阴。不过，老腔的命运是否真的从此改变？现代元素在传统文化上的嫁接，是创新还是伤害？

拼版在即，时间上不允许再退给记者对结尾部分“淬火重锻”。“记者调查”版编辑只好捉刀补笔。刊出稿结尾是这样的：

对皮影的被剥离，王振中、张喜民有些痛心。但毋庸置疑，老腔撤掉皮影移景幕前，让更多人认识并喜欢上它的古朴粗犷，也让乏人问津的皮影随其知名度的提升重回当下视野。

“现在的传承是舞台化层面的传承，真正的传承是要学皮影戏。学会老腔也就是知道一两成的东西，只是一点皮毛，更深的文化精神还是在皮影里。”张喜民说。

任何时代的戏剧史，都是一部变的历史。老腔在拉近古老戏剧与现实生活距离方面做了有益探索和尝试，然而能否持续创新，还取决于它能否从皮影的肥沃土壤中汲取养分。正像张喜民所说：“比如华阴老腔的笑，假笑、冷笑、丑角的笑、旦角的笑，都不一样。”

老腔的春天已经来了，皮影的春天何时走上八百里秦川呢？

编辑匆忙间的改动未必到位，但对原稿结论所做的重要纠偏，无疑是值得肯定的。

“记者调查”版创办伊始，人民日报编委会就旗帜鲜明地要求“迎着问题上”。当前中国社会的主要特点：经济增长速度换挡期、结构调整阵痛期、前期刺激政策消化期“三期叠加”，出路唯全面深化改革，而改革已进入深水区。迎着问题上，就要敢于迎着改革中出现的热点、难点、焦点问题发声，把事情讲清楚。

在“三期叠加”的当下，发现问题、提出问题是容易的，而要引导读者正确看待问题，则是艰难的。相对于报道的“问题视角”，记者自身并且引导读者对问题进行辩证思维，更为艰难。《华阴老腔一声喊》报道结尾发生的“跑偏”和“纠偏”，就再次说明了这一点。

有上千年传统的戏曲艺术，在当代传承发展顺利不顺利是一回事，要不要传承发展是另一回事，怎么样传承发展又是一回事，这几个问题不能混淆，不能代替。这篇报道的主体部分，对老腔要不要传承发展是肯定的，但对怎么传承发展，提出了质疑。发出这样的质疑也是可以的，但不应该落在结尾。对于任何事物的创新，都应该看其主流，即使有的眼花缭乱一时难识本质，但也不能成为倒退的借口。所以，由此而论“剔除了智慧的内核，这样的传承能够走多远”“现代元素在传统文化上的嫁接，是创新还是伤害”，一方面是混淆了不同问题的性质，另一方面有点像是泼脏水把婴儿也泼掉了。

事实上，这篇报道原稿结尾部分反映出的认识逻辑上的混乱，触及的不只是艺术发展史上的根本性问题、原则性问题，也涉及我们看待当下改革中出现的热点、难点、焦点问题的认识和方法。戏曲是个文化系统，其改革必然有个艰难的过程。转型时期的中国，很多事情都像戏曲改革这样，矛盾相互叠加，问题层出不穷，看上去简直一团乱麻，解决起来是会有一个艰难过程的，所以我们既要有问题视角，也要有宽广视野，还要在发现、提出问题后增强“过程意识”。多点“过程意识”，才更有利于看到主流、形成共识。多点“过程意识”，也才能让改革者有更多回圜余地，增强继续改革的信心。

所以，借着《华阴老腔一声喊》，给大家喊一声：有“问题意识”，也要有“过程意识”。

这个说法是借用了人民日报 2013 年 5 月一篇评论的标题，对此问题有所思考的话，不妨再把这篇评论找出来好好读读。

问题要“尖”，切口应小

安徽分社发来的“记者调查”稿《黄梅戏为何这么火?》暴露出来的问题很典型，就是主题不集中，面太宽太广。不妨看一下文中几个小标题：

1.（艺术性）饱含乡土味，清新婉转，彰显着草根智慧
2.（人民性）天然基因，肥沃土壤，人人爱唱黄梅戏
3.（时代性）与时俱进，承载精粹，黄梅戏绽放“第四度”
4.（市场性）走出安庆，融合创新，唱响大江南北

其中，任何一个“性”都是一篇大文章。我提了点修改意见，请分社集中写最后一点。

编委会要求“记者调查”版迎着问题出发，这个问题是指当前改革发展中最紧迫、最棘手的热点、难点、焦点问题，现实针对性要强，要尖锐。古老戏曲艺术今后面临的最大难题就是如何在市场中继续生存下去。

事实上，回答好市场性，其他三个“性”也必然会涉及，这就牵住了“牛鼻子”，抓住了问题的主要方面。

“记者调查”版在操作策略上一直强调微观视角，切入口要小，这篇稿最大的不足也就在这方面，此稿不妨视作案例。附上写给版面主编禹伟良的一段话。

伟良：

感觉此稿离调查版的要求差距不小，谈一点想法供你和安徽分社

沟通时参考。

先说主题。“黄梅戏为何这么火？”由记者来下这个定论恐怕不行。一个戏种成功的标志离不开几个要素：

一是出好戏。有新编黄梅戏《徽州女人》《徽州往事》问世，仍只能说勉强，因为这些新戏还需经受市场考验。“晋京演出一票难求”之类不足以说明问题，即使到维也纳金色大厅演出也不足以说明问题。进京演一次花的钱甚至比很多剧团一年的费用还多，是多年来一直被诟病的问题。好戏不能靠政府花钱贴金。

二是出好演员。有马兰、吴琼、吴亚玲等“五朵金花”能够部分说明，但关键是新生代演员是否层出不穷——90后的，甚至00后的。

三是有市场。这个市场要细分析，政府通过公共服务买来的市场固然也是市场的一部分，但只是部分，“买”只是手段之一，关键是政府助了这么一臂之力后，剧团自身能否真正自立，到底有几个黄梅戏剧团真正做到了自立？需要数据支持，现在没有。

四是培养观众。不仅是演员，观众也要后继有人，有人看，戏才在。如果年轻观众断层了，那么这个“火”仍然是虚火。目前稿中根本看不出这一点。

再说写法。现在的面太大太广。宜选择一个在市场上活得有滋有味、真正红红火火的剧团，通过他们的生存故事，来反映上述问题，以小见大。不要回避矛盾，不要怕问题太尖锐，反而可以从矛盾冲突中展现这些问题。年关前夕，是剧团演出的黄金季节，宜商安徽分社安排记者跟着一个剧团去“巡演”，到城市农村的演出中去实际感受。写戏的稿子，不能没有戏迷的声音。

还是要按照杨社长对记者调查版提出的要求：突出两点——“问题意识”和“调查味”。目前的稿子是问题意识不强，或许是因为问题太多太大（艺术性、人民性、时代性、市场性），要提炼一个核心问题，我倾向在“市场性”中找一个“问题”。目前的稿子没有调查味，还是传统大通讯的写法，只看到“果子”，不见结果的过程，看不到“生长”，而最值得展现的，正是时代变迁中古老戏曲艺术的“艰难生长”。

附 ——

黄梅戏　走在窄窄的田埂上

4 月 7 日，刚结束一轮绵绵降雨的江南，春意盎然。

沿着水阳江畔顺流而下，记者来到苏皖交界的安徽宣城市宣州区水阳镇徐村，见到了前一天入驻的安徽新声黄梅戏剧团。

“明天要演出，所以昨天提前把戏台搭好了，没承想却让雨水压倒了顶棚，今天我们 6 个人花了整整一天紧赶慢赶地重新搭好了戏台。”新声黄梅戏剧团是安庆市怀宁县石牌镇的民间剧团，团长王鹏是年轻的 85 后，却带着剧团走南闯北唱了七八年。

戏台搭建在水阳江旁一块狭小的泥地上，简单地用钢管和木板拼凑加固，罩上防雨大棚，简陋破旧，有如施工现场。台上的电子显示屏，滚动播放着为这次演出筹款的村民姓名、数额以及第二天即将演出的剧目。

雨过天晴，一出好戏即将上演……

“但凡有生命力的剧种，都是生长在民间、活跃在民间、变革在民间。”一滴水见太阳，一个“草台班子”的生存发展，折射戏曲传承发展面临的一些共性问题与破解之策。

“老百姓也爱看，基本上是锣鼓一响，脚板就痒”

4 月 8 日一早，临时戏台旁，陆陆续续来了些隔壁村子甚至是 5 公里外镇上的小摊小贩，沿着通向戏台必经的水泥路一字排开。

剧团和村里商定的演出时间是下午 1 点 40 分，将演一本大戏经典剧目《双龙会》。

过了上午10点，场地上不断拥入村民，带着小板凳的，骑着三轮车的。有的将三轮车和板凳往戏台前一摆、占个位后离开，有的索性就直接坐着了。

新声黄梅戏剧团要在村里连演3天，一天两场，为的是庆贺村里的晏公庙重建满9年，“戏是唱给菩萨听的，全村共享。”王鹏戏言。

起源于皖、鄂、赣3省交界的黄梅戏，源自民间、唱自田间，最早在以石牌为中心的安庆地区发展繁荣起来，从早期自唱自乐的民间歌曲发展为独立的全国性剧种。

也正因此，包括新声在内的民间黄梅戏剧团，大都选择在安徽、浙江、福建、广东等省份的农村演出。“这些地方的人更为崇尚传统，宗族观念重，大部分黄梅戏的演出都放在祠堂和庙会，很多戏都是孝敬祖先唱给先人看的，老百姓也爱看，基本上是锣鼓一响，脚板就痒。”王鹏说，在经济条件相对较好的浙江、福建，唱戏的硬环境比安徽要好，还会有请戏的老板给看戏的乡亲们发香烟发饮料。

来徐村之前，王鹏的剧团刚在不远的银光村连演了8天戏，“前面4天和今天一样，演的是庙戏；后4天是加演的戏。估计这儿到时也会加演几场。我们就是这样，到处跑，通常在一个地方待上四五天。”

农民演、农民看，王鹏的一个突出感受是，来看戏的大都是村里上了年纪的老年人，“村里年轻人不多，有也一般不会来，情愿在家里看看电影。”

在精神文化生活日益丰富、文化娱乐方式日益多样的今天，戏曲观众老化、分流的现象比较突出，年轻人爱看、愿看的少了一些，戏迷也不够多。演出市场萎缩，很多地方戏剧团失去了演出活力，仅有为数不多的剧团能够坚持正常演出。

黄梅戏亦是如此。

同大部分地方戏曲给人的印象一样，黄梅戏在不少人心目中有一个刻板印象：节奏慢、时代远、故事情节单一。很多年轻人这么想：戏曲都是老年人“咿咿呀呀”，一个简单的故事要唱个把小时。

即使被移栽进了现代化的剧场，黄梅戏也面临观众老化的挑战。

2015 年，安庆市黄梅戏艺术剧院新创的黄梅戏舞台剧《大清名相》在安徽大剧院公演 3 场。

陪着 78 岁母亲来看戏的陈晓晔，是一名 35 岁的公务员，“母亲退休前是音乐老师，对于黄梅戏既有研究也非常喜爱，到我们这一代人就少有时间和兴趣来看了。”

“在网上看过《女驸马》和《天仙配》这些经典黄梅戏，除此之外就很少接触黄梅戏了，它的节奏对于我们年轻人来说过于缓慢了。”1992 年出生的刘娜，拿着赠票看完《大清名相》，虽然对戏曲知之甚少，但这场戏精彩的故事和动听的音乐还是让她感到满意。

“20 世纪 70 年代后期到 80 年代是戏曲的黄金时代，全国 400 余个地方戏都充满生机。进入新世纪，多元文化和新兴元素快速兴起，生活节奏加快、娱乐形式翻新，戏曲的生存和发展遇到前所未有的挑战。”在安庆市文广新局艺术科科长汪志耿看来，“其实和京剧、越剧等剧种相比，黄梅戏的唱腔还算比较适合年轻人，既有阳春白雪，又有下里巴人，有一定的时尚度。只是在各种娱乐形式冲击的当下，年轻人难以对黄梅戏产生特别浓厚的兴趣。”

据汪志耿介绍，安庆市正通过黄梅戏进校园进高校、培训中小学生和音乐老师等形式，培养年轻观众，夯实戏曲发展的根基。

一年演了 600 场，赚了 20 万元

这次徐村请戏，给新声剧团的演出费是一天 1.2 万元。王鹏介绍，一般村里请戏的价码是一天 1 万元到 1.5 万元不等，通常是连请 3 天。

今年，王鹏和母亲叶丽萍正月初三就冒着大雪带着剧团离开家乡怀宁县石牌镇远赴江西鄱阳、景德镇等地演出，到 4 月份已经连演了 90 多场戏，接下来到 5 月份也有了演出计划。

2015 年，剧团在浙江、福建、广东等地一共演了 600 多场黄梅戏，叶丽萍这一年下来赚了 20 万元。对于一个黄梅戏民间剧团来说，这已是非常可观的收入。

“在福建福清市唱黄梅戏的，原来有 4 个民间剧团，现在只剩我们一家了。宣城广德县的一位汪姓团长经营的民间班社今年欠了几十万元的工资，明年恐怕也唱不了啦。”这次水阳镇的演出，叶丽萍因为要回家打点自家开的小店并没随团出行。

关于剧团的收入，叶丽萍给记者算了一笔账：剧团到外演出，一场戏 3 小时，每场戏最低 5000 元，多的能到 1 万多元；剧团一共 38 个人，演员的工资包月结算，高的七八千元，低的 2000 多元，演员一个月的工资加上伙食住宿等成本需要 15 万元，另外还得加上交通费和后勤费用，“在外演出基本上通过演出经纪与当地老板对接，演出经纪至少从中抽成 10% 到 20%。出行我们自带厨师和司机，演员自己化妆。如果我们停工一天，成本上就要亏 5000 元，所以只要不下雨不下雪，我们都演。”

在外巡演的民间剧团，通常还能从戏曲传统的“打彩”中获得部分收入。“‘打彩’在浙江和福建比较常见，唱苦戏打苦彩，唱喜戏打花彩，请戏班的老板想通过这种方式图个吉利。”汪志耿介绍，有些“打彩”就像是平时看电影电视中的插播广告，给老人做寿的、祝贺家里小孩考上大学的，请戏的老板们基本都愿意出这部分“广告费”。

“一场戏里‘打彩’少的几百块，多的能到几千块，这其中的不确定性，全看请戏人的心情和排场。”王鹏说，新声剧团 2015 年靠“打彩”有近 6 万元的额外收入，“通常会从‘打彩’的收入中拿一部分犒劳一下演员，改善改善伙食。”

“现在，‘打彩’的慢慢少了，村里花钱包戏，如果刻意‘打彩’要钱，会招致反感和厌恶，往往只会在剧情有需要的时候才‘打彩’。”王鹏补充道。

新声黄梅戏剧团创建于 1945 年，一开始趁着农闲，剧团演员稍稍化个妆就开始在田埂上搭个小台演上了，也就两三个人唱。随着黄梅戏的普及和发展，剧团的戏越演越多，效益也越来越好，很多地方唱了走，走了又来唱。一年二三十万元的收入虽然算不上多，但相比不景气的戏曲市场来说，已算不错的战绩。

在王鹏看来，一些黄梅戏剧团垮了，并不是因为没人看，而是请戏的老板们这几年顶着错综复杂的经济大环境钱赚得少了；有些剧团的组织者在外又嗜赌成瘾，团里的钱都赔光了。

相比新声等民间剧团，一些国有黄梅戏剧团适应市场的灵活性、自身"造血"功能弱了不少。

安庆市黄梅戏艺术剧院的《大清名相》在安徽大剧院 3 天公演下来，窗口的零售票售出无几。

"到场的观众大多拿着政府购买文化服务的赠票而来，自掏腰包来看戏的人还是少数。要真正走向市场，黄梅戏还是有难度，一场戏即使前期花了 100 万元用于演出宣传，之后可能连 10 万元的票房都很难收回来。"面对精品与市场的错位、创作与演出的反差，安庆市黄梅戏艺术剧院副院长开全疆直言无奈。

"国有剧团很大一部分职能是承担政府惠民演出，政府出资购买文化服务，观众基本上是通过赠票或是低价票来看戏，零售的票款收入自然会少。"开全疆表示，相比于对艺术的追求，国有剧团追求经济利益的成分要相对小一些，像此类政府购买的演出服务，剧团只能从政府那儿得到基本的成本费用。

不能再"老戏老演、老演老戏"

下午 1 点半，不大的一块泥地上已是人头攒动，现场来了七八百人，河边的公路被拥挤的人群和三轮车、自行车堵塞，来看戏的人，很多戴着劳作时遮阳的草帽。

如同王鹏所说，在场的除了小商小贩有几个年轻人，观众队伍中难觅年轻人身影。

随着现场鞭炮和礼花的燃响，《双龙会》准时开场。第一幕上演的是《擂台比舞》，讲的是七郎杨延嗣擂台失手打死潘豹的杨家将故事。现场虽然杂乱，观众听得却甚是投入。

由于人手有限，第一幕王鹏在台上客串一名侍卫。候场时，他在戏台旁一个简陋的化妆室里抽起烟，和其他演员聊聊天。

演员们身上的戏服已经随着剧团南征北战好多年，演员们的妆都是自己照着小镜子涂抹，剧团里的每人都身兼数职，身怀各技。

虽然没有此起彼伏的叫好和鼓掌声，但一场两个半小时的黄梅戏演下来，村民们看得还是十分投入，“不管戏服、口面多破多旧，戏演得好看最重要。望着台下都是人，看着大家都满意，作为演员，我们非常有成就感，东奔西跑也值得。”王鹏一脸笑容。

下午的《双龙会》演完后，庙会的负责人过来告诉王鹏，晚上让剧团给村民们演一出连台本。晚上的戏 7 点开始，演员们带着脸上的妆匆匆吃了口饭，歇息一会儿就要再次登场。村民们陆续散去，但留着板凳和三轮车，为夜场占个好位儿。

夜幕降临，戏台的灯光设备虽然简陋，但在缺少霓虹和华灯的农村，仍把水阳江畔这块泥地照得格外喜庆和热闹。

晚饭过后，看戏的村民又围坐在一起。对于他们来说，今晚有了个好去处，不用约牌了，大家兴高采烈。时辰一到，随着台上伴奏人员的一声弦鼓，好戏又开张了。

“剧团演哪出戏哪个选段，都是村里说了算，经常是一场演完才通知我们下一场要演的剧目。”王鹏说，老百姓爱看《天仙配》《女驸马》。“当然，像我们民营的黄梅戏团经常是自己编词、自己作曲，创作一些浅显易懂的连台本，有个故事情节就行，再夹杂着经典选段，演出内容就差不多了。我们有时也想去创作和更新现有的剧目，但编了新的老百姓未必会喜欢，所以我们也不会有剧目创新这方面的压力。”

“现在单纯的黄梅戏节目不足以满足观众的胃口，我们会在整场演出中穿插歌舞和杂技，大家爱看武戏，剧团就从山东、河南招一些武行演员丰富表演内容。”叶丽萍说，相比小戏，观众现在更爱看连台本的大戏，就像看电视剧，看了上本还有兴趣看下本，观众要的是故事的情节性、串联性。

"'天天《打猪草》，夜夜《闹花灯》'是很多人对于黄梅戏缺少新剧的自嘲，对我们来说，一招鲜吃遍天，反复演出经典并不存在问题。"在王鹏看来，相比民间剧团，国有剧团在优秀剧目的创作和创新上承担着更大的责任。

安庆市黄梅戏艺术剧院院长熊辰龙常思考的一个问题就是，"如何让观众去剧场看我们的黄梅戏？"他认为，首先还是要出人，出好戏，出好作品。

"传统黄梅戏流传下来的有 36 本大戏、72 本小戏，有相当大比例的都是悲苦戏，展现苦难的人们寻找精神寄托和慰藉。"国家一级作曲家、安庆市黄梅戏剧音乐学会原会长陈儒天认为，不少传统的黄梅戏剧目和当今的人民生活严重脱节，紧跟时代步伐的优秀剧目不足，成了制约黄梅戏演出市场发展的巨大阻力。

陈儒天说："好的剧目是一个剧种发展的根基，黄梅戏的经典剧目无外乎《天仙配》《女驸马》《打猪草》等，但这些剧目反映的是农耕时代的生活，可能符合 20 世纪 50 年代之前的审美需求，如今却难以满足观众特别是城市观众的需求了。而且，同一剧目反复演出还会使得原本兴致盎然的观众产生厌烦心理，更别提花钱进剧院看了。"

"黄梅戏以描写爱情、神话题材见长，若只谈传统就是一种落伍，黄梅戏要繁荣发展，必须跟上时代发展、把握人民需求，坚持以人民为中心的创作导向，不能再'老戏老演、老演老戏'。"熊辰龙坦言。

工资少，待遇低，明天谁来唱戏

晚上的连台戏唱了近 3 小时，结束已经到了晚上 10 点，台下的村民心满意足地散去，也有把板凳继续留在泥地上，准备第二天再来看的。

灯火通明的戏台熄了灯，融入无边的夜色。收拾完布景和音箱设备，王鹏和演员们一手捧着戏服和道具、一手握着茶杯，已是疲惫不堪，说着笑着打着手电筒，回到不远处的住处。

村里安排的住处是晏公庙简易的两间房，一间是食堂，一间是杂货间，每间房都不到 20 平方米，有的人直接睡在了灶台旁。

徐村离镇上比较远，村里也没有旅店。为了方便演出，剧团近 40 个人就挤在了这两间房里。大家用随身携带的床单作为屋帘，把房子隔成一个个相对的小空间，铺上辗转各地用的被褥和枕头。

“都习惯了！”唱完戏的演员们有说有笑，开始卸妆、洗漱。

“这算条件差的，但我们能接受。这屋里挤了十几个人一起睡，人多嘈杂，晚上 12 点之前根本睡不着。即便这样，两个屋还没装下我们剧团的所有人，有几个人去了戏台旁的化妆室，还有两个人去了 1 公里外的隔壁村。”王鹏说，奔波各地的黄梅戏民营班社都得吃苦，也吃得了苦，这次来徐村，光演员住宿安排就花了两个多小时。

团长王鹏住在其中的一间小屋，他把随身带的简易帐篷在屋内支开，整理完后一头钻进去便睡了。

新声黄梅戏剧团由王家世代经营。王鹏的母亲叶丽萍和父亲王才根都是当地有名的黄梅戏演员。

“记事的时候我就在台上开始唱了，放了假就跟着爸妈到处跑，台上需要小孩演员，大人们就往我额头上点颗红砂直接抱上去了。”从小在黄梅戏曲调中耳濡目染，王鹏对于黄梅戏有种天然的爱。

为了更系统地学习，王鹏 2001 年上了安庆市的安徽黄梅戏艺术职业学院。一届 100 多个同学里，现在只剩两三个人还在坚持演黄梅戏。

“院校毕业的学生很少会上民间剧团来唱，一是辛苦，一年到头四处奔波；另一个是国有团待遇不高，民间剧团赚得多却没面子，家里培养这么多年觉得没混出个名堂，所以能坚持下来的很少。”叶丽萍说，剧团近 40 人的班底里只有八九个是专业院校毕业的学生，其他的都是自学成才或家庭培养的草根演员。

在安徽岳西县大山里的一次演出让叶丽萍记忆犹新：“大冷天的，大雪封山，又不能演出。山区的农民穷，被子不多，哪里舍得借给我们盖？那里出奇的冷啊，剧团里小姑娘都冻哭了，没办法，把道具、服装丢在山里，包了一部车就出来了。遇到这样的情况，我们得倒贴许多钱。”

“说实在的，一些草根演员唱得不比科班生差，也有演出经验，对于我们剧团来说更具竞争力，也能拿到更高的工资。”叶丽萍坦言。

相比民间剧团演员高的一个月能拿七八千元的收入，国有剧团相形见绌。在安庆市黄梅戏艺术剧院，一般演员一个月拿个两三千元。10余年来，剧团就因为待遇问题流失了30多位演员。

“2005年毕业后，我在江苏盱眙县的黄梅戏剧团干过一段时间，当时县教育局给了教师编制，但工资实在太低了，第一个月才发了873元，到2008年也才900多元。”王鹏2008年离开盱眙接手了家里的剧团。

“收入和待遇得不到保障是当前很多国有剧团面临的问题，演职人员如何去坚持、去坚守？这是黄梅戏发展面临的一个现实问题。”开全疆说。

黄梅戏舞台剧《天仙配》中饰演董永的梅院军出生于1980年，如今已是安徽省黄梅剧院的主力演员，17岁就从老家湖北省黄梅县来到合肥学戏。

“很多同学和朋友看我会有些奇怪，怎么会从事戏曲，说得不好听的还有戏子这么一种称谓。”梅院军对此倒并不介意，“干一行爱一行，黄梅戏是传统艺术，目前发展有一定局限，但我们有自己的快乐，在舞台上能散发光彩，一个作品取得成功，一出好戏获得共鸣，会有无可言说的成就感，是一件很开心的事。”

戏比天大，再苦也要唱好戏，但人才的紧缺和从业人员的待遇成了制约黄梅戏事业发展的重要因素。

“在创作、编曲、舞美、导演等人才方面尤为稀缺，剧团每排一出戏，要么是请退休人员，要么是出高酬外请。而在农村，情况就更严重了。民间剧团的演员大部分是艺术表演爱好者或者企事业单位的退休人员，缺乏专业训练。”陈儒天的话中不无忧虑。

“没有专业的创作人员，没有整体的创作团队，黄梅戏剧团很难在激烈的市场竞争中站稳脚跟。”熊辰龙说。

为了培养人才，安庆市不仅扩大了安徽黄梅戏艺术职业学院的招生，也在安庆大学开设了黄梅戏艺术学院。

国家一级演员江丽娜已转行到安徽黄梅戏艺术职业学院当老师。她说：“老一代演员很多靠自学成才，现在的孩子幸福，有专业的老师和良好的环境，出师后素质全面、唱演俱佳，很多已成为各大黄梅戏剧团的台柱子。”

“黄梅戏市场化，剧团和剧团之间的收入差距日益明显，演职人员的报酬自然参差不齐，大多数剧团的演职人员确实在干着一份守着清贫的工作。”汪志耿说，黄梅戏如何既“情感留人”又“待遇留人”，一直是我们研究和努力克服的问题。

汪志耿表示，从中央领导集体出席观看的“新年京剧晚会”变为“新年戏曲晚会”，让不同剧种、不同流派同台竞演、相映生辉，到中央深改办将“研究制定扶持地方戏曲发展政策”列入2015年的重点改革任务，国务院办公厅2015年7月印发《关于支持戏曲传承发展的若干政策》，我们已能强烈地感受到，党和政府把戏曲的保护、传承和发展，提升到国家和社会发展的战略层面，戏曲艺术正迎来一个繁荣发展的春天。

虽然黄梅戏的发展遇到不少困难，但在安徽，依然有几十个业余剧团不定期在市、县广场自娱自乐，数十万戏迷津津乐道、曲不离口；国有剧团依然时有脍炙人口的精品佳作；近百家民间剧团依然走在窄窄的田埂上，常年在全国各地巡回演出。

王鹏的妻子前不久怀孕了，她也是名黄梅戏演员，如今还跟着王鹏四处奔波。让孩子将来干什么，王鹏没有想太多，“如果没有太多选择，还是唱黄梅戏吧。”

夜深了，王鹏和他的剧团已经入睡，他们要为第二天的演出养足精神。结束在水阳的演出后，他们又要带上设备和行头，坐上两辆随行的大货车，奔赴浙江……

（原载《人民日报》2016年4月29日）

某研究机构报评：

《黄梅戏　走在窄窄的田埂上》，调查扎实深入，生动具体，理性客观，令人信服。把地方戏曲振兴当作“走转改”一个重要课题，体现了对于中国传统文化高度重视和建设文化大国的历史使命感。

全景展示地方戏曲的生存发展状态与希望所在。这篇调查以一个草根民间剧团为主线，展示民间剧团走向市场、巡演在田间地头的喜与忧：喜的是黄梅戏群众基础好，深受基层戏迷欢迎；忧的是观众老化、收入不佳、缺少新剧，等等。文章再现了黄梅戏作为地方戏曲在走向市场过程中的艰难困境和痛苦挣扎，以及黄梅戏基层从业人员对戏曲艺术的热爱与坚守。在安徽，如今依然有几十个业余剧团不定期在市、县广场自娱自乐，数十万戏迷津津乐道、曲不离口；近百家民间剧团依然在全国各地巡回演出，常年“走在窄窄的田埂上”。

生动诠释生命力在于以人民为中心的创作导向。这篇调查表明，包括新声在内的民间黄梅戏剧团，大都选择在安徽、浙江、福建、广东等省份的乡镇和农村演出，老百姓爱看，很多地方唱了走，走了又来唱。剧团演哪出戏哪个选段，都由村里点。剧团经常根据观众口味自己编词、自己作曲，创作一些浅显易懂的连台本，有时还在整场演出中穿插歌舞和杂技。观众爱看武戏，剧团就从山东、河南招一些武行演员，丰富表演内容。文章提到，新声黄梅戏剧团坚持跟上时代发展、把握人民需求，戏曲艺术的生命力得到绽放，受到基层群众欢迎，一年600多场演出，能挣20万元。

形象讲述黄梅戏在传承发展中的动人故事。人民日报记者践行“走转改”，跟随民间社团行走田间地头，切身体会基层演出现场气氛，真实还原乡土气息，让人在乡音乡情中真切感受地方戏曲的审美情趣、人文情怀和群众基础。文章文风质朴，娓娓道来，自始至终以民间社团的故事为主线贯穿全篇，中间穿插十数人的故事与观点，有现场有细节，内容厚实而感人。大小标题制作精心，特别是大标题《黄梅戏　走在窄窄的田埂上》，精准而富有动感，十分契合黄梅戏源自民间、唱自田间的乡土特征。

积极探求地方戏曲传承发展和振兴之策。文章借民间剧团团长、黄梅戏演职人员、国有剧团和基层文化部门负责人和普通观众之口，揭示黄梅戏在市场、观众、剧目、人才等几个方面存在的问题，提出为振兴黄梅戏采取的切实可行办法。

原 稿

黄梅戏为何这么火?

“树上的鸟儿成双对，绿水青山带笑颜；从今再不受那奴役苦，夫妻双双把家还……”

这是很多人耳熟能详的黄梅戏《天仙配》中的精彩唱段，曾经风靡全国，至今广为传唱。

12 月初，国家大剧院，新编黄梅戏《徽州女人》《徽州往事》以及经典名剧《女驸马》以“徽州三部曲”之名晋京演出，引起轰动，一票难求。

在安庆，在安徽，黄梅戏专业剧团、民间戏班常年活跃在城市剧院、乡村舞台，场场爆满；在街头巷尾、田间地头，不绝于耳……

起源于皖、鄂、赣 3 省交界地区的黄梅戏，最早在以石牌为中心的安庆地区发展繁荣起来。一个只有短短一百多年历史的剧种，源自民间、唱自田间的“草根”艺术，作为地方剧种能够始终保持欣欣向荣、长盛不衰，从南疆到北国，从东海到西藏，从长江两岸到五湖四海，她优美的旋律被四处传唱。

黄梅戏的生命力到底在哪里？

答案是：跟上时代发展、把握人民需求。

艺术性
饱含乡土味，清新婉转，彰显着草根智慧

“郎对花姐对花，一对对到塘埂下。丢下了一粒籽，发了一颗芽。

么杆子么叶，开的什么花，结的什么籽……”

——黄梅戏《打猪草》中的唱段《对花》

《打猪草》是黄梅戏的经典之作，说的就是农村女孩陶金花因打猪草，不小心碰断了小伙子金小毛家两根竹笋而产生矛盾，一来二去又和好，一路上边走边唱《对花》，什么花都问遍了，终于金花回到家，小戏在欢乐的气氛中结束了。剧中所表现的青春活力、逗趣的语言和优美的曲调，从唱词到表演都再现了生活的真情，犹如田野吹来的风，清凉爽快，沁人心脾。

传统黄梅戏流传下来的有“36 本大戏、72 本小戏”，有相当大比例的都是悲戏，展现苦难的人们寻找精神寄托和慰藉；《打猪草》是其中为数不多的喜剧，仍然是人民在痛苦中寻找自嘲，苦中寻乐。

黄山书社出版的《安庆黄梅戏》一书把黄梅戏的辉煌划分为三个阶段：

“一、中华人民共和国成立，实行‘戏改’后到 1966 年‘文化大革命’前；二、1978 年改革开放后到 20 世纪 90 年代中期；三、1997 年安徽省委、省政府提出‘打好徽字牌，唱响黄梅戏，建设文化强省’的口号到现在。”

“如果说昆曲是精雕细琢的和田摆件，京剧是五味杂陈的什锦火锅，秦腔是粗犷飞扬的紧锣密鼓，越剧是素面朝天的邻家少妇，那黄梅戏是布衣衩裙的小家处子，你看她一身秀气朝我们款款走来，分明还散发着时间打磨不去的朴素。”谈到中国五大剧种，安庆市黄梅戏剧院长陈兆舜说。

黄梅戏生于田间地头、村坊闾巷，是在俚曲歌谣、灯会舞蹈的基础上萌芽并孕育成长，吸收汉剧、楚剧、高腔、采茶戏、京剧等众多姐妹艺术的精华，用当地语言歌唱、说白，和民间歌舞慢慢结合起来，形成了一种载歌载舞的艺术形式，被称为“怀腔”“府调”，形成今日黄梅戏的前身。随后以安庆市怀宁县石牌镇为中心，逐渐繁荣发展，发扬光大。

1982 年 9 月，时任中国戏剧家协会主席、著名戏剧家曹禺先生到安庆市怀宁县石牌考察时，不禁发出感叹：“作为一个普通的戏剧工作者，我这次是来朝圣的。”

黄梅戏的音乐，融合了安庆地区语言简明洗练、韵味浓郁的民歌音乐；音乐形象流丽悠远、婉转缠绵；表现手法多姿多彩、情趣盎然；音乐旋律灵动活泼、一唱三叹，底层劳动人民的勤劳、热情、好客、乐观、随和的秉性，在民歌的曲词中，彰显得淋漓尽致。黄梅戏小戏滥觞于安庆的民歌小调，它的音乐唱腔就必然具有民歌的曲牌特征，在音乐唱腔的诠释上，比民歌更注重情感的渲染和内涵的开掘，也更具有戏曲性。

陈兆舜介绍，黄梅戏传统花腔小戏有 72 出，大多是一戏一腔，或一戏多腔，专曲专用，黄梅戏的百余首花腔小调，是一座极其丰富的声腔矿藏。不仅如此，《夫妻双双把家还》《对花》等，黄梅戏的每一个经典剧目，几乎都有一段精彩唱段最后成为流行歌曲，被广泛传唱。

早年，黄梅戏在农村的田间地头、旷野草台演出，空旷的演出场地，声音四处飘散，难以产生共鸣，演员只能放开喉咙大声演唱，时间一长，声洪气盛、宽喉大嗓的本色唱法，就成为黄梅戏普遍的演唱方法。

“它的唱腔优美抒情、自然流畅，散发着乡土的气息；它的表演载歌载舞、活泼灵动，洋溢着村姑的朴拙；它的语言明白晓畅、幽默风趣，彰显着草根的智慧；它的剧目家长里短、儿女情长，蕴含着生活的哲理。”国家一级作曲家陈儒天谈道。

难怪著名音乐家、曾任上海音乐学院院长的贺绿汀曾在《大公报》撰文称：“在黄梅戏的演出中，我仿佛闻到了农村中泥土的气味。”

在安徽中国黄梅戏博物馆里，一幅全国黄梅戏重点流行区域分布图里，西到西藏、北到吉林、南到福建，华东区域实现了全覆盖，而这张地图仅仅反映的是 20 世纪 60 到 80 年代黄梅戏的风靡区域，发展至今，祖国大江南北已经拥趸无数。

人民性

天然基因，肥沃土壤，人人爱唱黄梅戏

（省略）

时代性

与时俱进，承载精粹，黄梅戏绽放“第四度”

（省略）

市场性

走出安庆，融合创新，唱响大江南北

（省略）

学会“站在天安门上看问题”

记者部组织的《“‘绝活’大家谈”》活动，颇为有声有色，让我们得以“聆听”了多位同仁的精彩发言。福建站站长蔡小伟一马当先，其开篇之作《驻站记者要有大局观》，令人如登泰山，层云荡胸。《新闻战线》刊载此文时，作者对这个问题做了补充，阐述得更为清晰：

> 作为一个记者，尤其是党报记者，政治敏感、讲大局是个基本功。一个不敏感的人不配当记者，一个缺乏政治敏锐性、心中没有大局的人也成不了党报记者，更成不了党中央机关报的记者。

此言可谓切中肯綮。

何为讲大局？就是要有大局观。大局观，或谓全局观，或谓宏观意识，或谓战略眼光。

有大局观，就是要有把握全局的能力，要用宏观视野去捕捉和把握微观性的新闻现象、新闻素材，将宏观与微观相互融通。

用毛主席的话说，就是“要政治家办报”。党报记者要像政治家那样，敏锐并且善于从政治上、政策上观察问题。

用邓小平同志的话说，就是要“议大事，懂全局，抓本行”。

用新华社著名记者李峰曾说过的一句话来概括，就是要学会“站在天安门上看问题”。

有大局观，是一个合格的、成熟的人民日报记者必须具备的重要素质。结合个人的实践和思考就此浅述二三。

（一）只有具备宏观意识，才能避免微观真实，宏观失实；避免只见树木，不见森林

1985 年春，我到山东采访，从省里了解到，前不久，济南军区某部奉命赴前线参加对越自卫反击战轮战。素有光荣革命传统的山东，顿时涌现起席卷整个齐鲁大地的拥军热潮。这个题目不在我此次采访之列，但听到的许多动人故事深深地吸引了我，于是全力以赴，认真、深入地采访了半个多月。回报社后，我满怀激情地写了一篇长篇通讯，带着几分自得交了稿，等着领导表扬。然而时任总编室副主任的吴昊同志看完后斩钉截铁地说：不能用。

我当时偶尔还写点散文、游记什么的。因此他又特别加一句：这篇稿也绝不允许以人民日报记者的名义往外投。

为什么？我告诉主任，山东《大众日报》多次在头版头条、用很大篇幅报道此事。吴昊指出，此稿从山东的角度来说是真实的，《大众日报》做报道并不错。但《人民日报》是中共中央机关报，代表中国，从全局来看就不能这样报道。因为目前中越边境的战争虽然还没有结束，但我们的方针不是要继续打，而只是保持一种高度戒备态势。和平发展、加快改革开放才是目前我国第一位的中心工作。如果此时在《人民日报》上出现这样一篇拥军备战的稿件，尤其是已经很长一段时间版面上不大篇幅做这方面报道的情况下，突然出现这样一篇通讯，会向外界传递一种什么样的信号呢？

一篇经过扎实采访、认真写作的稿子就这样被无情地枪毙了。然而，吴昊同志的一番精辟分析，又让人心悦诚服。

毙稿一事，也在我当时所在的总编室一版编辑组引起了议论。组长李济国同志是 20 世纪 60 年代初入社的，他语重心长地对我说，有时报道中一个词用得是否得当，都能体现大局。他讲了这样一件事。

1961 年，是新中国成立后经济上最困难的时期。这年下半年，周恩来总理出访归来。第二天在报上发的消息中看到这样一句话："周恩来总理神

采奕奕地走下飞机”。总理当即让值班秘书把记者找去，对记者说：“我们现在国家遭难，人民受苦，我周恩来凭什么还‘神采奕奕’？”总理又谆谆告诫，我们共产党的干部都是人民的公仆和勤务员，现在天灾人祸闹得我们饭都吃不饱，我周恩来作为国家的总管，居然还“神采奕奕”？这样的宣传上不合于国情，下不安于民心，群众看了会怎么想？

何为“听君一席话，胜读十年书”？吴昊同志、李济国同志当时的一番教诲，便让我顿生此感。我很欣慰，到党报工作不久，就能得到老同志的及时点拨，真似醍醐灌顶，使人大醒大悟。

（二）具备宏观意识才能发现重大新闻，才能使自己的报道有深度

1997年上半年，笔者在中国海洋石油总公司采访时了解到一件事：1994年9月，中国海洋石油总公司收购了印度尼西亚马六甲油田32.58%的权益，第二年又收购了6.93%的权益。这样，每年可以从这个国外油田获得约40万吨份额油。中国海洋石油总公司当时一年的原油产量已逾千万吨，这40万吨来自海外油田的份额油可谓区区，相比于我国每年1.5亿多吨的总产量更是“不足挂齿”，因此，新闻单位对此都没有注意，就连中国海洋石油总公司自己办的《中国海洋石油报》也没怎么报道。况且，时间已过去了3年。这是不是新闻？值不值得报道？应该怎样报道？

把这一消息放在我国能源战略的宏观层面做观照，特别是依据我国原油的资源量和消费量的现状做分析，就不难找到答案。

我国石油资源储量并不丰富，消费则迅猛增长。1993年开始已成为石油净进口国，1996年进口2000多万吨。专家预计，最迟在2005年，中国的石油进口规模就将突破1亿吨大关，2010年1.5亿吨，2020年2亿吨。而我国原油稳产已趋临界状态，目前年产1.8亿吨，2020年时至多2亿吨。到哪里才能找到那么多原油来保障中国经济引擎有充沛的动力呢？

眼光只盯着国内显然不行，所以，党中央在20世纪90年代初就及时

提出了“两种资源，两个市场”的口号，鼓励中国企业到国外去获取宝贵的资源。放在这样的宏观背景下看，来自第一个国外油田的40万吨原油尽管数量很小，但意义重大而深远。因此，我结合中国石油天然气总公司也开始“走出去”的情况，写了一篇2500字的通讯《中国的海外油田》。

拼版时大样送检查组后，还发生了一个小插曲。检查组一位担任过报社部门主任的老同志提出：海外油田拿回的油只有这么一点量，现在就报道时机是不是不成熟？况且用这么大的版面。他建议缓用。去拿大样的一位实习生向我转述了这一意见，并表示他本人对此也存疑。

我说，看问题决不能因为数字小而“小看”。真如杜甫论画诗云：“咫尺应须论万里”。从大局出发，审时度势，用透视的眼光看问题，才能把握住“小事”隐含的重大新闻价值。

《中国的海外油田》一稿于1997年4月1日发表在《人民日报》第10版，并且也不是头条。但第二天，中央人民广播电台便在早间联播节目中摘播了这条消息，后来中央台的经济节目又播了这篇稿。《中国海洋石油报》也很快在头版头条全文转载了这篇文章。

（三）具备宏观意识是时代对新闻工作者提出的要求

本报2003年6月13日发过这样一则消息：《项城国税“阳光操作”强化监督》。消息称，河南项城市国税局党组不断完善机制，推进党风廉政建设，具体措施是每人每月从工资中拿出400元作为浮动工资，一月一考评，完不成岗位工资目标的当月兑现罚款，并责令限期改正。以此强化党员队伍纪律观念。

报道刊出后，社会舆论认为：

> 搞党风廉政建设而以工资为“人质”的做法与有关法律规定相悖。《劳动法》第五十条规定：“工资应当以货币形式按月支付给劳动者本

人。不得克扣或者无故拖欠劳动者的工资。”党员干部也是劳动者。《中国共产党章程》第三十九条规定：“党的纪律处分有五种：警告、严重警告、撤销党内职务、留党察看、开除党籍。”如果党员干部在党风廉政建设方面出了问题，项城市国税局完全可以按照有关规定给予党纪政纪处分，问题严重的甚至移交司法机关处理。但克扣工资兑现罚款的做法则于法无据。

我们的报道当然要关注发生在社会方方面面的新闻，党员廉政建设如何在制度上有所创新，确实是人们关注的热点。但我们在审视新闻现象时，决不能仅从部门实际出发，眼睛里只看见一条线，而要讲大局。

任何一项制度的建构，都必须首先符合程序正义的原则，而绝不是功利主义的，以某种高尚的名义剥夺一些人的权利和利益。否则不管它多么富有效率和成果，都不具有合法性基础。

再举一例。

2003 年 8 月 18 日，《人民日报》5 版刊登了一幅新闻图片，并冠以《清华校友会鼎力相助贫困新生乘飞机入学》的标题。图片说明谓：

8 月 17 日是清华大学举行开学典礼的日子，但四川籍新生邹海天因路费、学费无着，希望推迟入学。8 月 16 日，成都清华校友会得知消息后以最快的速度找到家住偏远山村的邹海天，并为他安排好食宿和机票。8 月 17 日，邹海天终于按时抵京，并办理了临时贷款和入学报到手续。

这则报道刊出后社会效果也不大好。有读者认为这一报道对扶贫助教活动带来了负面影响和副作用。我们都知道这样一个常识：乘飞机比乘火车、汽车要贵得多。贫困新生邹海天因学费、路费无着，不能于 8 月 17 日准时赶上清华大学的开学典礼，完全情有可原；在得到清华校友会的鼎力相助后，为节省费用，不乘飞机乘火车稍晚到校也并非不可以，与其完成学业无妨。为及时赶上开学典礼，即使非乘飞机不可，也属于毫无普遍意义的特例，不值得我们在《人民日报》上宣传。

更重要的是，目前，社会上许多人对以助教办学的名义建立的基金被乱用，反映十分强烈。这种现象也确实比比皆是。如前不久报上披露，广州市民响应政府号召，于 1995 年年底为广州市教育活动中心等十大教育工程捐款 7032 万元，管理运营这笔专项资金的广州市教育基金会对十大工程仅投入 1560 万元，挪用了 5000 多万，而且大部分将无法收回。广州市人大常委会不少委员闻讯后指出，教育基金是社会各界为发展广州教育而捐赠的，如此被挪用，以后还有谁会捐钱?

这并不只是一种担心。某地在网上搞“对社会捐助的态度”的调查，参与调查的人员中，选择“是傻瓜才干”占 47.2%。为什么竟有近半数的人不屑“捐助”？有认识问题。但不能否认，也有我们对这些捐助管理运营上的问题。包括本报刊登这样的报道所产生的负面作用。扶贫助教的资金是很有限的，这有限的资金主要应当用在帮助贫困大学生解决学杂费和基本伙食费上，而不是资助贫困生坐飞机高消费。否则，还要号召社会团体、企业单位和个人慷慨解囊干什么!

当前，我国正处于经济制度的转型期，经济成分多元，思想观念多元，许多东西似是而非，复杂而充满矛盾。这是一个开放的时代，变革的时代，因此，我们的思维也要适应时代的特点，要政治敏感，看问题时站得高一点，想得深一点。对有的新闻要学会放在宏观背景下进行全面审视，全面衡量，不能只顾一点不及其余。因而，具备宏观意识，是时代对新闻工作者提出的要求。

常言道：站得高，看得远。“第一党报”的编辑、记者所处的地位，客观上容易使报道具有某种宏观性。但是如果心中没有全局，就会被巴掌挡住两眼，就会为浮云遮蔽双目。毕竟，是否具备大局观或宏观意识，与一个新闻工作者所处的位置是否宏观并不画等号。

因此，一个党报记者必须培育自己的大局观，一方面要对全局形势有深刻理解，要了解全局在想什么，干什么，全局的目标和步骤是什么；另一方面要学会对具体事物在全局中所处的地位做正确的估量。了解中央政策的贯彻执行在实际工作中存在哪些主要矛盾，群众迫切需要了解和关心的是哪些问题。从而反推出微观在宏观中的意义。如果能随时掌握这个过程中出现的形势和问题，就能对全局了然于胸，就能在采访中不断发现新情况、新题目。在掌握了大量微观情况的基础上，再把它适度地提升到宏观的高度，真正凸显其价值和意义，就能写出在宏观层面上有指导性的好报道。

因此，当一个信息出现在面前时，我们应当拿到大局的秤上称一下它的新闻价值，学会“站在天安门上看问题”，即站在全局的高度审视新闻现象。把具体的新闻现象放在当前宏观形势的大背景下去审视，从党的路线、方针、政策的高度去俯视，从宏观把握微观，总揽全局，见微知著。

附——

我国已由石油净出口国成为进口国，到海外去寻找更加经济的油气资源，是可持续发展的必然战略选择。去年我国有近70万吨原油来自——

中国的海外油田

去年11月，中国海洋石油总公司所属海外石油天然气有限公司在海外注册成立。这个公司的成立，引起了国际石油界的重视。有评论认为，这标志着中国石油业加快了海外拓展的步伐，以满足中国国内日益迫切的市场需求。

此论切中肯綮。

许多人至今犹记，大庆人当年喊出的那句“把用洋油的帽子扔到太平洋里”的豪迈誓言。随着改革开放后我国经济的高速发展，从1993年起，我国由石油输出国变为进口国。1996年，我国生产原油1.57亿吨，同时进口原油约 2000 万吨，缓解了国内石油生产不足的压力。

正像人们今天认识到“既无外债，又无内债”并不是发展经济的聪明之举一样，在当今和平的国际环境下，既然我们可以多渠道从国际市场上寻找资金，可以到海外“买油”，为什么不能采用多种方式进而到海外“生产原油”，为我国社会主义现代化建设服务呢？

向海外发展是战略需要

我国原油产量居世界第五位。然而，我国又是一个能源消耗大国，国内生产的油气已不能满足国民经济发展的需求。“八五”期间，我国国民经济平均年增长 11.33%，要求石油产品平均增长 5.41%，而事实上，同期石油产品只增长了 1.5%，供需缺口不小。随着我国经济建设的发展，对石油产品的增长提出了更高的要求。按照“九五”规划，我国国民经济将保持 8%~9% 的增长速度，石油需求量约为每年 2 亿吨，而同期国内石油年产目标约 1.6 亿吨。

再看储量。我国剩余探明石油可采储量居世界第九位，但人均占有量仅 2.9 吨，居世界第四十五位；我国剩余探明天然气可采储量居世界第十六位，一算“人均”更低，仅居世界第六十五位。因此，我国又是一个资源贫乏的国家。石油生产的不足，形成国民经济发展的“瓶颈”，不认真采取对策，将会长期制约国民经济的增长。而仅靠进口原油，无法从根本上解决这个问题，一是国际石油市场变化不定，二是我国的外汇也不堪重负。因而，树立全球观念，利用国际国内“两个市场、两种资源”，到海外去寻找资源、建立我们稳定的油气生产基地，以优化我国油气资源配置，不仅为当下急需，更是一项重大的战略决策。

海外拓展条件已具备

1982 年，经国务院批准，中国海洋石油工业率先实行对外开放。其时，我国海洋石油工业刚刚起步，年产原油不到 10 万吨，怎样与世界对话？于是，我们请来挪威国家石油公司专家当顾问，审慎地向国际石油界打开了合作之门。

仅仅过去十几年，去年初，应哈萨克斯坦共和国国家石油公司邀请，中国海洋石油总公司派出专家组，担任哈萨克斯坦里海地区对外开放顾问。

十几年前的学生，现在成了老师，凭借的不仅是十多年对外合作的经验，还有令国际石油界瞩目的骄人业绩：

——到 1996 年，我国海洋石油年产量已从 14 年前的不到 10 万吨猛增到 1500 万吨。而美国和前苏联大约用了 20 年至 25 年的时间，海洋石油年产才达到 1000 万吨水平，比我国多 10 年。

——截至目前，中国海洋石油总公司与 65 家外国石油公司签订了 128 个合同和协议，利用外资达 60 亿美元，至今未发生一起合同纠纷。

——中外合作开发的珠江口流花 11—1 油田，采用了当今世界上最先进的技术和装备，拥有多项世界第一，被国际石油界誉为“明天的油田”，它标志着中国海洋石油勘探开发的总体配套技术已达到国际先进水平。

中国海洋石油总公司按照国际石油公司的规范进行管理和运作，取得了较高的效率和良好的信誉……

种种内部条件均告初具。

再看外部。今天世界的主题是“和平与发展”，国际分工正在重新组合，世界市场也待重新划分，广大发展中国家在政治上求得独立的同时，正努力联合起来寻求经济上的发展，而目前国际石油产量增长区主要在发展中国家。

内外因素的结合，为中国参与国际分工提供了绝好的机会，提供了一种实实在在的可能性。

成功的第一步

1993 年，我国开始从国外净进口原油。就在这一年，中国海洋石油总公司成立了海外发展部。我国石油工业的主力军中国石油天然气总公司，也及时制定了“量力而行，从小到大，积累经验，逐步展开，锻炼队伍”的方针，开始到境外进行油气勘探开发。

1994 年 9 月 6 日，中国海洋石油总公司收购印度尼西亚马六甲油田 32.58%股权获得储量。第二年，又购买了该油田 6.93%的权益，成为该油田最大股东。1994 年、1995 年、1996 年三年，每年从马六甲油田获得份额油近 40 万吨。到去年底已收回全部投资本息。

3 年来，中国海洋石油总公司的专业技术队伍也成功打入国际市场，在阿联酋承包了建造海洋油田平台导管架工程，在日本承包了海上钻井，物探、测井等专业也纷纷打入国际承包市场。

俗话说，万事开头难。而中国海洋石油总公司海外发展迈出的第一步就相当成功。一个喜人的开端。一项前景辉煌的事业。

中国海洋石油总公司副总经理陈炳骞向记者透露，到 2000 年，中国海洋石油总公司海外份额原油年产将达 200 万吨。同时，“九五”期间，还将开展在我国东南、华南沿海地区引进液化天然气的规划工作，并争取开始实施。

中国石油天然气总公司在这方面也进行了一些有益的探索，目前已在加拿大、秘鲁、泰国获得油田参股权、操作权和租赁权。去年，获份额油近 30 万吨。

陈炳骞副总经理指出，目前国内的机制还不能适应海外发展的特点，近年来因此坐失了一些较好时机。他呼吁国家有关部门对海外石油投资早日做出明确规定，进而完善立法，简化各项审批手续，提高效率，举国家之力支持我国石油工业走向海外。

（原载《人民日报》1997 年 4 月 1 日）

编稿站位要高

2015 年 6 月 29 日，江西分社发来一篇指令稿，希望当晚上一版，争取头条。

这是个“1+1”报道，还有一篇通讯（详见本书第 72 页《如何做好“一鱼两吃”》）。

“前一”材料扎实，但要做头版头条就显得弱了些。一是条理不甚清晰，二是文气不强。但时间已不允许退回改，只好就着现稿“调结构，调存量”。

和原稿相比，刊出稿有进步，但远非佳作。那么为何还要拿出来说一说呢？是因为感觉稿件中有个问题具普遍性，颇值得一说。

这个问题，就是杨振武社长一再跟我们强调的：人民日报的编辑记者，要学会“站在天安门上看问题”。

感觉原稿条理不甚清晰，其实最主要的问题也出在这里。

赣州 3 年大变样，原因是什么？最重要的，就在于 3 年前出台了《国务院关于赣南等原中央苏区振兴发展的若干意见》。由此从中央到地方出台了大量政策，采取了很多实实在在的举措。

对此，稿件当然要说明，但说明时应当有主有次。

原稿先说地方，赣州市 3 年间共整合投入民生类财政资金 800 多亿元，等等。在倒数第二段，才道出中央的功劳：国务院、国家部委及江西省下达赣州市补助资金 941.8 亿元，等等。

地方的同志当然希望我们多为他们摆摆功、说说好，地方分社也需要服务于地方，但服务绝不是服从。地方分社写稿，同样要先服从中央大局。

而且，原稿倒数第二段，是讲赣州 3 年巨变的原因，把中央的支持和赣州干部作风和干群关系的转变放在一起说也不妥，因为前者是“外因”，后者是“内因”。

对老区扶贫及其他贫困地区的扶贫，中央一再说要多强调内因，强调主观努力，强调发挥地方内生动力的作用。揉在一块儿写，先说很重要的“外因”，事实上也就把“内因”弱化了。因此，改稿把中央政策支持从这一段中摘出来，提前到赣州市采取的举措之前。

这样，不仅条理清楚了，而且最后两段接连说两个“变化的背后”，既提振文气，也突出了老区的自身努力，更能体现中央精神。其实，对这个精神，分社认识到了，所以做标题时突出了这一点：“政策落地内力增强”。但可惜，写稿时自身“内力”不够，没定住，不到位。

针对原稿文气偏弱的问题，主要是对开头动刀。

某某之际，记者重访某地，探寻新气象。此类开头一是司空见惯了无新意，二是行文过缓。特别是消息稿件，全篇不过千字，何敢再“徐徐道来”。清朝著名评论家李渔有见教：“开手笔机飞舞，墨势淋漓，有自由自得之妙，则把握在手，破竹之势已成，不忧此后不成完璧。若此时、此际文情艰涩，勉强支吾，则朝气昏昏，到晚终无晴色。”（《闲情偶寄》卷三）

起笔过缓便容易“朝气昏昏，到晚终无晴色”。改稿从“后一”中找出一句赣州市领导的话直奔主题：“过去 3 年，是赣州在新中国成立以来扶贫成效最大、减贫进程最快的时期。”

李宝善总编辑①审定时觉得太过突兀，又让分社补充了开头第一段。

这样一改，可谓开门见山，文气峻急了不少。（消息中“红军和烈士遗属遗孀及后代全部住上新房”一句，也来自“后一”中，感觉这个说法有反映老区扶贫的标志性意义。）

此稿因等头条位置，迟发了一周，7 月 5 日刊出。这一天头版上还有一篇上海分社的消息《上海外三电厂　煤耗全球最低》。

---

① 李宝善　2018 年 4 月任人民日报社社长，时任人民日报总编辑。

这篇稿是 6 月初来的，也是一个 1+1，编辑建议或一版发消息，或只发通讯。记者不大愿意，几经反复，最终接受我们的意见，写一篇千字以内的消息发一版。而来稿将近 1500 字。刊出稿的篇幅又是多大呢？ 500 字。

这其实也是一个有没有“站在天安门上”的问题。从地方的角度看，成绩很大，但是从全局看呢？各领域各行业都有很多令人振奋的成就，一来报纸不可能提供那么多版面，既发消息又发通讯；二来太专业的话题即使给版面，读者也不给力。

党报如何发挥好传播力？同样需要我们有全局意识——“站在天安门上”。

政策落地内力增强　振兴发展纵深推进

赣州三年大变样

本报赣州 7 月 4 日电　“让老区人民和全国人民共享全面建成小康社会成果”——作为当年中央苏区主体和核心区域的江西省赣州市，直面经济欠发达、民生欠账多的市情，把解决突出民生问题作为振兴发展的首要任务。

“过去 3 年，是赣州在新中国成立以来扶贫成效最大、减贫进程最快的时期。”赣州市领导用两组数据做出说明：

——《国务院关于赣南等原中央苏区振兴发展的若干意见》出台 3 年来，国务院及国办下发支持文件 10 个，国家部委出台支持文件 92 个，37 个对口支援部委制定了 48 个具体实施意见或支持政策。中央和江西省下达赣州市补助资金三年达 941.8 亿元，年均增幅达 21.7%。

——赣州市在地方财政十分困难的情况下坚持民生优先，共整合财政资金 800 多亿元，用于解决住房难、饮水难、用电难、上学难、出行难等群众反映强烈的“九难”问题，超过全市财政总支出 55%。

身患尿毒症的杨小琴，终于告别透风漏雨的土坯房，住进了新楼房，用上自来水、抽水马桶。"我们会尽快研究一些措施，支持赣南等原中央苏区的振兴发展，从根本上解决像你一样困难家庭的问题。" 2012 年 4 月，国家部委联合调研组走遍了赣州 200 多个调研点，当时调研组负责人对瑞金市光辉村村民杨小琴这样承诺。杨小琴开心地告诉记者，现在自己的病情也得到了有效控制。

3 年来，近 70 万户、300 万群众享受到土坯房改造政策扶助，红军和烈士遗属遗孀及后代全部住上新房，278 万多农村人口喝上安全卫生的饮用水，300 多万人用上"稳压电"，农民人均纯收入增速由全省末位跃至第一位。

变化的背后，是赣州干部作风和干群关系的深刻转变。赣州市 9 万多名干部进村驻组，与 228 万户群众结对联系，开展"送政策、送温暖、送服务"活动，把苏区振兴发展大计化为一桩桩、一件件具体实事，让广大群众看得见、摸得着。

变化的背后，是赣州不甘落后、勇于创新创业那股子精气神。三年来，通过落实《意见》明确的 236 个支持事项，依托赣州综合保税区、赣州进境木材国检监管区等重大平台建设效应，赣州的经济发展提质增效，"造血"功能不断提高，内生动力日益增强，全市主要经济指标增幅连续 3 年高于全国平均水平，部分指标增幅已居江西前列。

（原载《人民日报》2015 年 7 月 5 日）

原 稿

赣州三年实现大变样

一户家庭、一座乡镇、一个产业，3 年来发生了怎样的变化？在《国务院关于赣南等原中央苏区振兴发展的若干意见》（以下简称《若干意见》）出台三周年之际，记者重访江西赣州，探寻这片红土地上的新气象。

“我们会尽最大努力尽快研究一些措施，支持赣南等原中央苏区的振兴发展，从根本上解决像你一样的困难家庭的问题。”2012 年 4 月，为制定好《若干意见》，国家部委联合调研组走遍了赣州 200 多个调研点。这句话，是当时调研组负责人对瑞金市泽覃乡光辉村村民杨小琴做出的承诺。3 年过去，身患尿毒症的杨小琴告别了透风漏雨的土坯房，住进了新建的楼房，用上了自来水、抽水马桶，病情也得到有效控制。赣州市充分用好国家政策红利，坚持民生优先，3 年间共整合投入民生类财政资金 800 多亿元，超过全市财政总支出的 55%，用于解决住房难、饮水难、用电难、上学难、出行难等群众反映强烈的“九难”问题。近 70 万户、300 万群众享受到土坯房改造政策扶助，278 万多农村人口喝上安全卫生的饮用水，300 多万人用上“稳压电”，农民人均纯收入增速由全省末位前移至第一位。

从宁都县小布镇翻天覆地般的变化，到南康家具产业集群的迅猛发展，赣南老区处处涌动着振兴发展纵深推进的喜悦。破茧成蝶变化的背后，是中央的重视关怀和国家部委、江西省的大力支持。《若干意见》实施 3 年来，国务院及国务院办公厅下发支持文件 10 个，国家部委出台支持文件 92 个，37 个对口支援部委制定了 48 个具体实施意见或支持政策。2012 年至 2014 年，中央和江西省下达赣州市补助资金 941.8 亿元，年均增幅达 21.7%。变化的背后，是赣州干部作风和干群关系的深刻转变。赣州市 9 万多名干部进村驻组，与 228 万户群众结对联系，开展“送政策、送温暖、送服务”活动，把苏区振兴发展大计化为一桩桩、一件件具体实事，让广大群众看得见、摸得着。

变化的背后，是赣州不甘落后、勇于创新创业的精气神。3 年来，通过落实《若干意见》明确的 236 个支持事项，依托赣州综合保税区、赣州进境木材国检监管区等重大平台建设效应，赣州的经济发展提质增效，“造血”功能不断提高，内生动力日益增强，全市主要经济指标增幅连续 3 年高于全国平均水平，部分指标增幅居于江西前列。

回归新闻的本色

我写的《新生的家园有韧劲》让编辑费了不少劲，改动幅度很大。从开头结尾到遣词造句。倒不是说自己的孩子最漂亮，修改过的稿件语言也很漂亮，可我却觉得“骨鲠在喉”，问题主要是出在新闻理念上。

稿子发在“美丽中国·寻找最美乡村”专栏，这个专栏是2013年新推的，契合党的十八大精神。编辑在征稿要求中很明确说，要“用新闻手法”。但实际操作起来，取向似乎却是“用文学手法”，追求文字的灵动，而宁可牺牲新闻的结实。

稿件发去后，有编辑和我商量，能否改为用一个村民的口吻来表达，这样笔墨容易集中。我坚决否定，原因是由多个村民来说，真实，也更有新闻性。事实很清楚，一个村子的变化让一个普通村民来说是很难说清的。果真如此，这个村民也绝对不“普通”了，有这样好口才的村支书，恐怕都很难碰到。

原稿的开头是：

> 王庄轩还没放下饭碗，一颗心便已飞到了村里的活动中心。
>
> 每天晚上7点到9点，只要不下雨，活动中心广场上便会荡起欢快的音乐。40多岁的王庄轩，是村里20多名跳广场舞的妇女的领舞。

结尾则又扣回到村里的激情广场：

低保户陈玉琴，曾是徐江村最困难的家庭，丈夫因病去世，拉了几十万元债。“新村重建绝不让哪一家拉下。”徐江村党支部提出，并从全村 20 多名党员中选出 11 名致富能力强的，与村里 11 家低保户结对帮扶。在村党支部和党员陈堂弟的关心帮助下，陈玉琴通过培训掌握了工作技能，进修船厂做工，还当了组长，一年工资就有好几万。眼下，11 家低保户的人均收入，已高于全村人均收入。一到晚上，村“激情广场”的“舞迷”中，人们常常会看到穿扮得漂漂亮亮的陈玉琴开心地跳舞，脸上的笑容格外灿烂。

连曾是村里最困难家庭的当家人，现在也成了“激情广场”的主角，这个变化是很有深意的。但也确实，这样的开头结尾，让稿件中出现的人物更多，更碎片化。但我喜欢。因为真实，因为细节典型，因为低保户的人均收入高于全村人均收入，它更能说明一点问题。

改文风改什么？不是文字技巧，关键在内容，事实真实，语言朴实。改文风就是要改变人们长期以来形成的报道是宣传的印象，回归新闻的本色。

“收获时节，满村都是甜蜜的水果香。”这句话是编辑加的。采访是冬季，我也没在收获季节采访过，真说不出水果香是什么香。这样的泛泛之言能使报道生色几多呢？我很怀疑。省委宣传部一位领导同志就提出质疑，现在农民在地头就把水果卖了，如果卖不出去，除摘一点自己吃，宁可任其烂掉，因为雇工采摘、运输的钱也很贵。“满村都是甜蜜的水果香”，那家家户户得贮放多少水果呀。

我喜欢散文，以前写散文也是从华丽一派走过来的。新闻要求具体，而文学喜欢空灵。随着阅历的增长，我越来越喜欢那种平实、质朴的语言风格，从华丽向质朴回归。新闻不是散文，新闻也不应该成为散文，语言的过度包装只会损害新闻的真实性。

福建福安徐江村

新生的家园有韧劲

村后是层峦涌翠的黑石岗，村前有水阔浪急的白马河，村里规划井然，街面整洁，绿树夹道。

也许，它的美和很多乡村比，并不算特别。然而，你能想象得到吗，这座美丽的村庄，竟是从一片废墟上重建起来的。

1996 年 8 月，强台风正面袭击闽东宁德，福建福安市湾坞镇徐江村村口的海堤崩坍，潮水瞬间吞噬了村庄，深的逾 3 米，浅的也过 1 米，全村 201 座房屋 198 座被毁。

“就在第二天，当时任省委副书记的习近平同志就冒着房屋可能继续坍塌的危险，涉水进村察看灾情，站在废墟上鼓励我们：‘以滴水穿石的韧劲重建更美的家园’。”现任徐江村党支部书记的陈细銮回忆。

徐江村背山面海，人多地少，全村 800 多人，耕地只有 610 亩，1996 年前人均收入还不到 1000 元，徐江村人最清楚什么是“滴水穿石的韧劲”。

贫穷的村子不美丽，重建就要发展经济。

村民陈进龙考察发现，巨峰葡萄销路很好，收入是种粮的四五倍。他出去学会了种葡萄，又把懂行的女婿请来教，给村民们示范。在陈进龙的带动下，如今全村已有七八十户种葡萄。同样的，晚熟龙眼也很快发展起来。

现在，徐江村已建成 600 多亩晚熟龙眼、260 亩巨峰葡萄的水果基地。收获时节，满村都是甜蜜的水果香。这些甜蜜的香味，也意味着村民的收获。据村民说，一亩葡萄就可收入 8000 到 1 万元。

仅仅富裕不等于美丽，在重生的徐江人看来，新村也不只是新房。

如果你问，徐江村哪儿美？养猪专业户陈朋顺会说，美在干净整洁。

“原先我们是远近闻名的‘猪粪村’，猪是在街上放养的，365 天，天天臭气熏天。现在街上你再也看不到一头猪，只有我这个专业户养了20多头。”

生活水平提高固然是重要原因，更关键的，是人们的观念更新了，这个不算大的村子专门聘了两名保洁员。

如果你问，徐江村哪儿美？村主任陈树光会说，美在郁郁葱葱。

曾几何时，全村只有3棵樟树、1棵榕树。而重建后，村里绿化面积增加了3000平方米，路旁种了上百棵罗汉树、万年青，村民们还在自家庭院里种了六七百棵各类果树。“村外的风景也更美了。”陈细銮插话说，“这十几年我们年年种树，森林覆盖率超过80%。2011年全省开展大造林活动，其他村领的任务最少都几十亩，我们只需要领十几亩。”

如果你问，徐江村哪儿美？村民陈堂弟会说，美在乡亲们能在本乡本土享受工作、生活的幸福时光。

“原先，村里的年轻人小一半跑外面打工，留下的没多少活干，常聚在一起赌博。现在引进了企业，建起了水果基地，外出打工的99%都回来了，村里看不见闲人。我的两个儿子也都回到我身边了，我们家现在都是‘上班人’。”

然而，这些美，来得并不容易。

村里的财力并不强，年收入才十几万，但这些年完成了道路硬化、电气改造、绿化等43项、500多万元的基础设施建设。每一项都是村民做主，家家出力，人人关心。每一项中遇到的困难都是全村人在一起想办法解决的。而重建村子给了村子的建设者们以更大的凝聚力。村容美了，村风好了，很多走了的村民又争相回来，大家更齐心了。

村口的石牌门楼上，“徐江新村”几个金色大字让冬雨洗得熠熠发亮。徐江村人十几年来“以滴水穿石的韧劲”在废墟上重新建立的，何止只是一座美丽的新村，还有一种崭新的精神。

（原载《人民日报》2013年1月17日）

“内容为王”这面大旗不能倒

新闻是“用事实说话”。要求我们有新闻发现力，还要有表现力，善于用生动的形式把好的内容表达出来。

也就是说，既要讲故事，还要讲“好故事”，并且把这个“好故事”讲好，讲得很生动，让读者喜闻乐见。好莱坞电影有一条铁律：铁打的故事，流水的特效。讲好故事也是做一个好记者永远的“不二法门”。

怎样讲好故事？

最重要的，是要讲契合主题的故事。新闻有个“相关性原则”，是说生成新闻话语时，要按照与话题相关程度的不同，进行不同程度的突显，最相关的给以最好位置突显。

举例来说。有个分社来稿介绍某地将规划部门、国土部门、发改委三张规划图合为一张规划图，解决了三个问题，一是土地资源闲置的问题，二是守护住了生态红线，三是提高了政府部门的办事效率。三个方面都有好故事，而最核心的问题应该是第一个。结果，这篇报道在导语里确实是讲故事了，却是讲政府部门提高了效率的故事。这方面的故事既不契合主题，也不给人新鲜感，因为近几年，深化改革一直是宣传报道的主旋律之一，我们已在很多稿件中讲政府提高行政效率、办事效率的故事。讲得越多新鲜感越差。用那个大家耳熟能详的比喻说，是第1000次用鲜花来比喻美丽少女。按照新闻“相关性原则”，这篇报道的导语，应该紧紧抓住解决土地资源闲置问题，从中去挖掘故事。

提升表现力，就要加强学习力，再忙也要读书，勤于思考，边干边总结，厚积才能薄发。

浙江分社社长王慧敏写过一篇业务研讨《学好才能写好》，讲的是十多年前的事，“到新疆驻站后，我曾经用一个多月时间到兵团图书馆系统查阅了兵团的史志、年鉴和回忆文章。”他后来发过一个头版头条《新疆生产建设兵团实现历史性跨越》，反响很大。自治区方面给所有媒体都提供了相关消息，其他媒体都用一则简讯报道新疆生产建设兵团在3座城市建市的新闻。今天是从昨天走过来的，没有历史方面的知识积累，就不会有对重大历史性事件的把握，就不会做出新疆建设兵团发生“历史性跨越”这样的正确判断。结果，新疆日报和建设兵团自己的日报都反过来转载王慧敏写的《新疆生产建设兵团实现历史性跨越》。

我参加丝绸之路采访到甘肃，沿线还能看到汉朝留下的万里长城，土垒的。两千年过去为什么还有遗存？当地人介绍，修长城时每垒一层土，都要夯一夯，特别结实。我们每次采写都像垒一次土，读书，总结，思考就是夯一夯。地方部倡导分社记者写业务研讨，就是逼你打完一仗做个总结，“夯一夯”，以后“蹄疾步稳”，走得更好更远。

为什么要读书？在官媒当记者，长期和一套官方语言体系打交道，思维难免受到束缚，读点文学和其他知识性的书，可以活跃我们的思维，帮助我们打破语言使用上的障碍，丰富自己的语言表达手法等。

大家私下聊天时吐露真言，倒不是不想看书、不想研究新闻业务，最主要的是眼下处在互联网时代看不到传统媒体的前景。其实不管媒体载体如何变，总是需要有可供传播、有利于传播的文本，而文本就是内容，仍然还是“内容为王”，这面大旗不能倒。

经济社会部皮树义主任说过这样一番话：

> 不管媒体格局怎么变，“内容为王”不会变，专业部门是内容制作的专业团队，传播渠道越多，越显示出内容的稀缺性。经济社会部的编辑记者要敢于负责，勇于担当，在做好自己分担工作的基础上，努力实现“三能三抓”：“能抢先、抓热点”，“能思考、抓深度”，“能包装、

抓鲜活”。

中国经营报社社长李佩钰有句话也说得很到位：“没落的不是平面媒体，而是被‘平面化’的思维，是被磨平的进取心。”

这些说法，都值得我们深思。地方分社作为人民日报最庞大、也最强大的一支记者队伍，还是应该高高举起“内容为王”的旗帜。

做好内容，首先是要回归新闻，要符合新闻规律，符合读者的阅读心理。

比如，我们常说新闻贵新，也就是新闻的“新近性原则”，要求记者按照反映时间的先后来安排新闻材料。时间最新，就安排在最前面。特别是导语，就是我们常说的“新闻由头”，应该格外突出这一点。但我们有些来稿，仍然还会从几年前说起，从去年说起。

我们常说报道要见人见事。目前，“见事”还算可以。为什么说“还算”，因为很多稿子里“事”是有了，但见得不够生动，也就是故事讲得还不精彩；“见人”方面问题更多，做得更不够，特别是会议报道。本报新推一个《迈向法治中国》的栏目，任务一布置，各个分社都讲政治，也有战斗力，当晚就来了好几篇，用哪一篇打头？李宝善总编辑亲自选稿定夺。一眼就看上了山东分社的来稿。为什么？我们看一下开头：

> 日前，山东省政府举行“高端装备制造业转型升级座谈会”，省长郭树清走进会议室，开口便问：“法律顾问来了没有？”当确认到场后，会议才开始。近3个月来，山东省政府每逢开会研究重大决策事项、重要合同审查、重大信访案件，必请法律顾问和法律专家到场，迄今已有50余人次参与。

好就好在见人。一个大省长成了新闻里的当事人。这就是让李总对稿件一见钟情的原因。

2013年，上海分社刘建林、谢卫群写的《“五个担心”让领导出一身

“汗”》，获中国新闻奖。这也是一个会议新闻，讲上海市委常委会把基层干部请进常委会上课。

谢卫群后来在业务研讨中说的一句话，值得我们用心体会：“吸引人的新闻，并不是用形容词写出来的。人们记住的也不应该是形容词句，而应是那些新闻中的人物的故事和道理。”

夜班编辑何璐写了一篇业务述评《让高官不再游离于新闻之外》，希望分社社长读一下。

主要观点是：领导通常都是以发表讲话和表明态度这样一种“高大上”的方式出现的，常常游离于新闻之外，是一个“锦上添花”、可有可无的配角。如果能巧选角度，寻找到不一样的切入点，把领导干部从干巴巴的发言人变成活脱脱的新闻当事人，使其成为文章不可或缺的一部分，往往能取得更好的传播效果。

目前，信息公开、政务公开已成常态。作为党中央机关报，领导干部既是本报的核心读者，其活动也是本报的新闻“富矿”。如何做好领导干部活动的报道，是一个值得关注的课题。创新领导干部的活动报道方式，使其符合新闻报道的传播规律，不仅能够提高报道的质量，同时也会对塑造和传播领导干部的新形象起到重要的推动作用。

做好内容，更高的要求是要写出有人民日报气派的报道。比如，王楚当年在湖北记者站时写的《有胆略的决定——武汉三镇大门是怎样打开的》，杨振武社长当记者时写的《苏州跃起六只虎》。我在福建分社时，时过近 30 年，很多人还念叨 20 世纪 80 年代初，原记者部主任田流在福建采访后写的《八闽共念山海经》。这样大家公认的“雄文”“名篇”现在少了。为什么少了？有人认为主要是“缺钙”“缺氧”。

缺钙，缺少宏大格局；缺氧，缺少思想氧分，思想贫乏必然内容浮浅。“缺钙”“缺氧”，文章就没有精气神，就缺少恢宏气势，小家子气。

新疆暴恐事件发生后，王慧敏及时写了评论《像石榴籽一样抱在一起》，习总书记多次表扬；2014 年 4 月 30 日，乌鲁木齐火车站发生暴恐案，王慧敏又及时赶写言论《携手共筑民族团结长城》，在5月2日的“人民论坛”见报。这固然是讲政治，识大局，但更重要的，是有思想，有学养，关键时刻该出手时能出手，很短时间里就拿得出高水平的稿子。这还是取决于平时肯学习，基层下得多，了解国情、民情。王慧敏在新疆时经常走基层，有一次在条件艰苦的帕米尔高原采访部队哨所，一走就是半个多月，回来后写了一篇7000多字的头版头条《热血铸雄关》。

腹有诗书气自华。多读书包括扑向大地去读无字之书，气宇才会开阔，人才会有格局。只有对生活有敏锐、深入的领悟，才能准确地理解和判断这个时代。

同样，改进文风、创新报道也必须多下基层。好的采访、写作技巧来自实践。讲一百次，不如裤腿沾上泥。王乐文、姜峰写的《一滴“南水”出安康》（见本书第252页），报道中巧妙运用拟人化的手法，很受大家好评，这个创意便来自实地采访。姜峰在业务研讨文章中写道：

> “给污水洗个干净澡”，采访中安康市石泉县生态清洁水保区工作人员的一句话启发了副社长王乐文的灵感，何不换个视角，以报道对象——水为“主人公”，采用拟人化手法，用一滴水的经历反映陕南地区解决生活、工业污水造成的面源污染、保障一水清明的具体做法。

阎晓明副总编[①]曾经做过一个批示，指出“现场出新闻，现场也出思想，出灵感”。所以杨社长这次在给我们讲话中反复强调：改进文风、创新报道永远在路上。

---

① 阎晓明　中央广播电视总台副台长，时任人民日报副总编辑。

从经营农业到建设城市　全面打造38个小城镇

新疆生产建设兵团实现历史性跨越

本报乌鲁木齐3月24日电　记者**王慧敏**报道：提起新疆生产建设兵团，人们首先会把它同戈壁农田联系到一起。现在，历经50年稼穑耕耘，兵团人已跨越垄亩，开始实现历史性创新——从经营农业转向建设城市——今年1月19日，兵团的五家渠、阿拉尔、图木舒克3座城市同时挂牌宣布建市。春节后，兵团的38个重点小城镇建设全面启动。6.5亿元前期建设资金已全部到位。

兵团建立伊始，绝大部分团场建在“水到头、路到头、电到头”的大沙漠边缘。几十年来，兵团人自力更生兴修水利，垦荒造田，植树造林，架桥修路，建起了机械化、规模化的现代大农业，建起了拥有11家上市公司的现代化工业和商贸流通业。2003年，兵团的二、三产业比例突破了60%，改变了过去“打坷垃”“挖条田”单纯靠农业吃饭的局面。以前兵团人睡的地窝子，现在被鳞次栉比的楼房替代；以前兵团超过半数的连队喝的是涝坝水，现在接近90%的连队喝上了自来水。《草原之夜》中唱的克可达拉以前连发封信都困难，现今不但有了邮局，还有了图书馆、文化馆和体育场；全兵团广播电视的覆盖率达95%以上。

如今，兵团许多团场所在地的城镇基本要素已经具备。今年兵团审时度势加快小城镇建设，迈出了从农耕社会向现代社会的关键一步。兵团发展改革委员会主任陈献政说：“38个小城镇如同照亮边远山乡的38束火炬，不仅可以使兵团发展跨上一个新的台阶，而且对加快新疆的现代化进程、促进社会稳定和边防巩固具有重要意义。”

记者从兵团建设局获悉：兵团的38个小城镇将按照“生态优良、功能配套、产业优势明显、辐射和带动能力强”的总体原则去进行建设。位于车排子垦区的123团以土地出让方式向社会招商引资，仅仅半个月时间，4

栋商贸楼、2 个农贸市场、1 座客运站等项目已落实。位于塔斯尔海垦区的 89 团广泛吸引各类投资者向团部小城镇集中，现已吸引了来自江苏、浙江的个体经营者投资 100 多万元来此建厂。眼下，尽管天山南北仍是冰天雪地，记者在采访时看到，各个团场建设小城镇的热情却如春潮涌动：农十师所在地北屯镇 3 条主要干道的拓宽工作已经全面展开；第 72 团场所在地肖尔布拉克镇，俨然一个大建设工地。记者夜宿团部招待所，夜深时仍听得推土机、打桩机“嗡嗡”“咚咚”响个不停……兵团的 38 个小城镇将于 2005 年年底以前建成，届时兵团的城镇化水平将超过 40%。

（原载《人民日报》2004 年 3 月 25 日）

基层干部为上海市委常委学习会上课

“五个担心”让领导出一身“汗”

担心 1　基层管了不该管的事，费力不讨好

担心 2　该管的事没人管，社会管理有真空

担心 3　统筹安排考虑不周，基层难以应对

担心 4　流于形式，不能解决百姓切身问题

担心 5　面对突发公共事件，不能妥善解决

本报上海 8 月 10 日电　记者**刘建林、谢卫群**报道：“上上下下说要为居委会减负，减了几十年了，没有感觉到减了多少事，却感到事情越来越多、越来越难。”这是上海长宁区虹储居民区的党总支书记朱国萍的心里话。她与另外 3 位基层干部纪维萱、徐遐蓉、杨兆顺一道，走进上海市委常委学习会，以亲身经历讲述官僚主义、形式主义的危害。基层干部的担心，让出席会议的所有干部出了一身“汗”。

把基层干部请进来当老师，这是中共上海市委常委扩大会上的一幕。4

位来自基层一线的党务工作者一一诉说心声和烦恼，上海市委常委以及党的群众路线教育实践活动中央督导组成员、各区县主要领导都认真当起了“学生”，接受基层干部的当面批评。

中共中央政治局委员、上海市委书记韩正说：“搞好党的群众路线教育实践活动，首先要抓好学习教育，拜群众为师、向群众学习，把宗旨意识、群众路线真正装到心里去。党的干部对群众有真感情，一切以群众利益为重，才能敢负责、敢担当。什么是官僚主义、什么是形式主义，来自一线的同志们最有感受！今天请你们放开讲。”

朱国萍放开讲了“五个担心”。她的一番话让现场领导们很受震动：“各部门布置的任务，各条线的试点工作，往往让基层应接不暇。关键是，忙忙碌碌，却碌碌无为，真正有实质内容的不多。有时，我们不得不以形式主义应付形式主义。”

在居委会工作整整23年的朱国萍的话不断引发与会者的笑声和掌声，并引起大家沉思。“在基层，照文件办事最容易，但结果常常是相互推诿、不作为，这样老百姓的急难愁就没了着落。老百姓的怨气不会因为你简单一句‘法规政策不允许’就消除。”朱国萍说，“通过一件件突发事件，我更坚定一个信念，只有多为百姓做好事，做实事，在突发事件面前，老百姓才可能信任我们。”

（原载《人民日报》2013年8月11日。此稿获2013年中国新闻奖。）

第二辑

一个故事胜过一打道理

为文之道，曰理，曰事，曰情。“理”居第一，“理定而辞畅”。但从传播手法和效果看，恐怕该多强调一下“先事后理”，或者说，“以事见理”“寓理于事”。俗话说得好：一个故事胜过一打道理。

在互联网实时传播的当下，即时的碎片化新闻消费成为时尚，讲好故事愈显重要，应当倍加重视故事的精彩讲述和内容的流畅呈现。因为故事是生活的比喻，故事是人生必备品，就像英国作家毛姆说的，不讲故事，如同“扔掉了人性中最为渴望的东西——听故事的渴望可以说和人类一样古老”。

互联网让世界变平、相通，国际传播、国内传播日益同框。“中国故事”惊艳世界，而中国真实面貌和西方主观印象尚存巨大“反差”“落差”。牢牢树立讲故事意识，讲好中国故事，掌握话语权，中国新闻人义不容辞，也刻不容缓。

好声音在基层，好故事在路上。好新闻是“用脚走出来的”，讲好故事，当深入一线，接地气，心贴着大地和民众行走。

讲“故事”、讲“好故事”、“讲好”故事

——“1+1”“前 1”写作的一点思考

《人民日报》推出“1+1”（详见本书第 72 页《如何做好“一鱼两吃”？》）这个新品种后，社内外反响热烈，普遍认为是个好创意。

中央电视台原《东方时空》制片人陈虻认为：“一个创意的产生，决不仅是个人的灵感，而是各种社会因素的集合。当你想到这个创意的时候，实际上它已经形成了一个社会需要。”

“1+1”这个新创意回应什么样的“社会需要”呢？就是长期以来读者对党报的呼唤：让文章短下来、报道动起来、新闻活起来。

正像某家媒体所说：“我们的注意力总是放在读者对信息的需求上，而忽视了一个所有读者最普遍的要求，一个所有要求中最基本的要求：给我讲一个故事，看在老天爷的份儿上，让它有趣一点！”

这是“社会需要”“读者需要”，也是“中央需要”。

习近平总书记在全国宣传思想工作会议上讲话指出，要多用通俗易懂、群众喜闻乐见的方式讲故事、讲道理。只有这样，才能让正面宣传跟上群众需求和时代步伐，使群众爱听爱看，产生共鸣。

（一）讲故事

1. 从写“事”到讲“故事”

“1+1”推出后，杨振武总编辑[①]多次强调“前 1”要讲故事，但有些来

① 杨振武　2014 年 4 月任人民日报社社长，时任人民日报总编辑。

稿“讲故事”意识仍很欠缺，或也写了事，但不是讲故事，或者说不是讲故事的方式。

2013 年 12 月 7 日一版头条《云南全力拉长“最短板”》，原稿开头就是见报稿第三段的内容：“今年前三季度，云南民族地区农民人均现金收入 5002 元，增长 16%，高于全省平均 13.7% 的增幅。”接着又是一组相关数据。由于时间紧，编辑只好从“后 1”中找出一个最生动的故事做开头：

> “今天的生活，就像在欧洲的城里一样！”打竹村的核桃购销大户左家宝走南闯北见识广，一提自己的家乡这样自豪地说。云南大理州巍山彝族回族自治县的打竹村是个偏远山村，风光秀美，村容整洁，殷实的生活让人流连，2012 年投入 500 万元进行“示范村”建设，村里路面硬化、自来水入户、建成打歌场、装了太阳能热水器。人们称赞这里是“天然山水画卷，生态宜居彝寨”。
>
> 像打竹村一样，云南众多少数民族村寨正在加快追赶的脚步。

讲了这个故事，再来摆那组颇具说服力的数据。

2013 年 11 月 22 日一版头条《科技小巨人　天津新名片》，第一稿这样开头：

> 您问天津激情的创业者，“大项目、小巨人、楼宇经济”这些核心目标耳熟能详，“小巨人”是拥有知识产权和专利，年销售收入过 1 亿元的科技企业，它们正成为引领天津各行业转型升级的“小老虎”：“骑着自行车去，开着奥迪车回”，说的是天津天地伟业数码科技公司出自天津大学创业师生“牛人”故事；乘坐天津的 3 路、8 路、50 路等新能源公交车，市民能享受到“小巨人”企业天津松正电动汽车技术公司研制第四代混合驱动系统的功能，它已运用于全国 5000 多辆电动公交车上，占有 40% 的市场份额。

有事，但不是故事。见报稿开头：

> 吃完橙子，剥下的皮能做什么？天津鎏虹科技公司总经理张刚最近在一个座谈会上给记者递过一瓶洗涤液，一打开，橙香扑鼻。倒一点擦在广告笔的黑色涂痕上，几下就抹光。“洗涤液、油漆都可以从橙皮和柑橘皮里提取。”

这才是讲故事，有人物，时间，地点，环境，简单情节，描写，对白，显然比第一稿吸引人。

2. 给故事一个定位

推“1+1”，针对的是头版“寸土寸金”，因此“前 1”明确为千字以内。讲故事是手段，目的是由事及理，通过讲故事，生动阐述故事承载的那个“理”。因此，要由“理”定“事”——根据报道主题确定故事的外在形式，是讲一个单一型故事，还是讲几个小故事集纳的复合型故事。单一故事可以稍加展开，容易讲得生动有趣。复合型则是将几件事集纳，使报道主题显得丰满、厚实。

2013 年 11 月 17 日头条《“产业集聚”这样发生》，反映河南近年重点抓的产业集聚区建设。全省 180 个产业集聚区，114 个在县里。“前 1”讲了个发生在民权县的故事，因为民权是传统农业大县，产粮全国先进，而县域经济发展水平全省倒数第一，有代表性，窥一斑可见全豹。这样一个单一但具典型性的故事，可堪承载报道主题。

2013 年 12 月 19 日头条《陕西科技优势在发力》，反映素有科教大省之称的陕西近年来如何激活沉睡的科技资源，打通产学研用平台。如果只讲一个科研院所或军工企业，单一故事不足以反映这个内涵较丰富的主题，适宜将几个事例集纳、综合。

这篇“前 1”讲了西部超导、三角航空科技两个企业，讲了西安一市冒出 3 个国内一流经济开发区，通过这组故事来说明陕西激活科技潜能和企业自主创新能力方面正在发生巨大变化这个主题。

（二）讲“好故事”

何为“好故事”？传统意义的好故事是指那些有教益的故事，或劝人向善，或弘扬爱国，“观乎人文，以化成天下”。总之，“好故事”是有灵魂的——主题鲜明。报道要讲“好故事”，就是要讲能服务好“理”的故事——讲紧扣主题、最具典型性的故事。典型的意义在于它反映本质，体现必然规律性，有普遍意义和概括力量，小中见大，见微知著，可以以一孕万，以少总多。

2013年8月8日头条《福建　“生态立省”怎么立》（见本书第283页），讲全球著名的光学玻璃生产商欧浦登，在森林覆盖率高达82%以上的福建顺昌县建生产基地的故事，“如今，全球80%的苹果手机、电脑触摸屏基板都来自欧浦登的顺昌基地。”

福建武夷山市论生态，全省第一；论经济，全省倒数第一。通过讲这样一个发生在武夷山的故事，反映福建“生态立省”怎么立这个主题，无疑具有说服力。

倘若虽是讲故事，但没扣着主题，那么，即使讲得再生动，报道也是残次品。

《科技小巨人　天津新名片》一文“前1”修改稿开头除“橙子皮”的故事外，还讲了一个故事：

> 来自“小巨人”天地伟业数码科技公司的创始人戴林身为创业讲师，初下海骑着自行车去，如今开着轿车回的故事打动了许多青年人：曾是天津大学的教师，硕士毕业后参与安防工程的课题项目，自己的小房间变成一间实验室，有时候梦中还是“方案、方案”；后租了家属区一间十几平方米搞攻关，从这间陋室里走出“博士后科研工作站”“院士专家工作站”。从做安防工程和系统集成起步，到自主开发安防监控

> “矩阵”产品，独占市场鳌头，再到一个“智慧城市”行业系统解决方案的提供商，公司成为所有大学生员工没有“天花板”的舞台，尽情施展才华。戴林说：“对未来的真正慷慨，是把一切奉献给现在。”

其中有故事，但不是“好故事”，因为没扣着主题。主题是什么？是天津市千方百计扶持发展科技型中小企业，使之成为天津经济发展的动力之源、创新之源。围绕这一主题，具体到这个故事里，重点应放在讲他们如何“自主开发安防监控‘矩阵’产品，独占市场鳌头”，而不应把过多笔墨放在创业艰难上。

故事须服务于主题，偏离主题，便为多余，反而模糊、冲淡主题，即便讲得生动也没意义。因此见报稿删掉了这个故事，从“后 1”中选了另一个故事。

（三）“讲好”故事

讲故事可谓已成共识，共识既成，讲“好故事”也自然成为大家的追求。而好歌还要用“好声音”来唱，好故事也要善于把它“讲好”，让读者爱看。这就需要我们充分释放文字的魅力，掌握好故事展开、描述等技巧，让故事动起来，绘声绘色，活灵活现。

有几点宜注意：

1. 具体

一具体就生动，越具体越生动。不要用大而化之的模糊语言，要多用实在、具体、容易理解的语言。

地方部会商修改《科技“小巨人” 天津新名片》一稿时，有编辑点赞同是讲科技小企业的头条《中关村：小企业开辟大未来》：

> 10 月 1 日，2013 年 WTO 公共论坛在瑞士召开，一位名叫罗峰的中关村企业家，走上讲台，讲述大数据促进贸易便利化的“中国思路”。

企业名叫亿赞普！……亿赞普5年前由2人创业，方向是“数据智能化”。……一个伦敦网民搜索“投影仪”，搜索结果旁，同时跳出中国福建企业的手持投影仪英文广告。

在轻松的阅读中，读者很容易便理解了亿赞普的“数据智能化”产品，因为记者讲得具体、生动、可感。而上面提到天津稿中被删掉的故事，讲天地伟业数码科技自主开发“安防监控‘矩阵’产品”，只有一个抽象的说法。

2. 动感

动才生机勃发，动才会在读者头脑中映现生动表象，激发其情感体验。稿件的动感大致来自三个方面，一是故事本身，二是口语化的快节奏，三是多用动词。

《“产业集聚”这样发生》原稿有这样的段落：

两年前，澳柯玛生产重心移师民权。令澳柯玛倾心的，是制冷产业集聚内生的发展能量。香雪海、华美、万宝已先后入驻，兆邦、松川等当地品牌已扬名市场。在这个传统农业县，澳柯玛惊奇发现，小到栏筐、注塑，大到压缩机、冷凝器，上下游链条产业当地竟可以全数配套。用于包装的泡沫塑料，看似简单，实质令企业伤脑筋。运输成本远大于其自身价值，载重10吨的重型卡车，拉泡沫塑料只能以斤计算。在这里，百米外用板车推来，门对门服务，要多少有多少。

见报稿：

10吨重卡能拉多少泡沫塑料？只能以斤计算。运输成本远大于自身价值，企业伤透脑筋。在民权，他们笑了，板车推来，门对门服务。民权人说，炸油条就不能穿西服。澳柯玛入驻前，厂方来考察，又惊又喜：小到栏筐、注塑，大到压缩机、冷凝器，当地全可配套。

原稿写得比较生动，文字也较干净。修改稿保留精华，更富条理性，特别是注意了语言的节奏，更简洁明快，也更生动。

3. 简洁

一是结构上，要单刀直入，开门见山。

2013年11月18日头条《像榕树一样扎根大地》，原稿第一段是“同坐一条板凳，同一口锅吃饭，同一个屋檐下交心……20多年来，福州以钉钉子精神推进‘进万家门、知万家情、解万家忧、办万家事’活动，榕城干部像榕树一样扎根沃土，把群众意识、群众观念深深根植于心中”，第二段开始才讲故事。

见报稿“去掉硬壳”，第一段全删，直接讲88岁的孤寡老人潘美英在家办妥二代身份证的故事。

二是叙述上，不拖泥带水，节外生枝。

2013年11月4日头条《山西：煤电一体解转型“死扣”》，原稿这样开头：

> 说到煤电，必说山西。山西煤炭储量和产量分别占全国的1/4，去年，山西向全国输出煤炭5.82亿吨，占其总产量的近1/3。如果煤玩不转了，山西的经济就会“停摆”。同时，山西发电装机容量超过5000万千瓦，外送量居全国第二。煤和电两大能源产业，成为搭建山西经济结构的两根柱，支撑山西经济前行的两条腿。
>
> 在山西，七成的煤都用来发电，煤和电天然是缘，相生相伴。“本是同根生”的煤和电，由于利益纷争，一度陷入“相煎何太急”的苦战境地。长期以来，双方矛盾百出、纠纷不断。在各类煤电订货会上，“顶牛”几乎是固定的景观，甚至放出“买黄土也不买你的煤”“把煤扔掉也不卖给你”的决绝狠话。
>
> 有人形象地用“爷爷”和“孙子”来比喻煤电市场角色的尊卑。随着经济形势和供求关系的变化，买卖方市场互换的过程，就是“爷爷”和“孙子”角色互换的过程。这让双方都很受伤：电力的黄金期，煤炭

> 巨亏普遍；煤炭的黄金期，电力同样是叫苦不迭。“一方富得流油，一方穷得发抖。”山西焦煤集团董事长任福耀忆起往昔，仍心生感慨。

这个开头很生动，但语言拖沓，篇幅过长。

见报稿：

> “就是买黄土也不买你的煤”，“就是把煤扔掉也不卖给你”……山西是煤电大省，煤炭储量和产量均占全国1/4，七成煤用来发电，发电外送量居全国第二。煤电两大产业，成为搭建山西经济结构的两根柱，支撑山西经济前行的两条腿。煤和电“本是同根生”，由于利益纷争，多年来一直陷于“相煎何太急”的苦战境地。电力黄金期，往往煤炭企业普遍巨亏；煤炭黄金期，则电力企业叫苦不迭。“一方富得流油，一方穷得发抖。”很多人说，这是个“死扣”。

改稿用粗笔代替工笔，篇幅压一半多，精彩保留。“就是买黄土也不买你的煤”，“就是把煤扔掉也不卖给你”，这样生动的语言出自煤电订货会上的双方“顶牛”，相关背景性交代完全删除。“一方富得流油，一方穷得发抖。”是山西焦煤集团董事长任福耀的感慨，交代一下谁说的在“工笔画”中可以，在“大写意”中便属“节外生枝”。

4. 连贯

高明的讲述总是让人读来很顺畅，感觉一气呵成。

一是要注意上下段落的流畅转接。

2013年11月3日头条《京津冀打响“呼吸保卫战”》，主体三部分每部分都用一句话“领”一下：

> 为了唤回蓝天，京津冀及周边地区正树起新的“风向标”。
>
> 为了唤回蓝天，京津冀及周边地区正祭起“雷霆手段”。

为了唤回蓝天，京津冀及周边地区别无选择，既然同呼吸，就要共奋斗、齐担当。

2013 年 11 月 15 日头条《护一盆清水　润半个中国》，在内容递进时，用简洁的语言加以衔接：

深秋，行走三江源，记者感受最深的是“两多”“两少”：水多了，草原鼠少了；草多了，放牧牛羊少了。

接下来具体描述“两多”。说见闻，是为了生动切入主题：青海三江源生态保护的理念在提升。记者说完见闻写了这样一段话：

“两多”“两少”，只是“看得见的变化”。“看不见的变化”是生态文明理念的觉醒。

从“看得见”说到“看不见”，递进转接十分自然，很顺畅地完成了内容的过渡。

二是别让表达产生梗阻，问题比较突出的是数据运用。抽象的数字一多，阅读时目光至少要“减速”，甚至心里暗忖一下，这就容易中断阅读兴趣。因此要特别重视数据使用的技巧。

其一，“模糊”化，王八排队——大盖（概）齐，尽量用概数，一目了然。如“增长 35.8%”，不如说“增长幅度超过三分之一”；“增长 96%”，不如说“几乎翻番”。

其二，形象化，用比喻和常识代替枯燥数字。比如说一顿饭吃掉多少、换辆车花掉多少，就不如农民的说法“一顿饭吃掉一头牛，屁股下面一栋楼”形象、具体、生动，令人印象深刻。

讲“好故事”一说就明白，而“讲好”故事，则不仅要勤于实践，还需要勇于创新。杨总多次强调，“1+1”是个创新，写好“1+1”也要创新，特别是“前 1”怎么写，要底线思维，就是怎么让读者想看、爱看。

从前一段已刊稿看，如何“讲好”存在的主要问题还是见事不见人，人情味不足，与读者的交流感差。2013 年 12 月 18 日头条《重庆勾画发展“新版图”》，既见事又见人，围绕普通民众的感受来讲故事，是一次较成功的探索。

54 岁的余永清是重庆双庆集团华骏三轮摩托车厂的一名工人，他最近和工友们谈论最多的，就是“五大功能区域”的新闻。“咱一家 4 口人，老大上班、老二上学、我俩打工，各在不同区域。”余永清给妻子吴芳英解释，“重庆大得很，地方不同，各方面差别也很大。”

余永清口中的“功能区”，是重庆新近推出的一项重大决策……

在这篇“前 1”中，记者巧妙地把余永清这个普通人作为一条架构报道的红线。

为何划分功能区？

余永清老家在渝东北的云阳县石松村，山高坡陡，山清水秀；15 年前带着妻儿辗转县城打工，亲历三峡涨水、移民重建；两年前小儿子到永川区的重庆文理学院上学，这里地势平坦、高楼林立；去年夫妻俩又在主城的渝北区找了份工作，抬头能见飞机翱翔，出门可乘轻轨。

山村—县城—永川—主城，老余的“轨迹”折射出重庆市情的特殊……

报道最后，又用余永清的话作结：

功能区战略勾画出西部直辖市发展的“新版图”，也让余永清对全家人未来有了新憧憬：“孩子们今后发展选择面更广了，我们将来到哪养老也都不错！”

首尾呼应。用一个普通人的感受，反映重庆实施城市功能区战略这一重大主题，让人平添几分亲切，和读者拉近了距离。

著名学者易中天分析讲文学和讲历史的电视节目为何受欢迎时指出：“就是因为这两个学科关注的都是人……为什么观众会被吸引来看这些节目呢？归根结底是关注人、关注人的生存方式。……人的本性是关注人的。在大街上看热闹也好，去法院看审案子也罢，都是这个道理。”新闻事实说到底是人的活动的事实，人的实践活动产生事态性信息，人的认知活动产生认识性信息，人的情感活动产生情感性信息。因此，我们提倡报道要讲故事，也要多讲人的故事，并且“讲好”。

“前 1”要真正让读者想看、爱看，就要“以人为本”。

如何做好“一鱼两吃”？

杨振武

今天一版头条稿《22 年，大爱绵延》处理得很好，闪耀着版面创新的光芒，也标志着夜班同志在“1+1”方面的成功探索。

最近一段时间，为了加强和改进一版，我们对一些长稿采用了“1+1”模式，即长稿后置，一版发一篇带有导读性质的短稿。也有同志称之为“一鱼两吃”。总编室夜班做了大胆探索，效果是好的。如 7 月 10 日一版报眼《5% 哪里来？》，还有 7 月 8 日一版《穷村这样变“牛”村》，等等。

我的想法是，这个“1+1”或是“一鱼两吃”，既不是一条消息与一篇通讯的物理相加，也不是简单地把鱼分成两段。它们既有联系，也有区别，应该是一个完整报道。所以，一版的 1，必须跳出写法上的传统“框框”；一版的 1，必须成为一版亮点；一版的 1，必须能够吸引人去阅读后边的那个 1。这样的 1 多了，一版面貌自然就会改观。

（此文原载 2013 年 7 月 11 日人民日报编辑部公告《老总论坛》。本书收录的《宁夏全力逆转沙漠化》《万里黄龙今已缚》一组宁夏治理沙漠化的报道，即为“1+1”模式，前“1”为发在一版的短稿，后“1”为发在后面其他版的长稿。——编者注）

“产业集聚”这样发生

河南从农业大省向工业强省嬗变

本报郑州 11 月 16 日电　记者**龚金星、崔佳、施娟、曲昌荣、王汉超**报道：中原熟，天下足。但是，米袋足，钱袋未必足。河南省民权县就曾面临这般尴尬，产粮是全国先进县，县域经济全省倒数第一。

民权县搞过产业，冰熊冷柜厂 20 世纪 90 年代相当红火。但后来大批农民工转向浙江沿海谋生，著名冰箱公司“香雪海”民权籍工人达 60%。

5 年前，“香雪海”整厂从浙江搬到民权。两年前，“澳柯玛”生产重心移师民权。“华美”“万宝”也先后入驻。全国 4 家制冷检测中心之一，中国制冷院士专家工作站，都落户民权。如今，民权县冰箱冰柜总产能达 1200 万台，冷藏车产量国内三分天下有其一。

何来如此巨变？

2009 年，河南省推进产业集聚区建设，民权再次审视反思制冷产业：有基础，但当年好不容易引来一家制冷企业，连电话都要企业自掏 2 万元架设，如此怎留人——关键在做强“配套”。

10 吨重卡能拉多少泡沫塑料？只能以斤计算。运输成本远大于自身价值，企业伤透脑筋。在民权，他们笑了，板车推来，门对门服务。民权人说，炸油条就不能穿西服。澳柯玛入驻前，厂方来考察，又惊又喜：小到栏筐、注塑，大到压缩机、冷凝器，当地全可配套。

名企一落地，众企都来聚。一家冷凝器厂随“香雪海”迁来，不仅给民权提供配套，还有1/3销往全国。产业要配套，相关其他方面也都要配套。民权产业集聚区附近，6万平方米职工宿舍落成，高标准小学9月开学，职教、技术培训中心已开课。体育健身中心里，工人们和老板在游泳馆、足球场“同台竞技”。

产业强，县域兴。以前民权城区面积仅15平方公里，路灯一年50万元电费花不完。如今城区扩了几倍，路灯一年1000万元电费都不够。预计今年县财政收入5亿元，是5年前的10倍。

河南省委书记郭庚茂说，要让河南7000万农村人口实现小康，县域经济是主平台、主阵地、主力军。县域经济的“发动机”，就是产业集聚区。

眼下，河南有180个像民权这样的产业集聚区。到2012年年底，产业集聚区完成投资过万亿，是2009年4倍多；规模以上工业营业收入2.47万亿元，3年翻一番；从业人数近300万人，累计新增就业人数占全省半数以上。产业集聚区的发展，为农业大省的转型升级攒足了后劲。

（原载《人民日报》2013年11月17日）

资源市场在下行　经济活力却上扬

陕西科技优势在发力

本报西安12月19日电　记者费伟伟、王乐文、刘文波、田丰、姜峰报道：直径0.7毫米，由8000根铌钛芯丝组成，每根芯丝的直径仅头发丝的1/20，并且1万米不断线。它叫超导线，用于全球最大的国际科技合作计划“国际热核反应实验堆”，热核反应就在用超导线绕出的“磁笼”里进行。目前国际上唯一实现商业化、全流程生产铌钛锭棒及线材的企业，就是我国的西部超导材料科技股份公司。公司董事长张平祥还有一个身份：西北有色金属研究院院长。

走进三角航空科技公司，上万平方米的新厂房乍一看并不出奇，再一看瞠目结舌，当年万吨水压机问世轰动全国，而这里矗立着一台加工能力最高达 4.3 万吨的压机，为“全国之最”，也是单缸模锻液压机“世界之最”。它的研发获益于军工部门，瞄准的“订单”，是原先只在中航系统内部循环的大飞机项目。

常言道：一山不容二虎。西安有高新技术开发区，又有经济开发区。两者你追我赶，各领风骚。三星电子高达 70 亿美元的高端存储芯片项目就落户高新区，这是改革开放后我国引进的最大外资项目。经济开发区排名西部第一，2007 年以来，在国家级开发区排名中，五年前移 11 位。这些年西安又跃出第三只“虎”——阎良的国家级航空经济技术开发区，在西部 22 个国家级开发区中科技创新指标列第一。

“山丹丹花开红艳艳”。陕西前些年最红艳艳的，是煤炭、油气、能源化工，工业结构中占比七成，陕西连续多年跻身增速第一方阵，凭的正是这个。去年以来，陕北煤老板们坐不住了，焦急火燎，挡不住市场“红箭”下行。但今年前三季度陕西的经济增速仍在第一方阵。陕西靠什么？

陕西科研力量素来雄厚，过去长期“关在大院大墙里”。如今，沉睡的科技潜能不断激活，产学研合作优势日益凸显，企业自主创新能力和核心竞争力稳步提升。省发改委介绍：今年上半年全省经济增速是 11%，战略性新兴产业营收和产值增速均超 14%，其中高端装备制造、航空航天、新材料产业等产值超 15%；陕西 GDP 居全国第十六位，而综合科技进步水平指数则居全国第七。

八百里秦川，在地图上的轮廓像个“蹲着的秦俑”。陕西正从科技高地向产业高地奋力挺进，优势互补，多点支撑，多元带动。“蹲着的秦俑”，正在站起来！

（原载《人民日报》2013 年 12 月 19 日）

要讲“好故事”

《教育活动中的共产党员》开栏以来，秉持的核心理念就是讲故事。

最讨巧的是讲一个故事。含几件事或几个层次，比如颜珂的《“抗旱铁人”欧阳家友》，始终扣着抗旱的事，镜头集中又好看。

次之，以一个故事为主，再辅之一些其他生动的内容，比如《“娃娃村官”李浩》，大概版面太挤把小标题删了，但仍可以看出来，前面两部分讲李浩抓村民致富，“村里的事都要让村民知道”。这后面是第三部分，是村务公开的内容，但与前面也有内在联系。

再次之，三个小标题说三件事，但这三件事内部是有着逻辑关系的，比如《48 位回族老人的“孝子”》，三个部分前两部分是如何对待敬老院在世的老人、如何对待过世的老人，第三部分写如何对待自己的亲人，用对比衬托人物的精神境界。

好故事难觅，往往只能是退而求其次，三个小标题讲三个故事的稿件比较多，这三部分的内在逻辑关系就格外重要，我个人认为马跃峰的《“拆窝燕子”邢孔丰》（见本书第 269 页）这篇写得很成功，“建高铁，先拆自家的楼”“修水渠，先砍自家的树”“台风来，先顾拆迁困难户”，不仅每则故事都讲得很精彩，而且三个故事联系起来，昭示了普通共产党员的一种精神，真正体现了先进性。可以看出马跃峰写稿时心里是有一根红线的。

如果三件事找不出那根红线来串，便要注意故事之间的关联，可以平行，不能越来越弱，虎头蛇尾。《“拐杖支书”杨彬》第三个故事里说为了村子的事，要让儿子也暑假回来守苗子，由自我奉献到让自家孩子也来奉献，境界又高了。《“必到书记”张伟林》最精彩的是第一个故事，结尾怎么结？现在是宕开一笔，把善于做群众工作提炼升华一下，总结出做群众工作“五必到”的经验，结尾落在他朴实的话语上，所谓见人见事见精神，这是见精神。

《老二姐“节目”不断》的问题是“节目”太多，但不精彩，不能都是碎片，一地鸡毛。一千来字的短通讯，讲故事只能简单一点，但简单之简，也是简洁之简，是精彩内容的浓缩、精简，其中最有亮点的，要具体化，不能一笔带过。比如第一个故事里其实有料，就是为一个曾 3 次入狱的人解决就业岗位，但现在只淡淡说了一句“都是陈友凤‘跑’出来的”。怎么个跑法？跑了多久，跑了多少个单位，找了多少人？跑的过程中有没有什么动人故事？要具体，一具体就生动，精彩的东西就出来了，故事就有看头了。第二个故事里也有料，就是处理娘家人的事，结果也没展开。把这几件事讲生动了，还要考虑故事之间的联系。

有个小的枝节问题也提醒一下，《“必到书记”张伟林》，乍一看一头雾水，最后交代了，是因为张伟林总结了个群众工作“五必到”的经验。“老二姐”这个说法是因为啥？为何不是老大姐？文章看到结束还是一头雾水，文中应交代一句。

闲不住的陈友凤

地处乌蒙山腹地的云南省会泽县索桥社区有上万人，54 岁的社区主任陈友凤每天翻山走街，越岭串巷，早出衣服干净净，晚归裤脚满是泥，群众找她的事都管，甚至和农户一起找丢失的鸡……她笑称自己每天“节目不断”。

拆迁先拆娘家人的

做群众工作，最大最难的是征地拆迁。但即使屡屡卡壳，陈友凤脸上仍挂着笑。

索桥社区修公路，卡在陈家村 17 户群众拆迁上，其中 11 家是陈友凤娘家人。为避嫌，陈友凤先让社区干部去说。“做通工作自然好，做不通也知道亲戚顾虑啥。”

不出所料，工作没做通，娘家人还找上了门。陈友凤已知根知底，对症下药：“房子拆了无住处，我去买帐篷；房子量得不合理，我去找拆迁办；房子拆了安不下，你们就把房盖到我家 5 亩地里。”娘家人没啥说了，同意进场开工。后面的拆迁一路畅通。

帮扶就得帮最弱的

张顺富曾 3 次入狱，年轻时游手好闲，荒唐事干过不少，村民都躲着他。年过半百的张顺富找到陈友凤，说在外打工没人要，想叶落归根好好做人，希望社区帮忙盖间房。

陈友凤开会一说，招来强烈反对。“那么多困难群众还住旧房呢，凭啥给他盖？”

陈友凤耐心开导：“找咱是信得过咱们。他主动找，咱们就该诚心帮。帮扶了他这个最弱的，其他困难群众不对我们更有信心了吗？他要是不改过自新，你们找我陈友凤。”

跑民政、找上级，陪有关领导考察张顺富情况，去建材市场挑砖选瓦，陈友凤整整忙了一周，又在社区号召捐款、投工投劳，陈友凤和社区全体党员，终于帮张顺富把房子盖了起来。

为让张顺富不再走歪，陈友凤又协调帮他办低保，安排了看管水沟的工作。张顺富说：“这活是苦了点，但是给村上干事，值！”

排忧解难歇不得的

记者一早 8 点多赶到索桥社区，陈友凤已帮村里一户群众协调好了紧急救助。紧接着到三户拟占地群众家了解情况。“我家地块本来就小，不信你上山看。”不想给修国道让田的村民李茂荣将了陈友凤一军。陈友凤一点不含糊，上山找李茂荣家责任田看了个真切。

顺路看望社区一位困难户，又接了一路群众的来电。陈友凤上午“节目”无缝对接。

下午两点，陈友凤在社区服务中心，协调好七八户村民的补偿款。4 点，陈友凤马不停蹄奔赴下个“节目”。

“你天天这样‘节目不断’的啥时歇歇呀？”陈友凤笑笑，“为群众排忧解难，今天干不完就会影响明天，是歇不得的哟！”

（原载《人民日报》2014 年 8 月 31 日）

工作新闻也要“讲故事”

企业报的性质决定了《中国海洋石油报》的报道重点和报道形式，但新闻的内在规律都是一样的，即使写工作性通讯、综述、分析，也要学会讲故事，以讲故事的态度和方式来讲工作事件，讲工作中的人等。重要的是“讲”，而不是总结、概括、梳理。

《东海：栏杆拍遍》（2006 年 7 月 19 日）就是一篇用“讲故事”的方式写出来的好报道。

总结、概括出来的东西，往往带上浓重的公文体，失去自己的语言特色；而“讲故事”，则必须把别人的东西通通转换成自己的语言。《东海：栏杆拍遍》语言的个性特色十分明显。记者经过深入采访，融入了对这一题材长期积累观察后的思索，把感觉上升为印象，上升为总体认识和总体判断。再用自己的语言进行概括、归纳，顺理成章地讲出自己的总体判断。文中充满了大量记者的主体活动，有强烈的主观倾向性。如文章开头：

> 6 月 16 日南海东部海域举行原油年产量连续十年超千万方庆典的消息，想必会在中海石油（中国）有限公司总经理张国华的心里掀起层层波澜。渤海、南海亮点频出，唯独东海寂寞无语。站在上海徐家汇闹市区的海洋石油大厦里，张国华真有“栏杆拍遍”之感。

张国华的所思所想，并不是记者通过采访让对方说出来的，而是记者“讲”的。但是，我们读完全篇，便会认同记者的这番说法。因为事实上，这正是记者扎实采访后的结晶，而采用主观色彩强烈的方式把它讲了出来。

再看：

地下不明，难免要打空井；空井一多，再打井就会瞻前顾后。从地矿部打井算起，东海、南黄海满打满算只打了七十来口井。凭着这七十来口井就想把偌大的海域弄清楚，简直比大海捞针还难。

行文跳动随意，记者在文中夹叙夹议，评述结合，写得生动简洁，可读性极强。

这种写作方式由于“以我为主”，不受具体事件时间顺序的限制，文章结构的空间相当大，对作者的技术水准要求也相当高。特别是要求记者磨炼科学的思想方法，在消化大量积累的基础上，精心使用材料，进行特殊组合，使自己得出的主体判断结果，与客观事物的真实性相一致。

整篇报道记者很追求文笔的空灵，但有的段落仍写得过实，如写张国华上任伊始把勘探列为重中之重，接下来是：首先，其次，再次……一大段对具体工作的罗列。这种地方，倘若也能够打散了，讲一段，评议一下，更好。

说点题外话，此文标题欠妥。“把吴钩看了，栏杆拍遍，无人会，登临意。”南宋大诗人辛弃疾的名句本意是感叹报国无门。栏杆拍遍，这一典型细节十分传神地道出了这位著名的主战派领袖空负万字平戎策而徒唤奈何的激愤心绪。这样的名句虽非成语，但经千百年口口相诵，已使“栏杆拍遍”由多解而成一解。对于知道其由来的读者，会觉得借用的不大妥帖；而对于不知其由来的读者，则这样的标题有点掉书袋，文了点，意思不大容易明白。故此题实为求其巧而忽其质了。

《一个“架子”开发一个油田》（2006年7月26日），也是一篇用“讲故事”的方式写出来的好报道。比如：

望着徐徐吊起的“架子”，主管工程开发建设的罗国英感慨地说：“一个‘架子’能够开发一个油田。”而一向被认为“严肃有余”的陈

> 壁此时也满面笑容地说：“国内最大的海上油田在渤海，最小的海上油田也将要在渤海诞生了。”

“架子”在海洋石油开发中的重要价值，“架子”在海油发展史中的地位等，通过两个人的两段话就举重若轻地说明了。这样的文字堪称是绘声绘色。

这篇报道承担的主题是相当有分量的，从稿件的副题即可窥见——“渤海边际小油田开发理念探析”。但枯燥、灰色的“理念”，一用故事化的形象语言来解读，读来就不仅不沉重，反而透着几分轻松。如：

> 在实施这种简易开发模式的时候，却遇到了非常大的阻力。例如，渤 34—3/5 简易工程设施该怎么称呼，是平台，还是架子？争议颇多。最后，罗国英当即拍板：就叫井口保护架。“这种称谓，非常符合我们开发边际小油田最核心的理念，在推动大家转变观念方面发挥了重要作用。”该分公司工程建设办公室主任王章领说。

这种工作交代很容易显得刻板，但一出人物，一有说话的，便耳目一新了。

总结这两篇稿件及许多受到大家好评的工作性新闻的写作手法，至少可以归纳出这样两点：

1. 多让真实的人出现在报道中。有趣的人物，企业里的名人，可以给报道带来生机与色彩。读者总是喜欢有人情味的文章，喜欢与人有关、稿件中有人的作品。

2. 多在报道中使用直接引语。直接引语表明这首先是非虚构报道，真人的对话，会使你的写作显得更可靠、更真实。直接引语尤其是人物间的对话，能改变文章的节奏，人物说话必然多短句，从而增强文章的易读性，使文章倍添生气。

故事的背后是观念

我们写每一篇稿子都要有一个问题做支撑，否则就会流于一般。这篇稿上版后，经济社会部副主任江夏签发大样时给我打电话，说后面部分写得好，一下子就看出和这一类稿子与众不同了。

不同在哪里？就是体现了问题意识。

这篇稿子在采访中碰到好几个问题，比如，特派员为什么过了 10 年还在村里干，因为项目里一开始就允许他自己持股，鼓励创业。但现在大多干了两年就回去了，因为没自己的利益。有恒产方有恒心。

还有一个问题，陪同采访的县委宣传部长觉得是最重要的：生产海鲜菇的原料除了棉籽壳外，还要用 10% 左右的杂木屑，一直用的是宽叶林的杂木。随着生态林保护加强，杂木砍伐量已越来越少。神农菇业通过科研开发，用针叶林木屑替代了宽叶林木屑。这个问题一解决，原先担心这个深受农民喜欢的增收产业会因杂木屑问题解决不了而全面萎缩的问题，也就迎刃而解了。

巧的是，福建日报的记者也采访了这个企业，和那位宣传部长的想法一样，就是从“成功地用杉木屑替代杂木屑”、实现可持续发展这个角度做的报道，报道的副题就是“神农菇业发展绿色生产带动群众增收”（《福建日报》2012 年 7 月 8 日 1 版）。

两个问题都很重要，但一篇小稿承载不了这么多问题，只能选一个最重要的。我觉得我在稿子里谈的是一个战略性的问题，关涉我们农村工作的体制机制。我们写报道不仅要有问题意识，还要善于抓最有价值的问题。

用什么样的方式（视角）报道新闻是一种态度，选择什么样的故事做报道，背后是观念。

新闻是人们观察世界最直接的重要方式，记者是掌握话语权的，因此应该具有知识分子的担当，参与社会的理性思索。特别是党报记者，具有整体把握复杂性的独特优势。

记者要从思想家那里吸收思想资源，优秀新闻作品的追求不仅是真实事件的震撼，还有事实之后思想力的震撼，追求思想的力量。思想家提出了新的思想，记者要用血肉丰满的事实来深化思想的表达。

对这个问题我请人民网福建频道做进一步报道。2012 年 7 月 16 日，福建频道以《十年前的“南平经验”至今让闽北农民受益》为题，做了内容更丰富的报道。

福建顺昌县，一个小小“科技特派员”，带活一个产业，带富一个村

村里来了个“池特派”

一说采访养菇的事，快人快语的张福娣立马嗓门亮了一倍：“要不是给我们村派来了‘池特派’，我哪敢想自己能把两个孩子都送进大学呀。”

张福娣念叨的“池特派”，就是福建南平市顺昌县食用菌开发办副主任池茂连。10 年前，池茂连被县里派到水南镇新屯村任“科技特派员”，这个毕业于福建农学院微生物专业的大学生针对当地有养菇传统，带领村民尝试“工厂化养菇”，并引进国外品种驯化开发成功的一种市场畅销新产品——白雪海鲜菇。

张福娣因为家里困难，当初考上了大专只好放弃，嫁了个腿有残疾的丈夫。池茂连“工厂化养菇”成功后，她成为最早一批“养菇工人”，每个月有 2000 多元钱收入。一年后，腿残手巧的丈夫也进了厂，成为一名出色的电器技师，收入比她还高。张福娣未了的心愿终于在两个孩子身上实现。

烈日炎炎的7月里，一进池茂连的神农珍稀菇业公司，顿觉神清气爽，工厂化养菇就是在恒温恒湿的环境里养殖各种珍稀食用菌菇。菇房是完全自动化的巨型空调房，一列列架上产盆整齐排列，白色的海鲜菇在一个个装着营养土的袋子里舒展着修长的身子，灯光一照，宛如万树梨花，美得像童话一般。

"我们公司日产优质鲜菇7万袋，给村里提供了400多个就业岗位。"池总说来颇自豪。"还都是优质岗位呵，夏无日晒，冬不风吹，村里人都说这些姑娘们漂亮了。"县委宣传部长易才卿笑着插话。

新屯是个1000多人的村子，一个项目就解决这么多人就业，对村民增收的作用显而易见。说到解决村民就业，池总开心地告诉记者，他又在郑坊乡新征了200多亩地盖新厂，"不仅养菇，还准备和台湾一家企业合作搞深加工，做即食产品。预计可解决约3000个就业岗位。"

这个深受农民欢迎的"池特派"，不仅用科技的力量把新屯村带上了致富路，而且还在全县广为传授工厂化养菇技术，现在县里冒出了大大小小50多家这样的厂，解决了5000多人就业，还不包括运输、包装物生产等。"工厂化养菇现在已成为顺昌经济发展的一个新亮点。"易部长对记者说。

想不到一个小小"科技特派员"，做成了这样一篇大文章。"这功劳可不能全算我一个人头上。""池特派"很认真地说。

原来，10年前与他这个"科技特派员"一起下派到新屯村的，还有其他几路人马：县里一个挂点帮扶单位、镇里一位挂村领导、一位村支书、一位流通助理员。这是当时南平市抓农村工作的一个重要办法——"五位一体工作法"。

"项目初期啥都没有，派到村里的支书帮我协调，把村礼堂腾给我们作厂房；挂点帮扶单位帮我们跑贷款；产品卖不出，流通助理陪我一起出差。"池茂连说印象最深的一次是俩人去杭州，轮流抱一个50斤的泡沫箱，里面放几个瓶装水冻的冰块，装着白雪海鲜菇，两天里跑了十几家高档饭店、酒店。

易部长介绍说，"五位一体工作法"，综合了政府、社会多种资源进入农村基层，因此成为“三农”建设的好抓手，农民很欢迎。

记者在采访中了解到，以“科技特派员”为标志的“五位一体工作法”，当时被称为“南平经验”。这一经验上报后，温家宝总理批示“这种做法很好，加强了基层工作，有利于促进乡镇工作重心向村下移”，并希望“继续探索和总结”。但事实上近些年在南平“继续”得并不理想。虽然有些地方还下派村支书，下派“科技特派员”，但已不再作为抓农村基层工作的一种机制，不复当年“五位一体”捏指成拳合力推行的那股气势。

回福州路上，和同行的一位记者聊起“南平经验”的事，他十分感叹：我们有很多在实践中创造的好经验、好办法，往往一换领导便人去政息。应该创造一种机制，让那些受农民欢迎的好做法能够“继续探索和总结”。

（原载《人民日报》2012 年 7 月 15 日）

揣着问题往下走

“省委孙书记去我们村调研啦。”2012 年 4 月中旬，福建泉州南安市康美镇兰田村党委书记潘春来到福州出差，晚上专程到分社看我，兴奋地说。老潘还透露，福建日报已准备派采访组对兰田模式的农村信息化建设做深入报道。

我和这位村书记的交情，始于 2011 年 9 月初到南安“走转改”，采写《山坳里的“草根”信息化》(《人民日报》2011 年 9 月 5 日 5 版头条)。

这篇报道不长，一千来字，却不乏深度，反映我国首个由农村基层开发、服务“三农”的信息化平台“世纪之村”，到底在农民增收中发挥了什么作用。

报道刊出后，引起一些相关部委、机构的注意，包括农业部、科技部，和一些从事信息化平台开发的机构、公司。农业部有关部门去兰田村考察后向部领导做了汇报，10 月 20 日，农业部部长韩长赋批示市场司、信息中心、农民日报“到兰田村做深入调研，总结其带有普遍性的经验，示范带动农村信息化建设”。

这个选题是怎么发现的呢？

2011 年 9 月 3 日，我利用双休日到泉州的南安市采访。南安是福建近年来发展较快的县级市，2011 年全县财政收入逾 50 亿元，好多方面都走在全省前列。宣传部给我推荐了一批采访线索，包括几个新农村建设的典型，其中有兰田村党委书记潘春来立足农村实际开发了“世纪之村”农村信息化平台，让一大批农民通过“鼠标”赚了钱。我当即就决定采访兰田村，采访潘春来，采访受益于“世纪之村”这个信息化平台而获益的农民。此后我用两天时间聚焦这一主题，深入山区农村调研采访，向读者介绍了兰田村这个对我国农村信息化建设具有重大价值、富有时代气息的新农村建设的典型。

这个题是从宣传部同志提供的一串线索中挑来的，发现得似乎有点偶然，其实，偶然之中有必然。

吴恒权总编辑[①]前不久在总编辑办公会议上就“走转改”报道如何“不断推出有影响、高质量的报道”时强调：“特别要在‘解决实际问题’上下功夫，争取通过我们的‘走转改’报道，发现并推动解决一批应该解决也有条件解决、但一直没有很好解决的问题。”

这既是对我们写好“走转改”报道提出的要求，同时也是给我们传授如何抓选题的方法——“在‘解决实际问题’上下功夫”。

要让自己的报道有助于“解决实际问题”，首先就要求我们平时须养成关注问题的习惯，并注意研究、思考，知道哪些是亟待解决的“实际问题”。采写《山坳里的“草根”信息化》一稿便是这样，为什么一下子就能判断宣传部提供的这个线索有重要价值呢？原因就在于我对农村信息化问题关注已久。

1997 年我国召开了首届全国信息化工作会议，要求“在国家统一规划和组织下，在农业、工业、科学技术、国防及社会生活各个方面应用现代信息技术，深入开发广泛利用信息资源，加速实现国家现代化进程”。

我多年在经济部工业组工作，工业组曾专门开设过研讨这个问题的专栏，因此对这方面存在的问题有一定了解，深知农业、农村信息化方面尤其困难重重。“国家统一规划和组织”自上而下尚且困难，何况基层农村呢？脑子里装着这个问题，所以一听宣传部的同志介绍兰田村自己开发农村信息化平台的事，立马就兴奋了。采访的中心问题也很明确，就是他们如何有效解决此前农村信息化推广运用中的难点。我下午写完报道，当晚就被编辑选用，并上了 5 版头条。刊出后的反响进一步表明：我抓到了一个好选题。

---

① 吴恒权　2012 年 11 月任中宣部副部长（正部长级），时任人民日报总编辑。

而驻地记者和专业部记者有很大不同。专业部的记者长期关注于某个领域，积累了很多问题；而驻地记者虽说是在地方，但面对的则几乎是全部领域，目光不可能像专业部记者那样专注。这确实是个客观存在，但并不妨碍我们主观上的努力，就是培养自己关注问题、研究问题的习惯，当然也不能太泛，要善于把研究的目光聚焦在“实际问题”——当前社会、经济发展中的热点、焦点、难点问题。

我曾和赵鹏一起写过一篇反映福建创新农村干部廉政制度建设的《村民现场考村官》，报道刊出后，我一位在地方当基层领导的朋友看到后特别打电话来说，看了这篇报道很有启发，准备在他工作的县里也做尝试。

这个领域我此前并未涉及，那么这个选题是怎么发现的呢？

近年来，农村基层治理问题越来越突出，甚至引发出不少新闻事件。今年是村民委员会改选年，很多基层干部担心，即将到来的改选能否顺利进行。由于我平时注意关注一些社会热点、难点，这个话题自然也进入了我的视野，找报道选题时便很留心这方面的线索。

2011 年 9 月中旬，我从《福州日报》上看到一则报道，称闽侯县有个村开村民大会让村民公开评议村干部。这种方式怎么样？在基层农村有没有推广价值？我特别咨询了一位曾在村里挂职当过“第一书记”的同志，他认为组织会议公开评议的方式大概只有 30% 左右的村子适用，能把会开成功，“但即使开得不成功也不要紧，至少可以让基层村委会里存在的问题提前暴露出来，早些做整改，对明年村委会改选工作还是有利的。”

这个看法坚定了我做这个选题的信心，于是通过福州市委宣传部与闽侯县联系，让县里再搞这样的公开考评活动时提前通知我们。于是，有了《村民现场考村官》的报道。稿件发回去，也是当天晚上就安排上了 5 版的头条。

可以这样说，有没有选题，其实决定于脑子里装没装问题。

因此，“走基层”不能满足于“一身汗、两脚泥”，更重要的是要带着“一颗心、两只眼”——沉下去发现，深进去思考。而且，也不是下了基层才思考，平时就要了解国情省情，把握社情民意，关注社会变化，直面最峻切的现实问题。

因此，“走基层”要解决的也不仅是我们对普通基层群众“动情”、转变作风的问题，更重要的是要解决我们自己对社会“动心”、转变观察问题、研究问题、报道问题的视角，尤其当前正值社会转型期、改革攻坚期，新闻记者的职责要求我们用来自基层一线的报道回应读者的关注，回答时代的问号。

附 ——

在福建南安市水阁等村庄感受

山坳里的“草根”信息化

30 来岁的陈淑玲领着我爬到后池山脚下，指着周围五六座菇屋说：“这几座菇屋都是我家的。今年我家养菇面积扩大到了 1 万平方米。”

9 月 4 日，闽南的阳光依然毒辣，皮肤晒得黝黑的陈淑玲站在阳光里笑得很开心。身后一座菇屋旁，她请来的几个短工正在忙碌着，再过半个月，新一茬菌菇就该下种了。陈淑玲最开心的是，在她带动影响下，她所在的福建省南安市金淘镇水阁村，成立了食用菌专业合作社，有上百人养菇。不少人家这两年靠养菇盖起了新房。

水阁村四面环山，气候适宜，水土好。水阁村有养菇传统，但销售要拉到十几里外的镇上，鲜货等成干货，村里人不愿多养。“2009 年前我最多一年也就养 1000 多平方米。”陈淑玲告诉我，“要不是开通‘世纪之村平台’信息点，我现在肯定还守着原先一间菇屋。”

陈淑玲说的“世纪之村平台”，是南安市康美镇兰田村党委书记潘春来根据农村实际开发的农村信息化服务平台，集农村村务管理、网上交易（农家店）、劳务信息服务、企业服务、科技信息服务、缴费服务等功能于一体。

陈淑玲感触最深的是平台的网上信息发布交易。2009 年 3 月，正上电大、买了电脑的她被“世纪之村平台”发展为信息员，她学会了在这个平台上发布交易信息。原先最发愁的蘑菇销售，一上网发布信息，几天工夫不仅蘑菇卖光了，价格也涨了两三成。当年，她就把养菇面积由1000多平方米增加到4000平方米。有了这个信息点，销售不再难，短短两年全村养菇面积翻了几番。

洪梅镇梅溪村的孙竞争，在村中心开了家食杂店，他的小店2009年8月成为“世纪之村平台”的信息点。以前，小店每月的营业额不过一两万元，现在，营业额增加到十几万元，每月他这个信息点的电费、固话费和电信充值等缴费业务还有10万元左右。

“比方说卖个鸡蛋吧，原来卖十几个蛋也要跑出20里地去镇上，现在点开‘平台’一说，5分钟就被买走了。”孙竞争告诉我，他每替大家发一条信息收1元钱。“关键是店里来来往往人气旺了，来发信息的，来缴费的，顺带手总是买点什么。”

“可不都是小买卖……有了这个平台，现在他这小店也常做大买卖，家电下乡也在这个平台上做，空调、洗衣机都有。”走进店里的梅溪村村支书陈学庆“揭发”说。孙竞争不好意思地笑了。

信息平台带旺了小店生意，而更重要的，便是陈学庆指出的，孙竞争帮着发一条信息挣1块钱，来发信息的村民发一条信息则可能挣几十块、上百块钱。而令陈学庆最感慨的，则是这个平台的村务管理功能，为他排解了不少烦恼。

梅溪村离县城30多公里，山清水秀，但也引不来啥项目。村财政白纸一张，村里要做点事都靠公议公摊，原先这一块村民意见最大，常和村干部为账目争吵。现在通过“世纪之村平台”把村务公开、村财管理等基础工作做实了，有疑问一点鼠标就清楚，村委会的工作顺当了许多。“去年我们村是‘零上访村’；今年我们在争创泉州市‘生态环境优美村’。”陈支书告诉我。

实现农村政务信息化，让农民真正享受现代信息技术改变增收方式，正是潘春来自己垫资400万元于2008年年初开发出“世纪之村”农村信息化服务平台的初衷。仅仅3年多时间，他已欣慰地看到，这个人称“草根信息化”的平台，已成为农民“用得起、懂得用、爱使用”的生产、生活信息化工具。

在兰田村“世纪之村平台”总部，潘春来给我提供了一组数字：截至8月底，“世纪之村平台”已在泉州市所有2463个行政村投入使用，并在全国20个县市区1万多个行政村推广应用，发布村务公开信息185万多条，农产品信息868万多条，可查询到的月交易金额达2.1亿元，提供就业岗位26743个。

同访兰田村的南安市委宣传部长郑国防告诉我，“世纪之村平台”这匹黑马，已让国际风投公司盯上了。香港天喜国际投资有限公司已与他们签了协议，要在3年内出资20亿港元，在全国农村扩展20万个信息点，把成千上万个村庄联在一起，让农民拿起鼠标，点击小康生活……

（原载《人民日报》2011年9月5日）

福建闽侯洋中村

村民现场考村官

会议室不足百平方米，密密排了9排椅子，再加上两侧的长凳，可还是不够坐。村民们一大早就赶来，挤满了会议室，大多是四五十岁的村民。“这可是村里的大事，当然要当家的人来参加。”村民林美华大姐对我们说。她今天特地穿了件新衣服，还戴了条珍珠项链。

9月25日是星期天，福州市闽侯县尚干镇洋中村的村干部们却一点也感觉不到轻松。一场特殊的“考试”即将在村委会议室举行，被考的是包括村支书、村主任在内的7名村“两委”成员，打分的是今天自愿来开会的所有村民，考题内容：“勤廉村官”。

闽侯县紧靠福州市区，受省会辐射带动，县域经济相当发达。洋中村

2000多人，村财每年收入150万元，村民年收入逾8000元，日子相当不错。

“日子光好过还不行，还得过得明白，舒心、有盼头，那才真正叫好日子。”林美华和一帮老姐妹七嘴八舌地告诉我们，今天为啥主动来开会。

可我们也略微有点担心，今天来了好几个记者，还有电视台的，别摄像机、照相机一亮，他们就哑“炮”。

这担心显然是多余的，主持会议的镇党委副书记林海刚宣布让村民提问，台下就刷地举起五六只手。

“村里那块15亩的地，听说拍卖了几千万，这钱是怎么分的？我们村到底分到了多少？”村民林子希头一个站起来，抛出个棘手问题。

“村财的收支情况是怎么公开的？谁在给村财把关？”

“村里有那么多缺房户、紧房户，村委会答应要解决这个问题，现在做得怎么样了？”

……

问题一个接一个，村务公开、村财管理等事关村民利益的大事，成为提问重点，有的问得相当尖锐。常常是提问的人给村官们出了一个难度较高的题，村民们当即“赞”一个，响起一片掌声。村干部们把问题回答清楚了，村民们也同样热烈鼓掌。

“我们天天晚上在村江滨公园里跳舞，外村的一听咱这儿音乐响也跑过来，跳舞的人越来越多。能不能把广场再扩大些、灯光再亮一些、音响再添一些，让我们跳得更尽兴些呀。”村里的妇女们也着急地抢起了话筒。一听是说跟自己相关的事，林美华大姐带头鼓起了掌。

今年88岁的老党员林佑光也站起来提问，要村干部说说在廉政建设方面具体做了些什么。“对这一届班子村民们还是比较满意的，比方说吧，现在60岁以上的男村民、55岁以上的女村民每月都可领到150元养老津贴。我提个问题就是要他们再接再厉。”林佑光告诉我们，他是村里的第一任支书，现在这任是第五任，前四任村支书今天全都来了。

提问回答结束，现场投票，当场公布结果。总共收到78张有效票，7

名村“两委”的满意票数，全都在 70 张以上，村党支部副书记、管财务的林桂清还得了全票。

“现在全县都实行村财镇管制度了，不仅每笔支出要接受镇里审计，单项 5 万元以上的支出还必须经村民代表大会通过，所以以前最被群众关注的村财收支问题，现在成了最让人放心的。事情做得明白，群众放心，我干起活来也就更踏实了。”林桂清告诉我们。

村支书林佑昇也说：“开这样的会不只是会上紧张，它带给村干部的压力是长期的。有没有干实事好事，是不是廉洁自律，村民的眼睛都盯着呢。不勤政、不廉洁，就过不了村民评议这道关。”

“日子要过得明白，干活要干得明白，考核要考得明白。这也正是我们开展这项活动的主旨。”林海告诉我们，“下个月，全镇其他 12 个村都会举办这样的活动，让村民现场考村官。”

公开透明才能赢得群众心。“这样面对面讲清楚的会，我们爱参加。”村民林子希会开完了还迟迟不愿走，还想再跟两委们拉呱儿几句，“开这样的会，可以帮我们了解学习怎么参与村务管理、监督村官。以后能不能每年再多开几次这样的会？”

“我们初步打算是半年一次。”和我们一起坐在台下旁听的闽侯县纪委书记郑华琼回答，“这项活动是今年开始的，我们希望通过开这样的现场会，解决监督村官难的问题，切实做到村里的事村民要知道、要参与、要做主、要监督、要满意。”

一位村民问郑书记，刚才会上村干部答应做的事县里是不是会监督。郑书记笑了：“当然，你们刚才提的意见建议，汇总后会在村务公开栏上张榜公布，还要公开承诺办理的时限。还有，你们最后对村干部测评的结果也是我们考核干部的重要依据，如果出现测评较差的，镇党委会处理，并把处理结果向村民公开。”“最重要的，还是请大家帮我们一起监督。”郑书记笑笑说。

（原载《人民日报》2011 年 9 月 26 日）

“地气”该怎么“接”

2013 年 8 月 2 日，总编室、地方部围绕杨振武总编辑近期修改的 3 个头版头条开展业务研讨，杨总最后做总结时，特别强调在新媒体严峻挑战面前，一个新闻工作者在自己的岗位上应有的精神状态。讲话中杨总也再次表扬了《驻村三日》，称赞赵鹏写了一篇真正接地气的报道。

一个谈“业务”的会，杨总为什么要大谈新闻人应该以怎样一种精气神来“务业”呢？因为二者实在密不可分。

近年来新闻界开展“走转改”活动，要求新闻工作者“下基层，接地气”，目的就是要提振我们的“精气神”。那么，怎么个接法才能真正接到地气、接通地气，从而写出好稿呢？我刚离任福建分社社长，不妨说点赵鹏采访《驻村三日》这篇稿的情况。

7 月 1 日，星期天，赵鹏结束在上杭县一项采访任务，长驱 4 个多小时赶到宁德。当晚就随宁德市主要领导驻村。

7 月 2 日中午，我接报社通知，道米博华副总编、牛一兵主任一行第二天下午送分社新任社长余清楚来交接，同时，为《深化改革进行时》重大系列报道采访省委书记、省长。

时间紧，任务重，赵鹏是分社的顶梁柱，平常和省委联系多，我很想把他叫回来参与联络等事，可又深知他碰到好选题时的那种执着，分社其他同事也说，他肯定不回。遂罢。

7 月 3 日下午一见米总即请示日程安排，米总要求当晚举行交接仪式，以便第二天采访省领导。于是连催赵鹏务必赶回。当晚会议开始后，还没吃晚饭的赵鹏一脸倦惫出现在大家面前。

驻村三日，十足成色，赵鹏真正“一头扎到了村子里”。

编辑部以前有个说法：新闻首先是“用脚走出来的”，只有实地采访积累素材才能写出好稿。赵鹏这几年写了很多有影响的好稿，一个重要原因，就是他坚持走基层，坚持“贴着大地和民众行走”，走得很深，走得很实。

2012年春节前，福建分社参与了中石油福建公司组织的江西在闽务工人员“铁骑返乡”活动，赵鹏全程参与，2012年1月20日刊发报道《回家》，获报社好新闻奖。2013年春节前，中石油福建公司又组织“铁骑返乡”活动，再次邀请赵鹏，但又担心他不会参加第二次，提议只参加省内段。而赵鹏欣然再出发，再度全程参与。2013年2月7日，本报发表图文并茂的《随农民工骑行返乡》，稿件再次获报社好新闻奖。同时，他还在人民网福建频道发了2篇稿件及十几幅图片，这组报道获福建省好新闻一等奖。中石油福建公司表示，这个活动明年春节还搞。赵鹏答，我还参加，并且力争自驾。“坐在车里一路同行，毕竟少许多痛感和温度。在寒风冰雨中和民工们一起骑回去，也许才能更加深刻地理解这些无论多难也要回家看看的打工者。”赵鹏说。

其实，要论下基层，赵鹏并没什么优势。在福建一待19年，对基层早已不再新鲜；孩子要得晚，才读小学，夫人是医生，常值夜班，他每次下去，都颇费劲。但这几年，他真的做到了“打起背包就出发”。

我觉得，赵鹏是真正把下基层、接地气、找选题作为做好新闻报道的真谛之一而自觉遵守、自觉坚持的。他之所以能写出那篇习近平总书记表扬的《十年治理山河披绿》（2011年12月10日），也正是10年来始终关注长汀水土治理的结果：

如果我有“穿越”异能，真想带你重回10年前的闽西老区，看一看那中国四大水土流失严重地之一长汀县，亲身感受一下什么叫“山光、水浊、田瘦、人穷”；如果我的笔有摄像功能，真想让你看一看今天的长汀，又是怎样的翠波千顷、满眼新绿、花灿两岸、果香万里。

飞扬而富张力的开篇，字里行间，饱蕴一个记者“贴着大地和民众”的那份深情。而如果认真读完全篇，你或许还会感到，在基层行走，贴着大地和民众，不仅可以锤炼记者那股子精气神，也让记者不断地发现新闻，获得丰富滋养。在基层行走多了，了解情况多了，长期积累，历史与现实结合，也就获得了某种整体性把握。《十年治理山河披绿》既是一篇走基层、见人见物的现场报道，同时，也是一篇探讨我国南方水土流失区域如何进一步加快治理的深度报道。福建省委宣传部长袁荣祥曾称赞这篇报道：不仅接地气，而且是真正“接通了地气”。

或许可以对“接通地气”做这样一个诠释，走进基层接地气，只是新闻人应有的一种态度，一种作风。走进基层只是接地气的前提，走进基层不等于就接着、接通地气。最为关键的，在于下基层后真正深入进去，扎扎实实开展调研采访，不仅让自己置身基层，并且把自己的一颗心也放到基层，放到基层的干部群众中。有了对群众的感情，有了对基层的感情，也就增添了直面基层、实事求是做报道的勇气，才能写出既面向基层、又超越基层的好稿子。

也正因如此，赵鹏从基层采访回来，常常只问事实，不问“指令”，写一些有点“出格”，但相当出色的稿件。

2012 年年底，我采访漳州市委书记时了解到，漳州在用制度推动干部主动倾听群众意见方面很有创新，他举了市纪委在省内海域资源市场化配置方面靠前服务的例子。我后来发了《“等高线”上听民声》一稿，又根据省里希望报道政府提高效能建设的要求，给赵鹏出了个题，报道漳州纪委如何靠前服务、保障优化发展软环境。

赵鹏的稿在 2013 年 1 月 28 日刊出：《海域确权会不会赢者通吃》。稿件报道漳州东山县针对以往“无序、无度、无偿”使用海域问题，在省内率先对海域使用权进行确权改革。报道直面矛盾冲突，可读性强，刊后反响很大，获评报社当月好稿奖。而我要求他采访的漳州市纪委的工作，报道中只提到一句：

> 在当地纪委的强力监督下，陈城镇湖塘、美山等村一批涉足“权力海”的村干部也被查处。

2013年3月，我随省领导下基层调研，三天三个县，走马观花。回来后，按省领导要求，结合自己随行作的一些粗浅采访，我选了个角度，让赵鹏到泉州的永春县写一篇有关美丽乡村建设的稿。

他采访回来说，你的选题不是最贴切的，我发现了个更好的。他把自己选的题往部里一报，结果几个版抢着要，就是3月25日刊出的《同饮桃溪水　机会咋共享》，该稿获评报社好新闻奖。

这次写《驻村三日》，是宁德市委主要领导亲自给赵鹏打电话邀请，本意显然是希望他重点报道宁德干部如何改作风。而现在的报道中，宁德干部如何改作风，完全隐到了稿件背后。赵鹏直面基层，想群众所想，急基层所急，把一篇很容易做成老套工作性报道的稿件，写成了一篇有情有景、见事见人、生动可读的亲历报道。

不预设题目，或者说，在深入基层调研采访后重新提炼、修正选题，是赵鹏这些来自基层的报道的一大特点，这是真正察民情，听民声，在基层干部群众最迫切的呼声中去找新闻、找选题。因此，这样的报道不仅地方满意，读者满意，编辑部也满意。这样的报道才真正接地气，能够接“通”地气。

2013年春节，赵鹏填了首《卜算子》，倘若格之韵律什么的或还欠火候，但境界开，立意高，激情飞扬。特转录在此，与那些愿意像赵鹏这样“在路上”“贴着大地和民众行走”的记者共勉：

又是一岁尽，又是一元兴。“走转改”里迎春到，浩然再前行。

情为时代生，笔作铁肩意。壮志年年不曾尽，中国梦走你！

听农民吐心声，与干部聊出路，和返乡创业大学生探未来

驻村三日

赵　鹏

记者随福建省宁德市委领导深入福安市，驻村 3 天开展基层调查：当下农村是个啥状态？未来农村建设、农业发展、农民增收的希望在哪里？

13 村农民

最发愁的是人走光、村很穷、钱难挣

这 3 天，我们一共走访了 13 个村，分别住过溪潭镇的磻溪村、穆云乡的燕坑村和社口镇的坦洋村，都是山区村，经济不算富裕。村里人最发愁 3 个问题：人走光、村很穷、钱难挣。

磻溪村人口 2300 多，其中 700 多人外出打工。村里没什么企业，村集体收入就靠两个小店铺，一年 2000 元。耕地有 1000 来亩，山地 9000 多亩，一直以种茶为主。这几年又先后种了太子参、脐橙、杨梅等。

燕坑村是个纯畲族村，位于闽东第一高峰白山麓，海拔近 600 米。全村 640 多人，外出打工最多时只剩下 100 多人。耕地 500 多亩，林地 3800 多亩。同样一直以种茶为主，另外发展了些太子参、水蜜桃、葡萄产业，村集体几乎无收入。

比较起来，这些山区村很多地方相似："土里刨食"村难富，都没什么企业。

"土里刨食"，并且大多跟风种、缺技术，面临市场与自然双重风险：茶叶种的普遍是福云 6 号、7 号等传统品种，种植已久，价格虽平稳，但收入不高。今年气候不错，行情还算好，每斤三四十元；太子参是近年引入，由于数量大增，行情也如"过山车"般波动很大。去年一担（100 斤）还能达 800 多元，今年就一下子跌到 300 多元。由于太子参更适于海拔 500~800 米的山地生态区，像溪潭镇的地理环境种植并不太理想，病害较重，打药、上肥频繁，成本上升。一年仅药、肥投入就高达每亩 7000 多元，利润几无。政府引导推广一个新品种不易，同样，政府引导不搞同一品种也不易。

村里无财，万事都难：地里挣不到钱，青壮劳力就都外出打工。而村集体没钱，别说引导农民搞设施农业，就是村里的公益事业都难以开展。路灯、自来水、道路甚至是垃圾桶等，也是刚刚才有。

两位村干部

最主要工作是讨到钱、保稳定、做任务

磻溪和燕坑两个村还有个共同特点：村干部老化。前者支书叫王绍璋，64 岁，去年第二次被选上。后者支书叫雷六弟，54 岁，支书也做了几任。两人其实都不想再做，但没人愿干，只好硬撑着。为什么呢？

事太多，钱太少。村里每年必须完成的任务非常杂，计生、征兵、殡改、综治等一样不能少。以前一个月只有 840 元工资，现在每月 1000 零几块。村里穷，做啥事都得去求人。

王绍璋说他上任后最得意的是为村里完成了“一个半”项目：“一个”是自来水，花了 30 多万，靠的是福安市“一事一议”项目。但这种项目，每年最多一村一个。福安在福建算是比较发达的县级市，年自有财政收入能达 20 亿左右，可村多（480 个村）人也多，财政也无力全盘包下。“半个”是盖了一座三层的村卫生所，封顶了，但没钱装修。2004 年时，他们还做过村里的公路，因为刚好是省道，从省里还讨到每公里 19 万元补贴。

近年来，随着中央、省里对农村各项工作扶持力度加大，各类水、电、路、桥、基本农田等建设内容，均有各种扶持补贴政策。在基层村、镇、县，但凡想建什么，就看谁能比对政策，谁更有办法讨到相关补助。

兴村关键要“造血”。这正是福建省“下派干部，挂村扶贫”工作的最终目的，可也是下派干部最头痛的地方。张恒华 2011 年时被下派至燕坑村担当第一村支书。想推广复种小花生，可没地，只好借农民的地里套种；想推广刺葡萄，又没地，就干脆在从村口到村部的路上搭建了500米棚架，棚架上栽葡萄。也正靠此，到2012年年底，燕坑村村容村貌脱胎换骨，村集体和村民收入分别达到2.2万元和7000元，比扶贫开发前分别增长79.5%和214%！而如何能长期保持发展势头，还是一道难题。

俩回乡大学生
带新观念，有新技术，欲在乡土展身手

“初生牛犊、朝气蓬勃”，这是记者见到林恩辉、谢思惠时的第一印象。

林恩辉25岁，2008年毕业于福建省农业大学。2011年春，拿着父亲借给她的50万元，小林只身来到海拔700多米的晓阳镇，成立恩辉农博园，准备在这片高山上发展生态、观光等新型农业。但现实却泼了她一瓢冷水。先是租地难。十几亩平地就会涉及几十户甚至上百户农民；再是人心难齐。租下的地，种下桃树不到半年，反悔的村民偷偷洒下除草剂毁了桃园。

但小林是个很坚强的女孩子。大哭了一场、父母又劝她别干，她不仅没放弃反倒干脆又拖着老爸，俩人一起上山自己动手盖了座二层板房，板子自己锯、水电自己拉，又当办公室又做宿舍楼，算是彻底扎下根儿来。

小林的诚意最终让农民接纳了她，同意与她合作栽种新品种，收益对半分。一季下来，成效立见——以往当地栽种的葡萄一斤收购价最多不超3元，亩均毛收益6000元；而用她的办法下来的，当季一斤就卖到7.8元，亩收益达到1.5万元！

另一位大学生谢思惠，主动放弃保研机会，从山东农大带着七八万元资金回乡创业。同样是种生姜，他种的一亩收益是农民的3倍；同样是种土豆，他发展了全套产业链，收益则是别人的10倍！

记者手记

“当今中国城市、工业早已发生翻天覆地的变化，数以亿计的普通农民所从事的农业却仍多停留于传统方式。要用工业化理念发展农业时，实地调查、规模生产、科技含量、推广新品、市场导向、绿色生产……最终需要体现在生产者身上的诸多新观念、新方法、新模式，返乡创业大学生式的新型农民堪此担当。”调研结束时，记者和宁德市委书记攀谈起此行收获时，他这么说。

驻村前一周，宁德市委正式出台《关于进一步扶持高校毕业生自主创业暂行办法》新策，内含从生活到生产各环节相当含金量的扶持返乡大学生的内容。“知晓率、落实率，建立返乡学生情况调查台账统计率，这‘三率’须在下月前达到三个100%！制定了好政策，就不能让政策睡大觉！”结束调查前，市委书记专门叮嘱随行市委办主任马上回去落实。

7月福建，酷暑依旧。驻村3日，笔记记得心头沉甸甸，在炎热中感受到不少凉意……

（原载《人民日报》2013年7月23日。此稿获2013年中国新闻奖）

“大手笔”先得脚板勤

《福建跨上“金麒麟”》一稿2011年5月3日在头版头条刊出，福建省委书记孙春兰称赞此稿“宣传福建很有力度”，正在外地开会的福建省委宣传部长唐国忠给我打电话时，盛赞此文堪称“大手笔”。

这篇报道由经济社会部和福建分社联合采写，经济社会部主任皮树义最后修改定稿。我和皮主任一起采访了一路，很清楚这个“大手笔”是怎么来的。

常言道，一分耕耘一分收获。要写出反映一个省“十二五”开局之年新变化的大稿子，扎实采访是前提。这次采访组在福建前后采访了一周多，留下了这样一张行程表：

4月13日夜，采访组抵福州。

14日上午，采访福州新大陆科技公司，参观人民日报原总编辑邓拓纪念馆等。下午，与省发改委、研究室、国资委、经贸委等部门座谈；采访省委书记。晚上，采访福州市市长。

15日上午，赴龙岩。下午，参观古田会议旧址、博物馆，采访五龙村，采访龙工集团。晚上，采访龙岩市市长。

16日上午，赴漳州，采访漳州市委书记。下午，采访古雷开发区。晚上，赴厦门。

17日上午，采访厦工机械。下午，采访厦门钨业，采访市委书记。晚上，赴泉州。

18日上午，采访泉州晋江361°公司，采访晋江市委书记。下午，采访恒安集团、安踏集团。晚上，赴三明永安市。

19 日上午，采访永安市林业改革，采访永安林业公司。

20 日上午，赴福州。下午，采访福州内河改造、公租房建设。

21 日上午，赴平潭综合实验区采访。下午，返京。

福建总共 9 个设县市加一个平潭综合实验区，8 天时间里采访组走了 7 个地方。从这个简表中，可以感受采访组行程之急、采访强度之大。

这次活动是系列采访，东中西各选一个省，此前，皮树义主任已在贵州、湖南两省采访，福建是最后一站。到福建后，他连续作战，又带着经济社会部的两位年轻记者一起采访。

经社部的两位年轻人坦言，参加工作后还从来没有参加这样高强度的采访。好多个晚上为了抢时间连夜赶路，那些不采访、不赶路的晚上，则是抓紧时间收集材料、消化材料。

皮树义是我在经济部时的领导，以前一直叫他小皮。现在不好意思再这么叫了，因为小皮着实已不小，今年 56 岁。但皮主任自始至终和两位年轻记者一样，认真采访，并且事实上他在采访中任务是最重的。

好稿都是要花大量心血的，“大手笔”更是如此。采访是第一关，“大手笔”首先得脚板勤。

眼下，互联网的普及让消息来源变丰富了，变多元了，也更便捷。有人于是质疑这种跑来跑去，认为未必要跑那么多路，现场得到的材料常常还不如“一键”来得多、来得快。况且，辛辛苦苦跑去采访了，有些材料未必就入得文章。

似乎很有些道理。

> 走进著名体育用品企业安踏的检测室，只见一双双崭新的运动鞋正在机器上不停地“弯腰”，原来这是在做产品耐折断试验，国家标准是连续折弯 4 万次不断裂，安踏的标准是 8 万次。

这是《福建跨上“金麒麟”》中采访企业的一个场景。这样的文字不到现场玩技巧总无法解决吧？更重要的，也是无论技术手段如何先进都无法替代的，那就是即使有些采访的东西写稿时未必用得上，但只有通过大量现场采访，你才会获得某种“感觉”。当好多这样的“感觉”在你脑海里翻腾，在你胸臆间奔腾，那个成就“大手笔”之魂的东西也许就来叩你的写作之门了。要“小聪明”是要不出“大手笔”的。

采访途中，皮主任经常和我交流稿件的构思，甚至布局谋篇，你能感觉到一路走来，他对报道的主题主线在行走中变得越来越清晰。新闻在路上，有深度的、有大气象的报道一定也首先是走出来的。

当然，“大手笔”更在于眼前有大境界，胸中有大气象，文章大开大合能驾驭得住。和这些相比，能跑路，脚板勤或许还只能算是“末节”。不少记者在一个地方待了好长时间，跑了不少地方，也未必能出“大手笔”，就很能说明这一点。但即使只是“末节”，在做新闻报道普遍浮躁的当下，也是十分可贵的，它体现了一种作风，一种精神。

无论时代怎么发展，脚板勤，仍应是一个记者应该坚持、坚守的基本功，不管是初出茅庐，还是沙场老将。所以我觉得，56岁的皮树义主任是怎么采访的这个“末节”，说一说还是很有意义的。

迈开双脚是关键

2014 年 1 月底，宁夏分社发来简报，称 1 月 14 日刊登的《宁夏逆转沙漠化》反响很好，有读者评价：“人民日报前消息后通讯的报道形式是一种创新，不唱高调，记者采访很深入，文风朴实，报道中有很多老百姓的语言，读来很亲切。”

总编室两位领导叶蓁蓁、胡果也曾对这篇报道予以好评，当天《值班手记》道：

> 宁夏逆转沙漠化，短短几百字消息，三处原汁原味的直接引语……这样的行文，充满故事和细节，充满对话和白描，充满血肉与温度，在时代的景深中触摸到个体的温度，用真切的见闻牵引出深沉的思考。

杨振武总编辑在值班手记上以“多些坚实的足印”为题批示，对手记肯定的《宁夏全力逆转沙漠化》等三篇报道“很赞同”。杨总指出：

> 我们要坚持不懈改文风，好文风哪里来？关键一条，就要从迈开双脚做起。脚板底下出新闻，脚板底下也出美文。当我们的足印遍布生活深处时，报道就有了底气、灵气和锐气，我们的报纸就有了生机和活力。

杨总称“迈开双脚”是“关键”，看似轻轻一笔，其实正中“命门”。

这组报道由我带队采访，夫子自道，不免“王婆卖瓜”之讥。但正因亲历，对“迈开双脚是关键”也感受更真。特别是 2013 年下半年调回总社后编了不少分社的重点稿，感受尤深。有些重点稿梳理概括有余，生动表达不足。问题不用把脉，一看稿就知道是采访少，接地气不够。近一个时期一直强调“讲故事”，有的同志说，不是没故事，只是讲得不好。讲当然有技巧，但更主要一个原因，讲得不好是因为走得不多、走得不深、走得不实。不会表达的背后，首先是没去感觉，所以也就没有感觉。

正值隆冬，天寒地冻。我们和宁夏回族自治区林业局座谈确定下这组报道的主题后，负责人说，这方面材料很多，都是现成的，宁夏从2003年5月起，率先在全国全面实施封山禁牧，2013年10月刚做了这项活动的十年总结。但我们反复强调，一定要下去实地采访。

沙漠、沙地、戈壁，无遮无挡，寒风侵骨。每到一地，我们没有待在会议室座谈，而是下现场，实地看，亲眼捕捉各种场景、细节。

到中卫进腾格里沙漠采访，车陷进一堆沙子，同行的越野车劲儿不够，没拉出车，倒把绳拽断了，只好联系其他车辆。采访沙漠奶牛场的计划眼看要泡汤，“花开两朵，各表一枝”，我和徐运平让他们把奶牛场场主请过来采访，那辆越野带施娟、朱磊到奶牛场“现场采访”。文中有一个重要细节就是记者在场主办公室观察到的，墙上挂着“爽挹沙山”四个字，一打听，是从中卫城明代建的鼓楼上拓的，后来通讯的结尾就结在这四个字上，生动有力，意味深长。

宁夏治理沙漠化最大的一项举措，就是封山禁牧。10年间从“封山”区迁出35万人，其中同心县力度最大，迁出10万人，这里的生态恢复得怎样？

一边是县领导在县城等着给我们介绍情况，一边是进山车程要两个多小时，即使到了现场也采访不成，因为群众百分之百迁光了。但我们还是决定：进山，看现场。

> 沿蜿蜒的公路进山，路旁迁出的村子有的连瓦砾都看不到了，过去村民耕作的地方，已被丛丛茂盛的柠条、沙蒿覆盖，还不时能看到

山鸡跑过。深家滩4000多亩沙化地上全部覆盖柠条，而前些年这里的植被覆盖不足10%。

半天多的奔波，就为稿子里这不到100多字。但是，值!

这样鲜活的场景，材料里看不到，办公室里听不到，而且，通过实地考察，我们对报道主题也更添信心。

走进基层，下到现场，不仅是捕捉那些鲜活的语言、鲜活的场景，还有一点也很重要，就是“在时代的景深中触摸到个体的温度”。触摸到采访对象“个体的温度”，记者才可能触发“个体的感受”。

到灵武采访全国治沙英雄、白芨滩自然保护区管理局局长王有德，自治区林业局长带点开玩笑的语气介绍：王劳模是个“老”劳模。确实，那面容看上去比实际年龄至少大10岁。这个念头一闪而过。

王劳模带我们去看他们新轧的3万亩麦草方格“天网”，我们在保护区遇到了一群还在方格阵里栽种柠条、花棒等灌木的工人。那天的气温在零下七八度，寒风挟裹着沙子打得脸疼，七八个女工个个脸上都用围巾捂得严严实实的，只忽闪一双眼睛。

王劳模从工人手里抱过十几根柠条，伸出大粗手指指着一棵柠条上新冒的小芽感叹：“在沙漠里种活一棵树，比养个娃还难呐！”那么沧桑的一条大汉，说话间脸上却现着一种柔情。20多年里，他带领300多名职工每年治沙造林3万亩，在毛乌素沙地西南边缘硬是生生筑出一道东西长50公里、南北宽15公里的绿色屏障，这意味着怎样的一种奉献啊。那曾经闪过的一念瞬间就落回心头。

“风沙在他脸上刻下的道道印痕，就是他防沙治沙的‘勋章’。”我们的笔端自然流出这样饱含感情的话语。

另一位全国劳模白春兰，材料特别丰富，还有录像片，而时间又紧，但我们坚持要采访本人。驱车赶到毛乌素沙地南缘沙边子村那个叫“一棵树”的地方，天已黑下。想了解的情况，材料里都有，时间关系，我们其实也不可能问出更多内容，但是，现场总是超出你的想象，只有现场才有的那种氛围常常会让人思绪连绵。在那大片大片白春兰亲手栽下的树林边，听她平静地讲述 4 万多亩的沙地如何从“一棵树”变成“千万棵树”，有一种东西撞击你的心头。于是，我们在稿子里写下这样一段：

33 年，爱人和儿子先后因病离她而去。有村民说，她爱人就是种树累死的。白春兰依然坚守，陪伴她的是她、她爱人、她儿子栽下的 3000 多亩郁郁葱葱的树林。

平静的叙述里，有我们的激情涌动。

走基层，下现场，不是一种形式，当你真正走进、贴近、深入，你就会自然生出那些独特、真实、深切的感受。就像杨总说的那样：“脚板底下出新闻，脚板底下也出美文。当我们的足印遍布生活深处时，报道就有了底气、灵气、锐气。”

没错，迈开双脚是关键。走到近处，走进深处，你会“在时代的景深中触摸到个体的温度”，你会发现——“美”。

附——

沙化土地 10 年减少 61 万亩

宁夏全力逆转沙漠化 “沙进人退”变“人沙和谐”

本报银川 1 月 13 日电 记者费伟伟、徐运平、施娟、朱磊报道：“早起一推门，推不动，沙给堵了。再开个门，没几天，又堵了。沙丘齐墙高，晚上顺着就上房顶了。全村四五十户人硬让风沙逼得搬的搬、走的走，四分五裂。”盐池县黎明村村民小组组长王新福带我们来到十几年前的旧村遗址前。

“绿杨著水草如茵，旧是盐州饮马泉。”这诗句赞的就是宁夏吴忠市的盐池县。然而，由于长期过度开垦放牧，到上世纪末，盐池土地大面积沙化。“土壤肥力越来越差，丢下种子就看天了，每次一刮风，赶紧下地，把沙子埋住的庄稼再一棵一棵刨出来。别说人吃不饱，羊都饿得乱栽跟头。”王新福说。

天寒地冻，记者走进黎明村。当年全村最后才搬的两户之一白学军的新家里，新安的暖气片摸着烫手，记者一算，一冬煤钱要花4000多元。白学军只笑笑，他家现在种着30亩水浇地，养了150只滩羊，每年收入七八万元。去年，妻子李月萍到上海、苏州、杭州、南京玩了一圈。记者问王新福这样的户在村里算啥水平，“也就算个中等吧。这些年出去旅游的，全村有20多户。”王新福说。

黎明村的变迁，始于盐池县2002年8月开始实施的封山禁牧。禁牧围栏拉起来，种草种树，羊只入舍饲养，引来黄河水浇灌……

第二年，宁夏全自治区在全国率先实施封山禁牧。既做“减法”，封山禁牧、退耕还林还草，让山林草地休养生息；又做“加法”，防沙治沙、生态修复、湿地恢复，加大种草种树力度。2000年以来，全自治区营造林1800多万亩，森林覆盖率由7.79%增加到目前的13.6%。而据最新统计，2013年宁夏沙化土地面积为1718.9万亩，比10年前减少61.1万亩，已基本逆转土地沙漠化。

由沙进人退，到人进沙退，再到点沙成金、人沙和谐，宁夏在奋力逆转沙漠化的进程中，生态理念也不断升华，自治区主席刘慧认为：“最重要的成果是观念转变，下一步要继续在避免人类活动过多干预自然上下功夫。只有每个人都自觉尊重自然，保护自然，与沙漠和谐相处，才能真正避免‘沙魔’重现。”

（原载《人民日报》2014年1月14日）

宁夏治沙从“人进沙退”到“人沙和谐”

万里黄龙今已缚

费伟伟　徐运平　施娟　朱磊

腾格里沙漠、乌兰布和沙漠、毛乌素沙地，宁夏的西、北、东三面，被这三大沙漠、沙地包围，荒漠化土地、沙化土地面积，分别占全区面积57.2%和22.8%。

治不住沙，荒漠化加剧，沙化将更严重。

万里“黄龙”今如何？

近日，记者踏上宁夏几个荒漠化、沙化最严重的地区，欣喜地发现，“黄龙”已缚，沙害不再！

自治区林业局提供的最新卫星监测数据显示，2013年，宁夏沙化土地面积为1718.9万亩，比10年前减少61.1万亩，每年沙尘暴次数已从10多年前的20多次减至不到2次。宁夏沙漠化已基本逆转。

防与治
从“一棵树”到“千万棵树”

和谐宁静的小村庄，沙暴突至。遮天蔽日的滚滚沙尘“劫”后，断垣残壁，一片死寂。宁夏沙坡头沙漠博物馆里的一部短片，真实再现了20世纪这里沙暴肆虐的恶劣生态。

然而，就在这里，沙坡头中科院沙漠研究试验站的科研人员，创造了世界上第一条真正穿越沙漠的包兰铁路55年安全畅通的奇迹。

倘要“论功行赏”，在沙坡头人看来，第一功该授给“麦草方格”。

车行灵武市白芨滩自然保护区，目之所及，绵延不断的沙漠被一张“天网”覆盖。“这里是毛乌素沙地边缘，这些覆盖沙漠的网格就是‘麦草方格’。把麦草呈方格状铺沙上，再用锹把麦草轧沙里，留1/3或一半自然竖在四边。

方格不仅能固沙，腐烂后还能为植物提供养分。”全国治沙英雄、自然保护区管理局局长王有德带我们见识了今年新轧的 3 万亩麦草方格“天网”的壮观阵容。

寒风刺骨，保护区的工人仍在方格里忙碌，栽种柠条、花棒等灌木。一颗小小的芽头刚刚冒出，“这就是柠条，避过虫咬、鸟啄、鼠吃，明年就能成活。”王有德说，“在沙漠里种活一棵树，比养个娃还难呐！只有柠条、花棒、沙蒿这类灌木，耐旱抗寒，能扎下几米深的根，两年长成就能防沙固沙。要是 9 月份来，你们就能看到花棒盛开，粉嘟嘟的，可惹人了。”

1976 年至今，王有德带领 300 多名职工，以“柠条”精神每年治沙造林 3 万亩，在浩瀚的毛乌素沙地西南边缘，筑起了一道东西长 50 公里、南北宽 15 公里的绿色屏障。风沙在他脸上刻下的道道印痕，就是他防沙治沙的“勋章”。

在盐池县毛乌素沙地南缘的沙边子村，我们见到了另一株“柠条”——白春兰。

1980 年，白春兰和丈夫联合本村 10 户人家走进名为“一棵树”的沙地治沙种树垦地。曾经有过的一棵树，早被风沙折杀，这里寸草不生，一年中起沙扬沙 300 多次，不到一年，10 户只剩下白春兰一家。沙丘下安家，手推车、小胶车推沙开路，平田整地。沙暴起时，看不见路就摸着种下的树苗找家，她和家人愣是摸索出了“以草固沙、以柳挡沙、种树防沙”的综合治沙法。

33 年，爱人和儿子先后因病离她而去。有村民说，她爱人就是种树累死的。白春兰依然坚守，陪伴她的是她、她爱人、她儿子栽下的 3000 多亩郁郁葱葱的树林。

在白春兰带动下，先后有近百户农民在这里安家落户，治理沙漠。至今累计治沙 4 万多亩，“一棵树”变成“千万棵树”。

“正是王有德、白春兰这样一批治沙英雄不断创新探索，创造了沙坡头‘五带一体’防风固沙工程，盐池、灵武毛乌素沙地生态综合治理模式等多种经验，才为宁夏基本逆转沙漠化打下了坚实的基础。”宁夏林业局局长王文宇斩钉截铁地说。

识与用

从“治沙害”到“沙生金”

“中卫市境内的腾格里沙漠，现在可是宝贝，全被‘抢’光了。”一提防沙治沙，自治区副主席、中卫市委书记马廷礼对记者说。

早在明清时期，腾格里沙漠的滚滚黄沙就直抵中卫城下。数百年祸害，怎么一下就成宝了呢？

“你疯了？”4年前，杨飞决定在沙漠里办养牛场时，家人、朋友都觉得他脑子灌了水。的确，刚种的苗木，大风一起就吹个一干二净。但杨飞坚信，只要找对方法，定能“沙里淘金”。

“沙漠里特别适合养奶牛，因为奶牛喜欢干爽环境，一般奶牛场不是还专门铺层沙子吗？这里是现成的，通风又好，奶牛不易得直蹄病、乳腺炎等，用药少，养牛成本低。”杨飞的“沐沙奶牛场”如今已成远近闻名的品牌。走进他建在腾格里沙漠里的奶牛场，数百头荷斯坦奶牛或站或卧，一派安详。“我的牛场的奶不愁销，每公斤还比别人高两毛。”杨飞满脸自豪。他计划投资2亿元、3年养1万头奶牛，从目前的情况看，3年后投资就可全部收回。

奶牛场只是杨飞“大漠生态农业有限公司”蓝图的一部分，还有沙漠大棚种菜、经果林、种酿酒葡萄，建酒庄和观光农业。

种菜大棚已经建起来了，相距不远，还有中卫沙漠农业科技示范区的日光温棚群，占地2万亩，已建温棚1200座，各种大拱棚120座，并配套水、电、路、林等基础设施，18家农林业开发公司在经营，一个棚年均收入过万元，每年可安排2000多个当地劳力。

看好腾格里沙漠的不只是宁夏人，银阳新能源有限公司经理王犇，2009年从江苏来中卫，“这里日照条件充足，用电成本低廉，我们坚定不移投资光伏发电，把原来在江苏的产业全转让了。事实证明，这是很正确的选择。”王犇告诉我们，公司从铺“麦草方格”开始，在这里固定资产投资已达17.8亿元，世界上最大的单体光伏电站规模初显，前景良好，预计5年左右便可收回投资。

“这里的6万亩沙漠已入驻11家新能源企业。”王犇带我们登高远眺，只见上千块太阳能光板在阳光下反射着深蓝的光。走到近处，但见光板下“麦草方格”里，全部种着经济作物和固沙灌木。

昔日的沙害，如今已“为我所用”，聚财生金。2009年，自治区政府出台《关于大力发展沙产业推进宁夏防沙治沙综合示范区建设的意见》，决定未来10年投资113亿元，加速发展沙生中药材产业、沙区生态经济林产业、沙区瓜果产业等沙产业。

“沙生金”进一步推动“沙防治”。目前，宁夏全区治沙面积在100公顷以上的企业有80多家，投入资金16亿元，开发治理沙荒地3万多公顷。个体造林治沙户14.7万户，投入资金5.1亿元，造林4.82万公顷。王有德给记者算了笔账，仅去年，白芨滩保护区就治沙3万亩，投入费用5000万元，而国家补贴每亩只有数百元。他们通过发展苗木经济、经果林、设施养殖等相关沙产业，年收入上亿元，以沙生金，再反哺治沙。

斗与和

从“战天斗地”到“人沙和谐”

11年，战天斗地，治沙造林21万亩，率先在全国提出并实施林纸一体化的中冶美利林业公司，以此辉煌成果载入宁夏治沙史。

然而，风光的数字后是道不尽的酸辛。腾格里并不热情，降水量低，沙地土质差，林木生长慢。在与沙奋战中耗尽元气的这家公司2007年被一家央企重组，今年3月，再次资产重组。

“防沙治沙，就是种树、‘誓将沙漠变绿洲’吗？”与沙斗争几十年，宁夏干部群众在实践中从未停止思考。

全县80%面积沙化荒漠化的吴忠市盐池县，沙害全区最烈，2002年8月，在宁夏率先全县实行封山禁牧、退耕育林试点，探索一条“人沙和谐共处”的新路。

这是一场改变传统生产方式的巨大变革。千百年来都自由放牧的羊群全部进舍入圈饲养，草原和林地等实行围封，培育林草，借助自然的力量恢复植被、保护生态。这个曾经的沙害最大县，如今林木覆盖率已逾30%，植被覆盖率近70%，在捧回“全国防沙治沙先进集体”荣誉后，又被评为“全国绿化先进县”，率先在宁夏实现沙漠化逆转。而且，禁牧前，全县羊只饲养量为68万只，现达300万只，农民真正“发羊财”，平均收入是禁牧前的3倍。

2003年5月，宁夏全区率先在全国全面实施封山禁牧。10年间最重大的一项举措，就是将35万群众从“封山”区迁出，通过飞播造林种草和人工造林种草，综合修复生态。

吴忠市同心县从山区迁出10万人。群众迁出后，山区生态恢复得怎样？沿蜿蜒的公路进山，路旁迁出的村子有的连瓦砾都看不到了，过去村民耕作的地方，已被丛丛茂盛的柠条、沙蒿覆盖，还不时能看到山鸡跑过。深家滩4000多亩沙化地上全部覆盖柠条，而前些年这里的植被覆盖不足10%。“这都是封山禁牧的成果，过去这里45度以下的坡全部开垦成田。”县林业局长马吉芳介绍。

同心只是一角。古塞微茫紫翠连，犹有荒阡在目前。银川、中卫，以军事要塞著称于世，如今正在赢得“湖城”“水城”的新荣耀。你一定很惊讶，这大西北哪来那么多水？宁夏专门成立湿地管理机构，这在全国都为数不多，近年来大力实施湿地保护恢复工程，湿地面积不仅不减，反而净增近30万亩。

中卫城，保留着一座始建于明崇祯年间的鼓楼，西面写“爽挹沙山”四字。面对当时逼抵城下的滚滚黄沙，这四个字表达了古人不仅希望抑制沙害，还希望沙造福人类的心愿。

从“人进沙退”到“人沙和谐”，这一治沙理念的深刻变迁，给人启迪。宁夏正把古人“爽挹沙山”的心愿逐渐变为现实，同时，也赋予这四个字更加深刻的内涵。

（原载《人民日报》2014 年 1 月 14 日）

第三辑

文有大法

文无定法，这似乎成了写作的一个定论。写作果真没规律吗？在这个问题上，历来虽有争议，但这样的看法还是比较一致的：文有定则，术有恒数，写作须遵循一定规律；但同时又不能被固定的成法所束缚，“若泥定此处应如何，彼处应如何，不以意运法，转以意从法，则死法也。”（清・沈德潜《说诗晬语》卷上）元代的郝经在《答友人论文法书》中说得很到位：“文有大法，无定法。”

新闻写作是文学这棵大树上的新枝，新闻人当学会到文学长河里沿波讨源，从各种文学体裁中汲取营养，领悟文章之道、写作大法。比如，常道“文如看山不喜平”，那么，如何发现矛盾、制造冲突、展现“不平”？互联网时代强调抓读者眼球，那么，到底有哪些元素最抓人、怎样呈现？改革越深入，各种矛盾交织叠加、错综复杂，读者喜欢见事见理、夹叙夹议的报道，那么，议论时应注意什么？这些都有规律可循。

“由规矩者，熟于规矩能生变化。”掌握了写作规律、章法并熟练运用，那么，“变化姿态，皆从熟出也。”

“宏大叙事”并未过时

宏大乐章，当鸣黄钟大吕；重大题材，理应“宏大叙事”，浓墨重彩。

京津冀协同发展是重大国家战略，正如本报专题报道开篇标题所言，它是“激扬中国梦的伟大实践”。

9个头版（其中5个头版头条），加后面11个整版，开篇、收官两次均采用通版，报道刊出之阵容，也可谓场面闪亮，气势恢宏。

中央领导表扬，主流舆论纷纷转载应和，各类新闻媒体竞相推送，“澎湃”等新锐新闻客户端对本报的报道又“再报道”，撰文解读。

题材重大，便能赢来满堂喝彩？

当然不那么简单。

杨振武社长审阅时评价这组稿：“既能深入进去，又跳得出来；既有宏观视野，也有具体剖析。”

入木三分。这组报道不只是题材重大，还端赖叙事宏大。“既能深入进去，又跳得出来”，并且生动叙事，将“宏观视野”与“具体剖析”有机结合。

“宏大叙事”，历来在各级党报唱主旋律。但近些年这个说法似乎很不招人待见，似乎这种写法已经过时。

究其原因，主要在于有些所谓的宏大叙事报道，过多关注主题、主线，堆砌概念、数字，报道角度自设条条框框，而忽略生动鲜活的故事、细节，不能吸引人、感染人。因此不少人认为，“宏大叙事”应让位于“微观叙事”，新闻报道要多关注个体，关注新闻事件中个体命运的变幻。

有一定道理，但这样看问题，无疑失之简单片面。

“宏大叙事”，“微观叙事”，难道是一对矛盾吗？不能毫无道理地就把

“宏大叙事”与“微观叙事”这两种有差别的报道笔法，作为完全不同的二者简单对立起来。眼下网络时代都进入媒体融合时代了，传统媒体和新兴媒体都在加快融合，何况是新闻报道的不同笔法呢？

“宏大叙事”并不排斥“微观叙事”，它的本意，是一种“完整的叙事”，用专家的话说，是无所不包的叙述，具有主题性，目的性，连贯性和统一性。“宏大叙事”“无所不包”，自然也包括融合了“微观叙事”。

可见，错不在“宏大叙事”，错在对“宏大叙事”理解过于狭隘。

“宏大叙事”，精义在“大”，说白了，就是要多角度、多笔法去写出那个“大”，从大思想到大气势。可以是登高放眼量，荡胸生层云，如椽巨笔纵情挥洒。也可以在“大”与“小”的结合中参差互现，烘云托月。就像党史专家龚育之强调的，要实现用广角镜头去写历史和用特写镜头去写历史的统一。“广角镜头可以看出全貌来，特写镜头就集中在一件事、一个人、一个情节上。两者结合，才能有概括性和生动性。”

当然，更可以管中窥豹，以小见大，一滴水珠看太阳，一片叶落知岁尽。鉴于之前“宏大叙事”普遍存在不善于以小见大、见微知著的问题，尤其要注重大处着眼，小处落笔；视野宜宽，切口当小。

京津冀协同发展报道，就是这样一次堪称成功的实践。

“水呢，水在哪儿？”西寻滦河源，车进河北丰宁小梁山，我们有些迫不及待。

“天旱，光剩泉眼有水了。”同行的陶世杰说。窗外，草似地毯稠密，树如羊群散落。

峡谷深处，找到脸盆大小的泉口。“这是姊妹泉，水供天津；山那边，是潮河源，水通北京。”

失望顿升。想象中，它本该奔涌叮咚。这盆静水，如何供养千万人口的城市？……

这是 2014 年 8 月 11 日头版头条“京津冀协同发展 · 生态篇”的开头。很小的“切口”，每一段都有画面，有镜头，有对话，记者的那份迫切跃然纸上。显然，这样的方式很容易把读者带入记者要表达的主题。

这种巧妙寻找“小切口”的例子在这组报道中比比皆是。

宏大叙事旨在服务那个大主题，主题再大也要具体化，让读者可感，并且还觉得亲切。小切口方能具体化。习近平总书记曾就中国梦的宣传指出，“讲好故事，事半功倍”。这给我们一个重要启示：讲故事就是具体化，一具体就深入，一具体就生动。小切口就是讲故事。

参加“交通篇”采写的广东分社记者贺林平，坦言是首次参加重大题材采写，开始觉得话题太大，找不到感觉，于是，按照报社编委会的要求扎到基层找故事——

> “扎进去”之后，发现京津冀这么一个看似大而空的话题，其实是一块丰富多彩的三棱柱，一个酸甜苦辣的五味瓶，一面世相百态的西洋镜。经常往返天津和邯郸的医生，到河北谈业务遭遇断头路的北京白领，每月回一次老家的天津上班族，还有自行堆起土桥过河往来京冀两地的打工者、公交司机……这些浮生琐事从“江湖之远”被挖掘出来，跃然于纸上，为高居“庙堂”的报道接上了地气，添上了五光十色的生活色彩。

确实，这样的大题材，如果记者没有“接地气”的理解和具体的细节呈现，只泛泛地用“提升国家治理体系和治理能力的重大实践”这样的大词敷衍了事，那么，那些理念在报道中必然苍白，只会将读者隔在门外。

只有“接地气”的小故事，才能把读者请进门，把报道影响力传播出去。

> 河北省涞水县蘧家磨村，跨过村东头的一条马路，就是北京。路东的房山区郑家磨村，是村民们多年来艳羡的对象。

“这边饮水靠打井，那边自来水通到户；这边护林苗木补贴一亩才300元，那边3500元；这边村支书月工资400多，那边3000多……”一路之隔，恍若两个世界。蘧家磨村委会主任黄长顺每次细说，不免唏嘘。

这是2014年8月9日报道中的一个小故事。8月11日，《北京青年报》刊登通讯《京冀两村庄　一路之隔两种日子》，就这个小故事展开延伸采访。《广州日报》《新京报》也纷纷就“两村差距”现象跟进评论。

兄弟媒体为何“跟风”、帮我们传播？无他，故事虽小，意蕴颇丰，说得具体，讲得生动。

对这个“意蕴颇丰”，应特别重视。讲故事不能但求生动，故事要服从主题，突出主题。迈开双腿不愁找不到故事，但是一定要找那个“意蕴颇丰”的故事。

什么样的故事才算“意蕴颇丰”，能以小见大彰显主题呢？

不谋全局者，不足谋一域。“宏大叙事”要求的小切口、小故事，不是零星琐碎、意义甚微的“边角料”，而要求我们“站在天安门上看问题”，以“谋全局”的宏观视野去发现、寻找那种能承载思想内涵的小故事。

参加“生态篇”采写的海南分社记者马跃峰总结时谈到他们怎么寻找那个体现主题的小故事：

习总书记强调“坚持山水林田湖是一个生命共同体的系统思想”，成为“前一”标题《京津冀，呵护生命共同体》的直接来源。问题的分析，依靠领导讲话把握：“水量小——水污染——水短缺，恶性循环”，来自对总书记讲话的理解。策划的选题，循着领导讲话确定：总书记指出“坚持和落实节水优先方针”。我们在河北找到“稻改旱，一年省出5个西湖”的故事。

可见，小故事首先源自大视野，小故事的挖掘、选择、判断，考验着记者对问题思考的深度，考验着记者视线的高度和胸襟的宽广程度。

蝴蝶的翅膀与鹰的翅膀，差别不在大和小。只有鹰的翅膀，才能站在风的肩膀上。

要小切口，但不要小家子气。小处落笔的好处是容易写得精致，可能带来的问题则是容易写得纤弱。而李宝善总编辑称赞这组报道“文笔劲健，很有气场”，原因何在？

8 月 20 日的美丽乡村篇，落笔切口很小——河北赤城县阎家坪村。

> 地处海坨山腹地，高山天寒，圆白菜、土豆就是村里多数家庭指望的全部农业收入。“早些年还能散养些羊，保生态、涵水源，禁牧多年了，全村去年人均纯收入才 1000 多元。”孙怀银说，地里刨食难，何况山地，再说地又少。几乎家家户户有人翻过山去北京打工，嫁出去的闺女也不少。
>
> 自然条件差，产业基础弱，靠天吃饭——环京津贫困带的根子，简单直接地在海坨山下显露出来。
>
> 阎家坪虽小，一斑可窥全豹。赤城县每 10 个农民，4 个未脱贫。视野再放大些，河北张家口、承德两市，居北京以北，定位为京津冀生态涵养功能区，守着绿水青山，发展有红线，区位优势未能变竞争优势，发展滞后，百姓增收难。
>
> 环首都的河北贫困县，农民人均纯收入、人均 GDP，不足北京郊区县的 1/3、1/4，政府可用财力更是悬殊。按国家新的扶贫标准，河北省有 62 个扶贫重点县，3688 个扶贫重点村，贫困人口 512 万。繁华的京津周边，竟环着这样一条贫困带，如同“貂皮袄上的大补丁”！

从一个村，说到全县，再到生态涵养区的张家口、承德两市，再到河北全省。文章始终不离阎家坪，但文笔跳荡不羁。地方部禹伟良在修改此稿时，形象地称之为是“拧紧了发条”在写，尽量把文字打磨得简洁干净，并力求用最简洁的文字写出最大的信息量。

如此写去，事虽微而境界阔，点虽小而面极开，具象沉实，言简意丰，快节奏的叙事中，“劲健”之风扑面而来。

常言道：好的开头，就成功了一半。最后，盘点一番这组稿件的开头，作为观察这组报道的一个“小切口”。

开篇：

> 京津冀，进了北京今年高考题。
>
> 2014 年春天以来，“京津冀”的话题，炙手可热。

生态篇：

> （开头已见文中）

交通篇：

> 先出一道题，从河北邯郸到天津，怎么走最快？

市场篇：

> 天津东疆保税港区，看不出繁忙拥挤，却经营着全国近三成融资租赁业务；看不见划破天空的英姿，却聚集了全国 95% 以上的飞机租赁资产；看不到多少重装备，却源源不断开展船舶、发动机和设备租赁。

产业篇：

> 大红门市场往哪儿搬，到底谁说了算？

公共服务篇：

“一个班，80 多个小学生，教室里满满当当，坐后面的都看不清黑板。”

“一辆公交车，不管是 814 路还是 930 路，总是排队排到极度厌烦。”

“一座城，绝大多数是外地人，每天 30 多万人钟摆式往返。”

这是燕郊，河北的“镇”，京郊的“城”。

城市篇：

一举三得！

面对天津市东丽区区长尚斌义及时伸来的“橄榄枝”，杨一平笑了。

美丽乡村篇：

车行海坨山，遇雨，青山如黛，更显婀娜。

海坨山是北京第二高峰，山这侧是河北张家口的赤城县，山那侧是北京延庆县。

没想到，离北京这么近，竟有这么静美的地方。更没想到，一山之隔，发展落差竟那么大。

千姿百态，各领风骚，却异中见同，都是小切口，讲故事，记者们各自亮出“叙事”好身手。

也许可以下这样一个结论：“宏大叙事”并没过时，关键在于要与时俱进，用“现代叙事精神”，为其不断增添活力！

哪些元素吸引人？

《群众路线教育实践中的共产党员》开栏后，由于是登在一版，来稿颇踊跃，然而不少稿被毙、被退回重写，眼瞅着刊发“门槛”挺高，渐渐“车马冷落”。

稿为何被毙、被退？并非选题有问题。专栏关注基层党员干部，采访对象完全“自选”，这方面可以说没“门槛”。“门槛”在表达上，在“如何讲述”上。一言以蔽之：看是否吸引人。

该专栏开栏后已刊稿12篇，杨总每篇都仔仔细细修改，每篇都可圈可点。这些稿子里吸引人的元素有哪些呢？试做梳理，以期对采写和编辑有所启迪。

（一）悬念

“悬念”有个专业性解释——“通过伏笔引起连续性思维的手法”，所以，“悬念”往往放在故事开头，一开始就把“悬念”抛出来，让读者“引起连续性思维”的时间长一点。

《马警官为何变成“马厂长”》一稿就是这样构思的，警官是公职人员，怎么还能当厂长呢？该稿开篇就给读者抛出一个悬念：

> 日前，记者在广东中山市三乡镇最大的台资企业宝元制鞋厂采访，发现一桩蹊跷事，员工们见了身着警服的宝元社区警备室民警马观源，都亲切地称他“马厂长”。
>
> 马警官咋变成了“马厂长”呢？

再看《“挂职书记”孟跃军》的开头：

> 全镇唯一没硬化、不通自来水的村，有事不找干部、专到镇里上访的村，年终考核连年倒数第一的村，当地管马莲梁村叫“马乱梁子”。

作者用一个倒装句，上来就把问题直接捅开。问题会解决吗？问题会怎么解决呢？这样的开头让读者一开始就陷入疑问，有了疑问，也就产生了急于读下去解开谜团的欲望。

（二）细节

“魔鬼在细节中”，这话有点说滥了，没有细节描写，就没有活生生、有血有肉有个性的人物形象，但只有紧扣着文章主题的典型细节才真正有说服力、有“魔鬼般”的感染力。

《“抗旱铁人”欧阳家友》中，记者抓了这样一个细节：

> 欧阳家友家墙上挂的一本日历十分打眼。“7月26日，方元镇燕塘村；27日，仁义镇银河村；28日，泗洲乡竹溪村……”这些密密麻麻的小字，记录着他参加抗旱小分队的足迹。

“抗旱铁人”的称号，源于欧阳家友为了抗旱保灌“一个多月，他没休息一天”，这样的细节，具体，生动，它让读者对“抗旱铁人”这个称号有了更深刻的理解。

《“退位校长”的忙碌假期》中有个小细节：

> 和记者走在校园里，龚德凌会随时弯腰捡起地上的树棍、纸屑。

在校园里看见树棍、纸屑都要“随时弯腰捡起”的人，显然真的是把学校当自家了，这样的细节以一孕万、由小见大，让读者感受到龚德凌那种对学校、对学生深厚的爱，他说“一定要把学生当成自己的孩子来教育培养”，也就愈让人感觉真挚、真诚。

对抓细节，大家有共识，关键是有些同志对细节的典型性认识还不够深刻。从来稿看，有的细节与主题扣得不紧，有的细节扣住了，但太细。细节固然要“细”，但也要“节”，冗词赘句多了，反容易冲淡、模糊主题。

（三）冲突

且看《“贴心税官”崔立国》的开头：

> “什么群众路线，还不是拿老百姓练着玩。”7月中旬，有两位企业办事人员气呼呼来到天津滨海新区第一地税分局党组书记崔立国的办公室。

《“算账书记”吴金程》这样开头：

> 问“愿不愿意旧村改造”，全填“愿意”；问“选什么户型”，全选“别墅”；问“拆迁补偿标准行不行”，多数答“不行”。收回调查表，干部们直摇头。

这两篇稿都是一落笔就展现矛盾冲突，很富有戏剧性，上来就抓住了读者的注意力。“文如看山不喜平”，“喜”的是像精彩大戏那样的高潮迭起。冲突是构成情节的基础，是展现人物性格的手段，所以戏剧作品特别注重展示冲突。冲突也是让文章富于戏剧性的重要元素。《“算账书记”吴金程》一稿多处展现“冲突”，如最后一批旧村改造200多户村民不买账，村民吴志明骂得凶，吴金程专门上他家登门算账。记者在这种矛盾对立冲突中，刻画了一个一心为群众的村党委书记的形象。

（四）对比

《“抗旱铁人”欧阳家友》中，欧阳家友不认识的农户农机出了故障，欧阳家友“跟他在电话里足足说了20多分钟”，而他的亲妹妹被他妻子动员来劝他回家过六十大寿，“心思全在抗旱上”的欧阳家友只硬邦邦回答：“你们莫搞，搞，我也冇时间咯！”

对亲者疏而对非亲者近，作者抓住这种差异、矛盾，用对比手法，突出了一个“心思全在抗旱上”的党员干部形象。

《“退位校长”的忙碌假期》中，老师们评价龚校长对留守学生比自己儿子还亲，但家里人怎么看他呢：

> “儿子还不如他的学生呢，”龚德凌的妻子抱怨，“他心里都是学校，我们也成了留守之家。”

都是对孩子，态度却不同，龚校长身上这种反差，形成相辅相成的比照和呼应关系，从而增强了文章的艺术效果和感染力。

（五）动感

《“货郎电工”王炳益》一稿可以清晰看出主人公在多个地方活动的身影，先是供电所，中午前后在苗寨摆乔村，“傍晚落脚上下午村”。故事的主角一直处于不断变换的场景中，从一个地方到另一个地方，从一个时间到一个时间，从这一件事到另一件事，显然，记者一直跟随着这位“货郎电工”串乡走寨查线路，整个故事也就在这一天中“动”了起来。

《“退位校长”的忙碌假期》这样开篇：

> “龚校长，又来了呀。”“校长好！来家吃饭咯。”……
>
> 一路问候，一路笑脸，9月的一个下午，记者坐着龚德凌的摩托车，在江西芦溪县源南乡的田间地头，感受老表们对龚校长的敬意和亲情。

该稿开头就把人物的叙述放在一个动态环境中。文中考上四川大学的学生冒雨到校看望龚校长、龚校长和记者在校园里边走边谈“随时弯腰捡起地上的树棍、纸屑”等，都体现出作者“动态讲述”的追求。

我们常说“一个动词胜过一打形容词”，同理，一个富有动感的故事胜过一打修辞手法。因此，要特别注意在采访中挖掘富有动感的故事，讲述时才能让故事的内部产生动感，直至把故事内在的戏剧性突出出来。

《“算账书记”吴金程》第一稿把讲故事的重点落在他十多年来如何带领群众挖穷根，偏重历史回顾，叙述较平。针对编辑提出的故事不新、动感不强的修改意见，作者二稿重点写吴金程今年7月如何带领干部做全村最后一批旧村改造。一开头就捅问题，揭矛盾，对立元素交替出现，开篇就风生水起。

正如哲人教诲，世上不缺美丽的风景，缺的只是我们发现的眼睛。

有些事看似平淡，主要还是我们的采访不够深。比如有一篇来稿写高压电网的维修工人，常态性介绍这个工作辛苦，称之为“蜘蛛侠”。

稿中说，最危险的是抢修，往往是晚上，在狂风暴雨中带电作业。只是浅尝辄止停留在这个层面的叙述上，文章自然生动不起来。如果考虑选择一个恶劣气候条件下的“抢修之夜”，来展现“蜘蛛侠”冒着生命危险给城市送去光明，会是什么效果呢？那样采写，无疑就让故事内部产生出某种动感了。新闻作品是“七分采，三分写”，因此，在采访阶段，就要很认真思考，如何才能让自己的稿件“动起来”。

（六）人性

《“退位校长”的忙碌假期》中有这样一个细节：

> 8 月 9 日，龚德凌破天荒带妻儿爬了趟武功山。“欠账太多，总算了了一桩心愿。”他说。

《“豁出生命也不能有辱使命”》报道的主人公是 28 年驻守在被称为“生命禁区”——平均海拔 4300 米的西藏阿里的军分区保障部部长钱有武，文章这样结尾：

> 钱有武答应妻子，等退了伍，就陪伴她，买菜、逛街，像平常的夫妻一样。

人情味，是新闻的重要品质之一，有人情味的新闻作品最能引起读者的共鸣。一个富有人情味的细节，或者一句话，往往比一连串排比构成的雄壮的感叹更具感染力。

人情味可体现在报道主人公身上，也可来自记者自己。《“货郎电工”王炳益》中有这样一处描写：

> “我走的这条路，要蹚过 109 道河水。”这个数字王炳益不知数了多少回。秋来水位回落，艳阳还高照着，记者挽起裤管探脚入水，凉意顿沁入肌骨。

字里行间流露着记者的真情实感。这样的文字是有温度的，仿佛把读者也拉进现场，产生很好的交流互动。

“文贵新”“文贵奇”“文贵变”，而真正能新、奇、变者，其实都是对那些让文章生动可读、引人入胜的元素的灵活运用。自然，只有了解才谈得上运用，作者心里有比什么都重要，心里有才会在采访和写作中有意识地加以运用，才会敢于不拘一格，打破常规。

元素不是部件，一篇好看的稿件，也许只需用好一个两个元素，也许得多种元素交替运用。上述梳理只涉及部分元素，倘若全面分析文章抓人的元素，还有很多。“抛砖”之意，但愿引起更多同仁对这一问题的思考，并在实践中勤于运用、巧于创新。

“货郎电工”王炳益

万秀斌　郝迎灿

13 年走了 5 个长征路

车到贵州省榕江县兴华供电所，一群人西装革履迎出门，人群后扎眼地立着个黄色工作服——脸色黝黑，身材敦实，脚穿一双解放鞋。“是王炳益大哥吗？”记者问。那人生涩地握住记者的手，咧开嘴来笑，半天只答了一个：“哎！”

榕江是个“像凤凰羽毛一样”美丽的地方，但是，“上坡登上天，下坡到河边”。王炳益是兴华供电所抢修班班长，分管月亮山区摆乔、上下午等几个村寨线路的抄表和维护工作，地图上原本 22 公里的主线路，实际翻山涉水要走 50 多公里。工作 13 年，走了 6 万多公里，相当于 5 个长征。

“我走的这条路，要蹚过 109 道河水。”这个数字王炳益不知数了多少回。秋来水位回落，艳阳还高照着，记者挽起裤管探脚入水，凉意顿沁入肌骨。

山里来了“货郎电工”

除了随身的电工包，王炳益还背一个土布袋袋，里面装着洗衣粉、食盐、感冒药等，拎一拎有 20 多斤重。“这都是给老乡带的，年轻人到外地打工，老人出来一趟不容易。”村民吴忠亮说。

每月 3 日，摆乔村的苗族冷老各老人都会守在门口等王炳益。“老两口生活全靠低保，我自己节约一点帮他们交上电费，顺路砍些柴火，带些药啊、肉啊给他们。”王炳益说。

这次王炳益不期而至，70 多岁的冷老各格外高兴，见了他就喊：“冬，木老冬！”翻译成汉语就是：“儿子，你来啦。”

中午匆匆扒拉几口饭，王炳益提起袋子去给各户送托他买的东西，到最后一家的时候屋里没人，他将一袋味精放在门口。

“他们都叫我‘货郎电工’，每次进寨都热情跟我打招呼，老乡们的尊重和需要让我很幸福。”王炳益说。

从想当逃兵到难舍乡情

傍晚落脚上下午村，村民石洪亮远远看到王炳益，提来一大串从山上采来的野菌子要送给他。“他到我们这里送电，还帮忙修电视。”石洪亮对记者说。王炳益做电工前干过家电维修，现在也没丢老本行。

“以前赶场摆摊修电器一天就可以赚几百块钱，干了电工后刚开始一个月工资才 60 块，现在也才 1300 多，又这么辛苦，不觉得亏吗？”晚上同宿一铺，记者给王炳益算账。

“说不辛苦是假的，才开始的时候也想过当逃兵。”王炳益略作思量，“对我来说，钱不是第一位的，我家也在山里，这里的老百姓需要我，我也离不开他们。”

（原载《人民日报》2013 年 10 月 28 日）

“明识”与“立识”

2016年12月7日的头版头条《青海：确保一江清水向东流》，历时数月，改了数稿。从内容看，此稿并无特别之处，何以大费周章？

回看修改过程，感觉最主要的问题是：欠“识”。

清朝刘熙载认为：“文以识为主。认题立意，非识之高卓精审，无以中要。”（《艺概·文概》）是说如果对问题的识见不精确的话，就不能切中要领。这个“识”，就报道而言，相当于我们经常说的“要有思想性、指导性”，也就是记者采访后要从所见所闻和相关材料中提炼出“观点”。

毛主席是新闻大家，曾经这样强调：

> 只谈情况，不谈观点，是开材料仓库。人的头脑是加工厂，没有材料不行，有了材料要经过加工，要产生观点，用观点统率材料。

不久前还看到张研农社长[①]多年前说过的一段话，当时便是针对我们头条消息中存在的这个问题说的：“头条消息的写法要改进……消息写作改进主要是加强历史感和分析力。消息内容不能仅仅是平面的、展示性的表述，不能仅仅成为一种情况、一个状态的叙述，就是写做了什么事，成了工作简报、成就喜报。要给人思想，给人启发，见思路、见实效，有立体感、纵深感、时代感。”

旧话不旧，读来依然新意盎然，为什么？因为所针对的问题依然存在。

---

① 张研农　2016年11月任中国记协主席。时任人民日报社社长。

此稿8月份初来，是个“1+1”。编辑归纳主要问题为，“前一”失之散，话“担当”，写生态，又说扶贫，“建议归拢一下”；“后一”“素材丰富，但是立意有问题，‘学习’味道太浓、太明显。建议不要通篇说总书记视察青海讲话，就扎扎实实写自己的工作”。

地方部乔杨副主任说得更直截了当，这篇稿子“不是学习总书记讲话的反响，即使是贯彻落实总书记讲话精神也不能这么写。主题要紧紧围绕青海如何立足特殊省情扎实推进生态文明”。

“如何立足特殊省情扎实推进生态文明”，改稿的方向目标已十分明确。

为了报道早点刊出，分社舍通讯保消息，并提出争取上头版头条。改稿“1+1”变二合一，材料是比较充足的，但如果不能用观点来统领材料——提炼不出思想的红线来贯穿，那材料再多、见闻再丰，也只是端出一盘散珠，当不得项链。而第二次来稿有点像个“材料仓库”，没让人看到“项链”的模样。编辑组做了梳理删减，也无非眉目清朗了一些，没有助分社把高卓精审之“识”提炼出来。

第一稿因贪多求大，主题散乱，多中心而导致没中心；第二稿内容是归拢了——集中写生态，笔墨也算生动，见人见事见声音，为何仍然给人“欠识”之感呢？

反映出两个问题。一是如何“明识”。

报道的主题明确后，首先要考虑这个主题可以从哪几个方面做更加具体的分解；然后根据这几个方面去采访，实际考察地方在具体实践中从当地实际出发，做了哪些比较深入、有成效的探索，从中提炼出“立足特殊省情”的观点，这些观点要具体，要鲜明。这其实也是做文章通常的方法：围绕一个主题，从若干个方面层层展开阐述，从而进一步拓深主题。

而第二稿的问题，正如张研农社长批评的那样，内容“是平面的、展示性的表述”，是“一种情况、一个状态的叙述”。因此，在编辑梳理修改的基础上，部领导进一步明确再修改的思路，即不仅要生动地写出记者的所见所闻，还要从“见”中提炼出“识”，以“识”统“见”。

二是如何“立识”。

唐朝杜牧在《答庄充书》中说：

> 凡为文以意（思想）为主，气（激情）为辅，以辞采章句（文采）为兵卫。……苟意不先立，止以文采辞句，绕前捧后，是言愈多而理愈乱……是意能遣辞，辞不能成意。

杜牧这段话，不仅说清了思想、感情、文字技巧的关系，而且还介绍了文章中如何表达思想的技巧——意要“先立”，以意“遣辞”。说得再白一点，写报道时要用富于思想性的语言来统领辞章——有关材料和见闻。

报社老同志有个形象的说法：写东西不能像老大娘的包袱裹儿，杂七杂八一股脑儿都往那里面堆，而要用一句两句话给它拎一下——要拎起来写。

把提炼出来的富思想性的语言，放在文前（段落前）拎一下，报道便立了起来，便有了“立体感”。

> 扎扎实实推进生态环境保护，最重要的是用制度护航。
>
> 扎扎实实推进生态环境保护，需要让生态优先理念牢牢扎进每个农牧民心里。
>
> 扎扎实实推进生态环境保护，需要统筹保护与发展、治理与致富。
>
> 扎扎实实推进生态环境保护，需要舍得弃、敢于投，立足长远。

刊出稿主体部分四个段落前，都加了一句话——议论一下，把该段内容“拎一下”。

当然，这样每段前面拎一下的方法，不过是最常用的方法，而不是唯一的方法。正如晋朝陆机《文赋》里强调的：“立片言以居要，乃一篇之警策。”这个“要”，是指紧要关键处。可以是文首段首，也可以在文尾，或者文中。重要的是意在笔先，胸有成竹，根据文章需要，插上一句两句切合题意、点明主旨、启人思索的话。

在编前会上，值班副总编卢新宁提出更高要求。此稿原题为《青海：扎扎实实推进生态环境保护》，这是习总书记在青海视察时提的要求。正确，但不够生动。青海是中华水塔、三江源头，总编室的同志精心琢磨，改出一个好标题：《青海：确保一江清水向东流》。卢总就此提道，记者要培养“先做标题，再写报道”的习惯，给自己的稿子做一个特别靓的标题。提炼标题的过程，也就是提炼主题和观点的过程。标题就是用一句话把主题概括出来，而好标题，就是用一个“金句”把主题概括好。一个好标题甚至会引导、影响报道的文气、写法。

报道要主攻头版头条，就得有这样的担当，从内容到标题，“不能仅仅是平面的、展示性的”，“要给人思想，给人启发，见思路、见实效，有立体感、纵深感、时代感”。

青海：确保一江清水向东流

本报西宁 12 月 6 日电 “玉树玉树，树贵如玉。”当年的青海玉树抗震救灾指挥部旧址，如今是郁郁葱葱的苗圃。这里 1200 亩地原本规划为产业园区，在生态保护优先理念的推动下，最终“变”成林木良种繁育实验基地。“呵护三江源头，守护中华水塔，我们义不容辞。”玉树藏族自治州州委书记吴德军在记者采访时表示。今年，青海新增造林 180 多万亩。

地处三江源头的青海在全国生态地位特殊，责任特殊。“落实好习近平总书记视察青海时提出的扎扎实实推进生态环境保护、确保一江清水向东流等要求，这是当前重要任务，也是我们的长远追求。”青海省委、省政府深感责任重大。

扎扎实实推进生态环境保护，最重要的是用制度护航。青海相继出台青海省党政干部生态环境损害责任追究实施细则、生态保护红线管理办法、青海生态文明建设方案、开展三江源国家公园体制试点创建生态文明先行区等 40 多个生态方面的意见办法，取消三江源地区州县 GDP 考核指标，增加生态经济林等 9 项体现绿色发展的指标，做实做细生态保护考核目标，以考核指挥棒引领生态保护工作。

扎扎实实推进生态环境保护，需要让生态优先理念牢牢扎进每个农牧民心里。在果洛藏族自治州甘德县下贡麻乡索合青牧委会，因过度放牧等原因，17 万亩草场有 4 万亩退化成黑土滩，大风一起，黑土扑面。“保护草原是我们每一个牧民的责任！”牧民索桑说。他与 127 户牧民自发成立饲草种植合作社，已在 8000 多亩黑土滩上播撒了草籽。青海从过度放牧治理起，草原禁牧 2.45 亿亩、草畜平衡 2.29 亿亩，核减超载牲畜 570 多万只羊单位，为 76 万多户农牧民发放了草原生态保护奖补资金，让 10 万牧民像索桑一样，转身从事草原的保护与治理。

扎扎实实推进生态环境保护，需要统筹保护与发展、治理与致富。让草山草场减负的同时，青海藏区各县坚持生态立县，走发展生态畜牧业之路，促牧民增收。海南藏族自治州同德县在禁牧 16 万多亩草场、减畜 31.6 万个羊单位的同时，发展以舍饲圈养为主的生态畜牧业，打造成“高原牦牛繁育基地”，带动全县贫困人口从 2012 年的 3.69 万人下降到 5000 多人，成为全省牧区走出贫困的第一县。

扎扎实实推进生态环境保护，需要舍得弃、敢于投，立足长远。柴达木有世界最大的镁工业基地，过去盐湖工业主要生产钾肥，含氯化镁等成分的老卤水直接排放，人称“镁害”。新建设的金属镁一体化项目瞄准废物再利用，高标准高起点。“甲醇、纯碱、金属镁等装置已经开始试运行，以金属镁为核心，以钠利用为副线，构筑了较完整的循环经济产业链。”青海盐湖工业公司总裁谢康民介绍。如今，盐湖开发通过“绿色开采、分级提取、综合利用”，走上“抓住镁、发展锂、走出钾、整合碱、优化氯”的循环经济之路，钾资源利用率由 27% 提升至 74%，实现绿色发展。

有担当、能落地，正带来生态环境见好转、见效益。随着三江源自然保护区保护与建设、环青海湖地区与柴达木生态保护与环境综合治理等数以千计的生态保护与建设项目的实施，一片片荒漠化土地披上绿茵，一个个曾经干涸的湖泊碧波再现……最新的卫星遥感显示：三江源地区实施生态保护以来，水资源总量增加 84 亿立方米，草原植被平均增加 11.6%，产草量提高了 30%。

（原载《人民日报》2016 年 12 月 7 日）

原稿第一稿

大美青海看担当

“绿色感恩，生态报国”，三江源头、高原之巅，有这样一行字与一片 200 多亩的云杉林相互守望。

这是青海省玉树藏族自治州玉树地震重建后，迁入新居的玉树人在扎曲河畔共同栽下 2698 棵云杉。云杉林分为 35 块，每一块，分别代表着一个省、自治区、直辖市、特别行政区和我国台湾。从高处俯瞰，35 片云杉，聚成一个“绿色中国”。

青海是中华水塔，在全国大局中的生态地位特殊，责任特殊，使命特殊。“‘绿色感恩，生态报国’，源自艰难的经历，更是青海人担当特殊责任、特殊使命的铮铮誓言。”青海省委负责人感慨。

“牢牢把握特殊省情，自觉肩负特殊责任。”十八大以来，青海省委、省政府始终以习近平总书记系列重要讲话精神和对青海工作的重要指示为指针，创建“生态文明先行区、循环经济发展先行区、民族团结进步先进区”，推出 22 条工作举措聚力“扎扎实实推进生态环境保护，扎扎实实推进脱贫攻坚，扎扎实实推进民族地区发展”，筑牢国家生态安全屏障，让“中华水塔”更加丰沛坚固，推动青海更加和谐美丽。

大美青海看担当。针对“自然环境严酷、基础设施滞后、资源匮乏、灾害频发、地方性疾病多发、县域经济发展慢、农牧民生活贫困”的特殊县情，海南藏族自治州同德县在深入学习习近平总书记系列重要讲话精神中，担当起“探索特殊类型地区扶贫开发新路子”的责任。该县县委书记才让太介绍，他们将民生保障、生态保护、民族团结同扶贫开发有机结合，定战略、明机制、抓落实、办产业，综合施策，实施各类扶贫开发项目 719 个，全县贫困人口从 2012 年的 3.69 万人下降到目前 5523 人，同德县还成为青海全省牧区第一个解决人畜安全饮水和农林灌溉用水问题的县，第一个实现县乡村三级路网和生产生活用电全覆盖的县，第一个游牧民全部实现定居、全面解决危房户和无房户的县，第一个达到退出贫困县标准的县。

大美青海有担当。黄河源头玛多县，是国家扶贫开发重点县。而在玛多人的记忆中，富裕并不遥远。20 世纪 80 年代，这里水草丰美，牛羊成群，玛多县的人均收入曾经在全国连续三年排在前列！可与此同时，冰川一点点萎缩、大部分湖泊干涸，草场退化成沙漠、黑土滩！

“热爱家园的最高方式就是远离。不能让黄河断流！建设生态文明先行示范区！”玛多县开始以草定畜，大面积禁牧，许多世世代代的“羊倌”放下牧鞭转岗为草原管护员，担当起为黄河流域乃至全国的生态文明建设的历史责任。

如今黄河源头再现千湖美景，水草丰美，4070 个湖泊全部碧波荡漾。有黄河源头姊妹湖之称的扎陵湖、鄂陵湖两湖水域面积就增加了 160 平方公里。

原稿第二稿

青海：扎扎实实推进生态环境保护

严格划定生态红线，对各级政府负责人实行重大生态问题“一票否决”，将草原生态保护奖补与保护责任效果挂钩……地处三江源头的青海在全国生态地位特殊，责任特殊。“落实好总书记视察青海时提出的‘扎扎实实推进生态环境保护’等四个扎扎实实重大要求，这是当前重要任务，也是长远追求。”青海省委、省政府深感责任重大，“要求全省上下明晰特殊责任，以生态保护优先理念协调推进经济社会发展，着力在责任担当上见成效，让‘中华水塔’更加丰沛坚固”。

“玉树玉树，树贵如玉。”当年的玉树抗震救灾指挥部旧址，如今是郁郁葱葱的苗圃。这里1200亩地原计划建产业园区，在新理念下，“变”成74万多株林木良种繁育实验基地。“呵护三江源头，守护中华水塔，是我们义不容辞又来不得半点闪失的责任。”玉树州委书记吴德军介绍，“我们秉承‘绿色感恩、生态报国’情怀，正大力绿化三江源头。”今年，青海新增营造林180多万亩。

保护和建设生态环境是第一战略、首要责任、紧迫任务。青海出台创建生态文明先行区等40多个生态方面的意见办法，用制度让生态保护责任有担当、能落地；实施三江源自然保护区保护与建设、环青海湖地区与柴达木生态保护与环境综合治理等数以千计的生态保护与建设项目，用具体行动推进生态环境在好转、见效益。

在果洛州甘德县下贡麻乡索合青牧委会，因为过度放牧等原因，17万亩草场，有4万亩退化成黑土滩。远远望去，草原如染皮肤病，大风一起，黑土扑面。“保护草原是我们的责任！”牧民索桑说，他与127户牧民自发成立饲草种植合作社，已在8000多亩黑土滩上播撒了草籽。

“扎扎实实推进生态环境保护！”一个个生态保护建设的身影和工程，与蓝天白云、草原牛羊、湿地森林共同构成高原深处一道道特殊风景。大美青海，最美是担当！保护生态，宁可牺牲一些GDP，要为子孙留下一片绿。青海从过度放牧治理起，草原禁牧2.45亿亩、草畜平衡2.29亿亩，核减超载牲畜570多万只羊单位，为76万多户农牧民发放了草原生态保护奖补资金，让10万牧民像索桑一样，转身草原的保护与治理……草山在减负同时，青海藏区各县坚持生态立县，走发展生态畜牧业之路，促牧民增收。海南州同德县在禁牧 16 万多亩草场、减畜 31.6 万个羊单位的同时，发展以舍饲圈养为主的生态畜牧业，打造成“高原牦牛繁育基地”，带动全县贫困人口从 2012 年的 3.69 万人下降到 5000 多人，成为全省牧区第一个达到退出贫困县标准的县。

“以生态保护优先理念协调推进经济社会发展”在青海高原已成普遍共识、自觉行动。省会西宁打造绿色发展样板城市，柴达木盆地创建循环经济发展示范区……走进柴达木循环经济试验区，盐湖股份公司总裁谢康民介绍说，瞄准原来生产钾肥中对环境产生巨大影响的“镁害”，建设金属镁一体化的综合利用项目，让盐湖开发走上“生态镁锂钾园”的循环经济之路，不仅保护了环境，还带动钾资源利用率提高 47%，实现绿色发展。

筑牢国家生态安全屏障，重在行动。“牢牢把握特殊省情，自觉肩负特殊责任！建设大美青海，关键看责任担当！”青海省委书记王国生强调。大地不言，江源有情，有担当就有回报。在人工保护和自然恢复共同作用下，一片片荒漠化土地披上绿茵，一个个曾经干涸的湖泊碧波再现……卫星遥感显示，仅三江源地区，180 多万公顷黑土滩型已减少近三成，水资源总量增加 84 亿立方米，草原植被平均增加 11.6%，产草量提高了 30%。

浓缩出精华

《踏着泥泞抓通路》刊出后，谢国明副总编辑特地给我打来电话说，张研农社长和吴恒权总编辑都称赞这篇“走转改”报道写得好。

这个标题是谢总改的。原来第一个题是“跟着干部去下访”，他说太泛泛，可以用在很多类似的稿件上，一定要把检查修路的意思在标题上就体现出来。现在的题经他最后改定，特别是肩题，把本篇报道最重要的新闻价值凸显了出来。

这篇稿由赵鹏执笔。有报社领导一起采访，我们总想多写一点，但谢总一再坚持：一定要压缩在1200字。我们忍痛一改再改。有一稿中，把现在报道中的“二是修建一个避风港，让我们附近几个村的中小渔船有一个安全的停泊场所”也删了，就为了减少几十个字。理由是这个事前后没什么照应，删掉不影响报道整体。谢总又坚持要保留。

他说，我们不少反映领导深入基层的报道虽然确实都是真实的，但有时候写来总让读者觉得不大真实，就在于“一点杂草都没有”，人工迹象太明显，一切都像早就安排好的那样。所以这个地方群众突然提出一个新的要求，保留在那里会让读者感觉更真实。我们以前的报道中有没有谢总批评的这种现象？这个问题很值得我们深思。

这篇稿是急就章，谢总留给我们的写稿时间仅一天，要求写短、写精。我们是一字一字删，一字一字抠。报道刊发后许多同志反映稿子文风好，体现出了“短、新、实”。

“短”和“精”似乎是对矛盾，关键看你怎么处理。前不久，福建的莆仙戏《白兔记》应邀到法国参加第五届巴黎中国戏剧节。这个戏只是一个县级地方剧种，却征服了世界艺术之都的戏迷，捧走了戏曲节最佳传统剧目奖。

它就是一个压缩出来的精品，和原戏比是个浓缩版，结果“浓缩出精华”。原本这个戏 3 个多小时，根据法国观众的观看需求，改成两个小时；受出国名额限制，只去了 17 名演员，还有 5 个乐师。音响设备，布景、灯光都省略了。舞台上只有一桌二椅，乐器只有四胡、尺胡、和尚胡、砂锣、笛管——莆仙戏特有的乐器。

被迫简单，也就更原生态。

我禁不住想，如果不是谢总强制我们必须把稿压在 1200 字以内，恐怕这稿不会有现在这个效果。

宁德干部“四下基层”，已经坚持二十多年。12 月 8 日，寒风细雨中，记者随同当地干部——

踏着泥泞抓通路

谢国明　费伟伟　赵鹏　张炜

海扑向山，山贴着海。山峰千余座，地无一尺平。

270 度的弯道，35 度的陡坡；

一旁是百米峭壁，一旁是海风割面；

绵绵冬雨，穿林打叶；一路湿滑，一路泥泞。

12 月 8 日下午，闽东宁德福安市。车子直奔 80 公里外的下白石半岛最南端的籁尾村，市镇两级干部同时下访，就一个目的——落实年底前全市村村通公路的承诺。目前福安全市还有三个村没有通公路，市委市政府承诺今年年底前全部修通。

干部进村下访，现场解决问题，是宁德已经坚持了 20 多年的传统。从

1988年开始，为破解“中国沿海经济断裂带”的发展困局，时任闽东领导提出干部要“信访接待下基层、现场办公下基层、调查研究下基层、政策宣传下基层”，简称“四下”。

23年过去了，班子换了一茬茬，这项传统仍保持至今。

面朝大海，背靠大山。地处天涯海角的籁尾村建村300年，年年盼通路。

“没钱。而且坡陡弯急，技术难度也大。”福安市委副书记田志勇一脸愧疚地解释道。

就因为没路，村里收获的优质海产品，只能“人参卖个萝卜价”；就因为没路，一天只有一班船，老师请不来，孩子上学难；就因为没路，干部“四下”，赶上风雨，三五天也回不去。

2009年12月底，从“四下”中拓展出来的福安开放式民主生活会，开到了下白石镇现场。籁尾村老支书陈绍温代表全村1200多名渔民，在会上一吐心声。

修！5.5公里、总投资700多万元，这几乎是其他地区成本的3倍，那也得修！福安市委、市政府痛下决心！

从那天起，负责全市重点项目的田志勇、组织部长毛祚松，还有部门和镇里的干部便一趟趟地下到籁尾，几乎是用脚步丈量着这条路一天天变长、一天天加宽。如今再有15天，就全线贯通了。

路基刚刚修通，路面还没硬化，喜悦早已飞满村。稀罕的汽车买进了家，久违的亲戚踏破了门，海货收购价涨出两成多，新鲜的青菜、猪肉天天见。盼望多年的小学、医疗站，都开了工。年根儿下的籁尾村，一派喜气。

一边听着老支书汇报，田志勇、毛祚松等市镇干部一边踏着泥泞实地查勘公路质量。“这儿地形复杂，市里专门决定再加宽半米，让群众出行更安全、更方便。”

“公路修通以后，您还有什么要求？”记者问老支书陈绍温。

“还有两个要求，”老支书显然“蓄谋已久”，“一是从我们村再往前修1.8公里，与康坑自然村连通，下白石半岛就能够形成环形公路，既有利于交通，还有利于旅游。二是修建一个避风港，让我们附近几个村的中小渔船有一个安全的停泊场所。”陈绍温的目光已经超越了本村，考虑的是整个下白石半岛的问题。

“市里也正在考虑这两个问题”，田志勇一腔歉意，“群众再一次想到我们前面去了。”

一路同行的福建省委宣传部副部长蔡小伟告诉我们，福建省委书记孙春兰在刚刚结束的党代会上代表新一届省委班子，要求全省各级干部，走出办公室到基层中去、到群众中去、到有困难的地方去，让“四下”走遍全省、温暖八闽。

（原载《人民日报》2011 年 12 月 13 日）

文喜“不平”何处觅

万众创业报道（1 版头条 + 一个整版）2015 年 5 月 4 日刊出，这组报道中改稿最花工夫的，是最短的《乡旮旯里“火鸡王”借网络创富》,800 字，足足改半天。

版面要求 800 字，布置时让多写点——1000 字，暗忖修改留点余地。来稿则是 1300 多字。

多出 500 来字，按说从容不少，稿件可以写得更好看些，而读后感觉却是一个字：平。

文如看山不喜平。

为何平？少了点矛盾冲突。有矛盾冲突，文章才有起伏，才显波澜，才好看。

是这个故事里没这样的成分吗？不是，现见报稿开头的内容，原稿中就有，但是埋在文里了（见原稿第 6 自然段）。

有肉不该埋碗底。将其拎到开头，紧接着摆出廖正军创业的业绩，这样，落笔就挑出冲突，使文章富于戏剧性，冲突与事实又构成对比，冲突加对比，便增加了文章的张力。

文章要好看，就要千方百计抓这种具有矛盾冲突的点。特别是开头，就像谈对象头回见面，第一印象特别重要，第一眼觉得一般般，就不想看第二眼，也许后面就没戏了。

廖正军是扬州大学艺术设计专业的毕业生，搞艺术的去养火鸡，这同样是一种矛盾。原稿这一点没抓住，只在最后一段说到利用艺术专长开发羽毛绣、羽毛画，由于前面缺铺垫，会给人过于突兀的感觉。

见报稿在第二段就突出了这一点，强调是学艺术的，工作的地方也不错，大上海，作为一个刚工作的大学生，薪水也不算低，这些因素累积到一起，自然而然地就令人不禁大起疑心了："搞艺术的怎么养起火鸡了呢？"

原稿结尾很平，数字也有重复。有了"搞艺术的怎么养起火鸡了呢？"这一问，结尾稍改一下就把问题扣上了，实际上是委婉做了肯定回答：不仅养出了规模，也养出了水平——"火鸡养殖还拿回两项国家专利呢"。

这样结尾，与开头就有了呼应，也多了一点余韵。

这里还要强调一点：材料的选取和应用。廖正军得了 4 个国家专利，两个是羽毛画、羽毛绣，还有两个来自火鸡养殖，原稿中只对前者做了交代。事实上，细细一想就明白，一个学艺术的大学生拿到前两项发明专利固然令人钦佩，而后者更出人意料。如果不是字数限制，都说说也不妨。限于字数，那么自然还是要拣最有意思的来说。

原稿读来平的另一个原因，是语言拖沓。高度酒为啥喝着够劲？水少呗。文字拖沓，不精练，一句废话如添一瓢水，一个赘词如添一勺水，原本是高度酒，口感给生生毁了。

好多记者来稿经常洋洋洒洒写好几千，美其名曰给编辑多点修改余地。这习惯实在不好。"删繁就简三秋树，领异标新二月花。"相对于"领异标新"，"删繁就简"要容易许多，无非多下点苦功夫、笨功夫，多练多改，便会感受那种渐入佳境的快乐。老让编辑去删"三秋树"，自己还怎么学会炼句、炼字，写出简洁生动的好文章呢？

出精品自然难，但写稿起码要交成品。布置写 1000 字，交出的稿 1300 多字，便算不得成品。如果记者自己绞尽脑汁先删掉 300 多字，稿件水平一定会上一个层次。

这次采访做的是一组报道，就着这组报道，对文喜"不平"这个话题再展开一点。

让文章"不平"的另一个方法，是加大段落或者故事间的落差。这组报道的"前一"，讲了三个创业者的故事，原稿三个故事安排的顺序是海归博士须颖、大学生刘一盛、普通农妇杨爱东。

见报稿说完博士的故事，紧接着就说农妇的故事。为什么要这么改？就是要加大落差，两个创业者身份的差别，自然形成一种落差，落差越大，蓄积的势能越大，文章就会悄悄生出些许张力。

其实，原稿中这个农妇也不普通，是全国人大代表。而这个身份在这个故事里没有意义，不仅没意义，还会对“农民也能创业”产生某种消解。事实是创业创出名堂才当上人大代表，而不是因为有了这个身份才创业成功了，所以隐去不表。一表，便又平了。

写出“不平”，还要注意突出故事里那些最新奇的东西。好奇害死猫。人们总是情不自禁地被自己的好奇心左右。要抓住读者的眼球，最便捷的方法也莫过于调动这份好奇。文章波澜自生。

须颖博士的故事，原稿是这样的：

> 海棠花儿开，津门湾畔，涌起阵阵“创业春潮”。
>
> 须颖，就是站立风口的一个弄潮儿。从 2013 年 12 月落户东丽开发区，短短一年有余，这位海归博士带领的创业团队就建成年产 20 台“显微 CT”的生产线，产值一个亿。从零一跃成为“科技小巨人”，企业成长之快超过预期。

这是一个不错的开头，但由于没有抓住这家企业的独特性，新意不够，显得稍平。改稿则从令人眼前一亮的“显微 CT”切入：

> 3 个原子，组成 1 个纳米。须颖博士的产品，是给比尘埃还小的原子做 CT。
>
> 2013 年 12 月，“三英精密仪器”落户天津东丽开发区，一年后已成为年贡献产值 1 个亿的“小巨人”企业，够神吧，更神的，是起步就列世界前三。技术全球最先进，成本则不到那两家一半。

相比原稿，改稿突出了“更神的”那点——技术先进，新奇，甚至神奇，令文章落笔就起波澜。

“有磨皆好事，无曲不文星。”有时看似很平的一个稿子，多琢磨琢磨，涵泳一番，或许就发现那个“不平”的东西了。

乡旮旯里“火鸡王”借网络创富

“放着一个月八九千工资不拿，回来养鸡，你大学白读了！”父亲气得抡起斧头在桌上砸了个洞；母亲跪下求他回城上班……江苏省盐城市军曼农业有限公司总经理廖正军，忘不掉刚回乡创业这一幕。去年，这位“85后”带领的合作社销售火鸡46万只，占全国销量1/3，销售额逾5000万元，带动1700余户村民致富。

廖正军2008年从扬州大学艺术设计专业毕业，在上海工作，年薪过十万。搞艺术的怎么养起火鸡了呢？

大三暑假，廖正军曾见家里养火鸡，而后在上海超市他发现，火鸡售价不菲，一了解批发价，再一对比家乡养殖成本，他动心了。

攒着挣下的4000元钱，当年年底他便回乡创业。租几间房，买回300只火鸡苗。可养着养着发现，公火鸡母火鸡竟一般大，光吃不长。多方请教才闹清，国内火鸡苗都近亲繁殖，想养好得从国外买种蛋，而价格贵20倍。好多次兜里连10块钱都掏不出的廖正军一咬牙，把第一批火鸡低价卖了2万元，买回100只外国种蛋。

这一步踏准了。别看种蛋少，繁殖力强，一年存栏就达2000多只，个头也长到20多斤。他又七拼八凑1万元上网推销。村里人看呆了，全国各地的客户竟会跑到他们这个乡旮旯来看货。机会随之降临。

“一个福建大客户打来电话，我想几千只他不会感兴趣，就说一年三五万只不成问题。他说好，有这个量立马签合同。”廖正军坦言，是互联网帮了他，从网上他掌握了很多外省养殖户的信息。同时，在县、乡政府支持下，成立养殖合作社，请专家培训，用远程教育多媒体软件在线讲解……线上组织货源，线下做大合作社，最终顺利完成了这个大单。

盐城有个“火鸡王”！廖正军声名鹊起。合作者越来越多，女友也辞职嫁给他一起创业。贷款100万元流转1000亩地，养殖场升级为生态农庄，并向深加工延伸。

大学生创业的创新气质在这里毕显：火鸡粪是牧草肥料和鱼塘饲料，或沼气发电给火鸡苗加温，循环利用；火鸡羽毛原本毫无价值，廖正军的艺术专长用上了——开发成羽毛画、羽毛绣，群众致富又添新门路；火鸡养殖还拿回两项国家专利呢。

（原载《人民日报》2015年5月4日）

原 稿

大学生返乡当“火鸡大户”

“我们想要订5万只火鸡，有货吗？”淘宝的嘀嗒声提示，有位辽宁的客户发来订购信息。

“没问题，立即组织货源。”盐城市军曼农业科技有限公司总经理廖正军迅速回复。去年，这位“85后”带领的合作社销售火鸡46万只，占全国销售总量的三分之一，销售总额达5千万元，成为当地的创业传奇。他是怎么做到的？

廖正军家乡建湖县陈甲村地处“乡旮旯”，家里穷得交不起学费，靠兼职打工完成了学业。2008年大学毕业后，他在上海找到一份年薪十几万的工作，令乡亲们羡慕不已。然而，一个电话却打乱了他的人生规划。

原来，廖正军的父亲接到一个电话，问他是不是“廖总”，是否正在销售火鸡。疑惑的父亲来电询问，廖正军才想起来，大三暑假，他发现家里养了几只火鸡，产生了“挂到网上卖一卖”的想法，便以父亲的名义制作了一个销售网站。

此后，廖正军对火鸡上了心，闲暇就去超市、批发市场考察。“国内的火鸡养殖量小，大多是从国外进口的，批发价上百元一只。”廖正军一对比家乡的养殖成本，吓了一跳：“一只火鸡的利润是50元，养1万只就是50万元啊。”

但这样的想法一冒出来，就遭到了反对：“放着一个月八九千的工资不拿，大学真是白读了！”为了劝阻，母亲给他跪下了，父亲气得用斧子在桌上砸了个洞，乡亲们也直摇头。看准了市场的廖正军却很有信心，在2008年底辞职回乡创业。

他租下闲置校舍，开办了养殖场，用仅有的4000元从广东买回300只火鸡苗，将此前的销售网站升级，又注册了十几个网店。但几个月后，却出现了一个新问题：这些公火鸡个头跟母火鸡差不多，只有十来斤。这样下去非亏本不可。

经过请教发现，之前从国内购买的火鸡苗，大都是近亲繁殖的后代，要持续发展必须从国外引入种蛋，只是价格高出20倍。他一咬牙，把第一批出栏火鸡赚来的两万元钱，全部用来购买国外种蛋。

别看引进的种蛋只有100枚，但是繁殖能力强，和此前的火鸡杂交后，一年的存栏量就达到了2000多只，个头也长到了20多斤。到了销售季，他又凑了1万元用于网络推广，全国各地有不少客户主动联系，看货后对新品种的火鸡都很满意。2010年，一个福建漳州的大客户前来询问，廖正军感到机会来了。

“他问我有多大的量，我要是说只有1万只，可能他不会感兴趣，我说一年三五万只不成问题吧。他说好，只要有这个量，立马给你签合同。”廖正军坦言，自己手上有很多外省养殖户信息，如果再发展身边农户养殖，就有了底。

在建湖县远程办帮助下，廖正军成立了养殖合作社，向社员提供种蛋和种苗，邀请专家到村举办养殖技能培训，利用远程教育的多媒体软件在线讲解，还组织到了贵州、河南等地养殖户的火鸡，一年内顺利完成了这个 3 万只火鸡的大订单。

很快，业内人都知道江苏盐城有个“火鸡大户”，越来越多的农户和收购商前来合作。女友也辞职嫁给廖正军一起创业。在县、镇的帮助下，夫妻俩申请了 10 万元妇女小额贷款，又从省级“大学生村官贷”贷款 90 万元，流转 1000 亩地整体升级，增加了山羊、野生甲鱼等项目，把产业链向深加工延伸。

和一般农场“脏乱差”的面貌不同，这里的每一样东西都能循环利用，甚至变废为宝：火鸡粪便被当作牧草肥料和鱼塘饲料，或成为沼气发电给火鸡苗加温。就连毫无回收价值的火鸡羽毛，也被廖正军利用艺术专长研制成羽毛画、羽毛绣，并获国家专利，成为带民致富的新项目。去年，合作社销售总额达 5000 万元，带动 1700 余户村民致富。

小特写该怎么写

——兼评《看直播，音量足足的》一稿

《十九大时光》约稿要求是“特写”，事实上还要加个“小”字，实际刊出才500字左右，这么短的篇幅，要写好确实不易。但有一篇来稿几位编辑过手时都情不自禁称赞：眼前一亮。这就是谢振华、柯仲甲写的《看直播，音量足足的》。

“亮”在哪儿？首先是具体。

具体不是所有报道最起码的要求吗？不错。但篇幅长了固然容易散乱，篇幅一短也不等于就能自动对焦。这个专栏的报道，有不少还是给人聚焦不清、不够具体的感觉。

比如同日写江苏华西村的《新时代里再领跑》，第一段写村民看直播；第二段村党委陶委员介绍华西已实现小康；第三段写村党校会议室青年艺术团看直播，表示要排更多好节目；第四段写村委会赵副主任表示华西要打造“农村都市”。

篇幅小，笔墨自然更得集中，500字能把一件事说清楚已是不易。华西稿后面三段实际上各说了一件事，每件事都是稍稍点一点，哪件事都没得到强调。没有聚焦，这镜头也就发虚了。从刊出的三段内容看，最后那个打造“农村都市”比较新鲜，有特点，也体现“再领跑”，更能扣住十九大提出的建设和谐美丽社会的新思想。如果三段全聚焦这个话题，报道就有了重点，见事的具体感也就增强了。

再如同日写浙江奉化滕头村的《乡村的好戏在后头》，标题拎出了这篇

报道的文眼，但报道没把这个眼做具体、做实。滕头是全国最早成立村级环保委员会的美丽村庄，2016 年绿色产业项目再生纸板厂产值已达 2.5 亿元，今年 5 月又引入太阳能发电板组装流水线。这些绿色发展新事、实事完全可以“具体”说，报道中却没见，虚化为村书记泛泛一句话，“傅平均说，这意味着我国广大乡村将迎来新一轮发展机遇，乡村的好戏更在后头！”明明可以靠颜值的，却偏偏要来拼深沉。

而《看直播》一稿则给人具象沉实、鲜活生动之感，报道紧扣老两口看直播这件事，不枝不蔓。镜头先给了大妈——

> “一大早 6 点多就起来了。10 月 18 号，十九大开幕——老头是名老党员，记得门清哩！”18 日早上，在哈尔滨市道外区棚改户张正义家，79 岁的宋秀芩老人告诉记者。

接下来，镜头移向必不可少的场景，再转到大爷——

> 房间一角，电视机正开着，音量足足的。才 8 点多，81 岁的张正义大爷已经守在那了。

此后，镜头在大爷大妈身上交替，在“具体”之中不断切换。而且还注意到抓细节。

细节可以提供一个时代的质感，抓细节是增强具体感的好方法。写出生活的细部和幽微之处，也就写出了一个时代。

“2013 年以来，哈尔滨道外区全力推进棚改工作，直接受益人口达 17 万人，包括张正义老两口。”报道用这样的细节让读者感受此事的时代背景——“那时取暖烧小锅炉，暖气时断时续，屋里穿棉裤羽绒衣一样冻得直哆嗦。”宋老太不住叹气，“哈尔滨冬天长，暖风机都用坏了好几个！”

有这样具体生动的细节来衬映，老工业基地棚户区改造的意义也就愈见深切。

特写的长或短，只是外在形态，核心在“特”，即要抓住某个富有典型意义的空间和时间，截取最能反映新闻事件特点或本质的片段或剖面，做形象化的有现场感的报道。因此，写出现场感，是特写这种体裁采写的关键。这就要求记者格外注意用眼睛捕捉现场的细节，包括气氛、神态、动作、语言等，用这些信息和细节把读者带入所报道的内容。场景越具体，越能给人身临其境的感觉。

《看直播》一稿根据报道内容，把功夫下在了抓人物对话上，短短500字，出现了10处引语，通过那些符合老两口身份的生动口语，在读者眼前展现一个个具体画面，如闻其声，如见其人，如临其境，现场感油然而生。

> “老太哎，别唠了。马上要开始啦。”一旁的张大爷直喊。“习近平总书记讲得好！这5年的变化，实实在在，咱感受得到！”“开十九大，您最关心啥？”“当然是和咱老百姓相关的。你听！总书记说，‘病有所医、老有所养、住有所居、弱有所扶’，可不就说的咱？”

镜头快速切换，对话快捷推进，从省略、跳跃的笔触中，你可以感受记者和老人之间平实的交流。

增强现场感，语言也要力求形象化，突出地方特色、人物特色。

“记得门清”“唠起来”“忒好”“可劲儿鼓掌”，报道里这类词富有浓郁的东北味儿，彰显地域特色。

“老太哎，别唠了。马上要开始啦。”这样的语感，与老人的年龄、身份甚是吻合。

经过细心打磨的文字，闪动着一种温润的光泽，你不难感受记者在采写中字斟句酌、再三推敲的努力。相比之下，华西村和滕头村两篇报道之所以给人不够具体的感觉，语言大话套话多，也是重要原因。

如华西村稿中：“十九大报告里提到的关于‘三农’的政策让我们备受

鼓舞。”陶葵忠说。

滕头村稿中：“总书记的话说到了我们的心坎上。”村党委书记傅平均说，我们印象最深的就是“乡村振兴战略”和“建设美丽中国”。

显然，这样的语言没下那个“采得百花成蜜后”的功夫，文件味浓，“移之他处亦可，移之他人亦可”。

上网稍稍搜了下两个村，发现和本报报道主题相关的内容，其实有不少生动说法。

比如华西人提出要打造“农村都市”，是对“听中央的不走样、听外部的不走神、听百姓的不走偏”的华西发展之路的继续；已经实现小康，“今后要向中康、大康迈进”；建设“农村都市”，让村民“精神比物质更丰富，脑袋比口袋更富有”。

比如滕头人这些年走出去到外地办生态酒店，发展民宿，村民称作“连锁滕头”“迷你版滕头”。有位村民的博客写道：“在未来的日子里，我要用我的思想、我的双手，给村庄筑一道诗歌的围墙，让村庄布满花香，充满阳光。”

这些语言简单、生动、口语化，同时，又是有声有色有灵魂的，如果能化用到我们的报道中，景象便自然大不相同。

当然，《看直播》一稿也仍有可斟酌处。例如，“老头是名老党员”，有多老？在《十九大时光》这样的专栏里，说一下党龄似更有意义；选择哈尔滨一家棚改户采访，旨在“以小见大”——政府近些年在老工业基地振兴中关注民生、大力推进棚改工程，张大爷原在哪家国企，似应交代一下；宋老太唠起往事，说“暖气时断时续”，这个词书面语色彩很浓，和老人的身份不是很契合。

但白璧微瑕，不掩光泽。《看直播》一稿说明，只要下苦功，超短篇幅的小特写，照样能写出彩。

附——

黑龙江哈尔滨棚改户

看直播，音量足足的

谢振华　柯仲甲

“一大早6点多就起来了。10月18号，十九大开幕——老头是名老党员，记得门清哩！”18日早上，在哈尔滨市道外区棚改户张正义家，79岁的宋秀苓老人告诉记者。

房间一角，电视机正开着，音量足足的。才8点多，81岁的张正义大爷已经守在那了。

房不大，小两居，50多平方米。但在老两口眼里，“忒好！”“方正、亮堂，关键是暖和，比原来老屋子好太多！”开幕会没开始，宋老太唠了起来。老两口原先住在老砖房里，房前屋后，下雨就涝，入冬更是遭罪。“那时取暖烧小锅炉，暖气时断时续，屋里穿棉裤羽绒衣一样冻得直哆嗦。”宋老太不住叹气，“哈尔滨冬天长，暖风机都用坏了好几个！”

2013年以来，哈尔滨道外区全力推进棚改工作，直接受益人口达17万人，包括张正义老两口。“没花多少钱就住上了新房，这要感谢党的好政策。”宋秀苓说。

“老太哎，别唠了。马上要开始啦。”一旁的张大爷直喊。“习近平总书记讲得好！这5年的变化，实实在在，咱感受得到！”“开十九大，您最关心啥？”“当然是和咱老百姓相关的。你听！总书记说，‘病有所医、老有所养、住有所居、弱有所扶’，可不就说的咱？”

边听边唠，激动处，老两口可劲儿鼓掌。北国暖暖的小房，连着首都庄严的大会堂。

（原载《人民日报》2017年10月20日）

用第一人称叙述的好处是什么？

在一次地方部例会上，刘梦旦的周评《口述体新闻　说出神采来》，及时对用第一人称叙述的新专栏“寄语新时代”做了评点。地方部主任张忠指出：有一处得改，不要提“佳作频出”。

火眼金睛！

确实，这个专栏所刊稿件虽然质量相对稳定，但佳作不多。

“寄语新时代”反映基层干部群众对党的十九大精神的认识和体悟，听他们讲述身边变化、切身感受、奋斗足迹和对美好生活的新期盼，用第一人称来叙述，内容形式高度契合，堪称是“量身定制”。可专栏已推出近十期，为何给人的感觉却“佳作不多”呢？

沉吟细思，佳作不多，恐怕与不了解采用第一人称叙述佳在何处有关，故而特色不彰。

用第一人称的好处是什么呢？

我以为至少有这样两点：一是容易拉近与读者之间的距离，使读者进入“我”这个角色，从而给人以身临其境之感，让人读来倍增兴趣；二是“我”这个叙述人称决定了文章的语言特点——口语化，可以让文章娓娓道来，给人更亲切、可读性强的感觉。

而要“给人以身临其境之感”，你报道中就得先有这个“境”，然后读者才会“身临其境”。

“重庆正在建设植物种苗指定口岸，建成之后，国外水果、花卉的幼苗，就可以直接运到重庆。这不仅对本地农业农科、园林绿化的发展有好处，还直接关系到山城百姓的生活。口岸设立了隔离苗圃，市民可以来观赏国外

的奇花异草，隔离期一结束，就能直接把进口植物种苗买回家。”（《站好口岸岗　把好安全关》）

这样的叙述方式与第一人称有什么关系吗？读来能让人眼前浮现什么情景吗？

“这些年来，我们团队始终心怀‘为海洋强国梦添砖加瓦’的目标，一点不敢懈怠。特别是过去五年，我们在光纤陀螺导航仪的研究和应用推广上不断取得新突破、新成绩，实现了可靠性高、启动时间短、动态精度高、重量轻、功耗低、寿命长等特点，对深海进入、探测和开发方面高精度导航技术起到了重要支撑作用。‘雪龙’号科考船、‘远望’号火箭运输船已开始应用。”（《建设海洋强国　一点不敢懈怠》）

这样的叙述如果换成其他人称，会影响报道效果吗？

用第一人称叙述不只是行文中有个“我”字，或者“我们”一词。叙述人称是指作者叙述的观察点、立足点，也就是故事是由谁讲的，故事里发生的事是谁亲眼看到的，是谁想到的。

有故事，叙述人称的特点才能显示，“我”的视角才会彰显。有故事才会有“境”，以第一人称讲故事，才能产生让读者身临其境的效果。良禽择木而栖，你总得先立下那个“木”，才会引来凤凰栖。因此，有故事，是第一人称写作的前提。当然，由于新闻的特殊性，这个“故事”不可能像小说那样，但“故事化讲述”是条底线，这一点总应该明确。

事实上，“寄语新时代”，是一个完全可以产生好故事的专栏，因为它对选题的要求、对选择人物的要求都很宽，这就为讲故事奠定了很好的基础。关键在于记者有没有去找故事，有没有从一堆故事中去寻找那个最能打动人的故事。

北京卫视的医疗纪实节目《生命缘·生命的礼物》继 2015 年获中国新闻奖一等奖后，2016 年再获中国新闻奖一等奖。本报 2017 年 12 月 28 日第 24 版的报道《真实自有万钧力》披露了这个节目的成功之道：既得益于节目独特的创作理念，也在于主创人员秉持工匠精神细致打磨。“据了解，《生命的礼物》单期总素材时长达 5000 分钟，最后成片却只有 50 分钟，在一些医院里，常常是拍摄了十几个故事，最后成片时仅仅选择其中一个。”

正像浙江分社记者方敏感叹的那样：“稿件的鲜活度与采访的深入度是成正比的。”

再看第二个特点：口语化。

方敏写的《赶上了好时代》，是这个专栏的开篇，李总给予了肯定。方敏在业务研讨中谈到这样一个体会：“写稿难免会用一些地方提供的素材，但‘寄语’是第一人称口述体，直接把素材搬到稿子里肯定不行，书面材料和口语掺一起特别别扭，普通百姓说话谁会咬文嚼字呢？……口述体稿件写好后，要多从采访对象的角度去读一读稿子，明显的‘文件话’‘材料话’，不像采访对象口中说的话，一定改掉，改到读着顺口为止。”

这正触及了这个专栏的报道在语言上普遍存在的一个致命伤，第一人称理应以口语胜出，不少稿件却还是以书面语为主，甚至满是文件腔、材料味。

比如一篇来稿中有这样一段：“我理解的以人民为中心，还需要用实力来说话。国务院印发《鲁甸地震灾后恢复重建总体规划》，中央财政第一时间紧急安排救灾应急资金，专项安排恢复重建资金 172.21 亿元，为夺取抗灾重建全面胜利提供了根本保证。特别是堰塞湖‘兴利除害’工程，通行做法是清除堰塞体、疏通河道，只有中国共产党领导的社会主义中国才能完成这项堪称世界级的宏伟工程。”

编辑组要求记者修改，具体一点，讲故事。记者于是又补充了一段：

“咱们云南省各级政府深入贯彻‘以人民为中心’的执政理念，以最快速度恢复灾区生活秩序、以最大限度集中资源建设民生设施、以最大力度改善灾区生活条件，截至 2017 年 11 月底，除牛栏江红石岩堰塞湖‘除害兴利工程’等个别项目因客观原因正在实施外，整个地震灾区 1771 个恢复重建规划项目已全部完成，累计完成投资 263.7 亿元，灾区基本生产生活条件和经济社会发展水平全面恢复并超过灾前水平，实现了‘户户安居、家家有业、乡乡提升、生态改善、设施改进、经济发展’的重建目标，为灾区全面建成小康社会奠定了坚实基础。三年时间，我们龙头山整体跨越了二三十年。”

具体事变成了具体数字，除增加了一个“咱们”的说法，看不到一点生动的口语。死马当作活马医吧，编辑后来尽量减少长句，尽可能把长句变短。

口语化处理没有标准答案，任何人都可以照自己喜欢的方式进行口语化改造。但有几种方法是必不可少的，一是长句改短句，书面语喜欢采用长句子，而我们平常说话多数是短句子。把长句变短，就能让语言显得口语化一些，读来稍微顺口一些。还有一点，就是添加语气词。

语气词好比给一盘菜加佐料，特别是带有地方特色的语气词，不仅可以帮助流畅表达，还可以让文章显得更加生活化、接地气，富有亲和力。

“搬家正赶上过冬，我满屋子找暖炉找不着。村干部说您找啥，现在是烧气地暖，家里暖和着呢。哈哈，我说进门还热得脱衣服咧，这不连炕都省了嘛！住进这楼房，啥都方便，就说洗澡，现在是太阳能热水器一开，就是热水，舒坦！”（《政策暖心　养老安心》）

如果删掉了其中的“呢”“哈哈”“咧”“嘛”，意思虽然也不大受影响，但生动性显然就大打折扣了。

用第一人称写作，无非就是像平时说话一样写作，说自己的话，说想说的话，真切，自然。

毛主席是文章大家，语言大家，我们以前可能更多关注的是他的文章，他用第一人称时，会怎么叙述呢？举个例子感受一下，好好咂摸咂摸其中之妙。

这件事，《谢觉哉日记》中有记载：“1941 年 6 月 3 日，陕甘宁边区政府召开联席会议，讨论征粮问题。天正下着大雨，会议室突然遭到雷击，延川县代县长李彩云被电击死。事后，一个农民便说：老天爷不睁眼，咋不打死毛泽东？保卫部门要把这件事当作反革命事件来追查，被毛主席制止了。”

这般叙述已相当生动。再看《毛泽东在七大的报告和讲话集》中毛主席说的：“1941 年边区要老百姓出 20 万石公粮，还要运输公盐，负担很重，他们哇哇地叫。那年边区政府开会时打雷，垮塌一声把李县长打死了。有人说，哎呀，雷公为什么没有把毛泽东打死呢？我调查了一番，其原因只有一个，就是公粮太多，有些老百姓不高兴。那时确实公粮太多。要不要反省一下研究研究政策呢？要！”

赶上了好时代

方　敏

（讲述人：浙江省东阳市南马镇花园村党委书记　邵钦祥）

连续当了32年村书记，看着村子的变化，我心里像是装着一堆坛坛罐罐。之前是苦罐子：头些年村里一穷二白，我急得上火却没办法；如今是蜜罐子：村里个体工商户3000多家，村民口袋都鼓了，村子也变得很漂亮——我们真是赶上了好时代。

最近，我老想起过去。我们村分布在11个不长茅草的小山头，缺水、少地、没资源。因为村里穷，姑娘不愿嫁过来，不少大龄男青年打光棍。新中国成立前，人家都说“村名花园不长花，草棚泥房穷人家。种田交租难糊口，担盐捉鱼度生涯”。后来我当了书记，村民们找我聊天都说，你什么时候带我们把村子真的变成“花园村”？

村民们想富的劲头一直有，就担心找不准路子。这些年，村子下大力气整治环境。环境好了，人气旺了，我们乘势而上发展商业、旅游业，这叫“搭台子、建场子、赚票子”。一句话：人人忙赚钱，家家赚钱忙。

村民邵清君以前在广东打工，知道村里在鼓励发展红木家具产业，就回来办了厂，小伙子既能干、又肯干，厂子越办越好。村民施金花资金不多，就开了家肉饼店，生意也火得不得了。

今年3月，花园村又并了邻近几个村，“强村帮弱村，先富带后富”的担子压在我们肩上。村里研究还是要搞好产业植入：3个小区“抱紧”东边的横店影视城，发展旅游服务业；4 个小区借助好山好水，建设田园综合体；2 个小区接着把红木家具做大做强。

我知道现在村民的想法，原有的富村，富了还想接着富；新并的村子，也盼着快点富起来。愿望咋实现？离不开党的好政策，少不了党员干部带领。最近，村民们也在学习党的十九大精神。十九大报告提出实施乡村振兴战略，要求坚持农业农村优先发展，按照产业兴旺、生态宜居、乡风文明、治理有效、生活富裕的总要求，建立健全城乡融合发展体制机制和政策体系，加快推进农业农村现代化。

听了干部宣讲，村民们都乐开了花。只要能过上好日子，大家就总有使不完的劲。如今又有了十九大精神指引，我们不会走弯路、走错路。干部群众撸起袖子齐心干，好日子就越过越长久。

（原载《人民日报》2017 年 12 月 11 日）

再短也要具体

有友长假游西安，读历代骚人登大雁塔诗作，对杜甫、高适、岑参、储光羲、薛据同时登塔“各有题咏”最是感慨。道诗友同行，即景唱和，最见功底。比如，写下“忽如一夜东风来，千树万树梨花开”、我们熟悉的边塞诗人岑参，其诗开头为：“塔势如涌出，孤高耸天宫。”杜甫的诗开头为：“高标跨苍穹，烈风无时休。”

前者说，这塔如从平地涌出，孤立直耸，欲上天宫。很有气象，但无非只是夸说大雁塔高大。

后篇说，这塔为此地最高地标，直跨苍天。高塔之上，永远刮着猛烈的风，无时无刻，没有休止。相比岑参的只说塔高，同是两句，杜甫还写出了赫赫声势，写出另一番不平静的感觉。如果说前者只出了图像，那么，后者既出了图像，又出了声响，而且惊心动魄。

清代诗人钱谦益对这次“各有题咏”有评说，称其他诗作或“风秀熨帖”，或“出之简净”，而杜诗“格法严整，气象峥嵘，音节悲壮……真足压倒群贤，雄视千古矣”。

朋友的评说让我大得领悟。此诗非杜甫名作，诗人间唱酬大抵一时兴会，无暇推敲雕琢、惨淡经营。评说也只是点一点开头，但即便如此，也仍能感受诗圣的“格法严整”。而为诗为文，都应心有“格法”，不论缘由。

此次长假，在头版占有重要一席的，是各地欢度国庆中秋的报道，因要体现各地、各界，所以分社来稿难以称“篇”，皆是碎片，而有的仍能一叶知秋，有的则空洞无感。碎片为何还能见出明显差异？就在于有无“格法”。

而这“格法”就是两个字：具体。

香港特区政府于1日上午在金紫荆广场举行隆重的升旗仪式，约2400位香港各界人士到现场观礼。（2日）

在田汉、聂耳82年前共同创作的国歌声中，田汉家乡人民的心也跟随着国歌声一起激荡。（2日）

前者具体，有时间、地点、事由。后者文字优美，但读罢你只能意会。作为新闻报道，“具体”的第一要义，当为见事。

在固安县，首届民俗文化庙会火热开场，现场鼓声隆隆、唢呐激昂、舞龙舞狮激情洋溢。（2日）

河北雄安新区三县举办多种文艺活动，欢度“双节”。（6日）

鼓声、唢呐、舞龙舞狮，彰显庙会特色；“多种文艺活动”指啥？同是来自河北的报道，前者见事具体，后者见事模糊。

见事具体，就要按照事情的内涵适当表述，长短在记者，取舍由编辑。而要让编辑“取”，素材里确实有干货才行。

说文艺活动，就要对活动交代一笔。说坚守本职岗位，也该点一下如何坚守。

长假客流骤升，安徽铜陵交警研判易发事故和易拥堵路段，24小时定点值守。（6日）

长假期间，重庆高速执法部门全员上岗。（7日）

白洋淀景区游客猛增，当地公安、药监等部门加强节日值班，为新区的第一个国庆假期保驾护航。（6日）

“24小时定点值守”，“全员上岗”，显然比泛泛说加强值班、保驾护航令人信服。

大家都有这样的采写经验，有细节就具体，一具体就生动。虽然碎片式报道留给记者发挥的空间很小，但高明的记者虽是蝇头小楷，也力求挥出笔意。

> “朋友，我相信，到那时，到处都是活跃的创造，到处都是日新月异的进步……”9月30日，在江西铜业集团德兴铜矿作业现场，20多名青年职工站在国产载重220吨的电动轮卡车上，一起诵读《可爱的中国》，表达爱国之情。（2日）
>
> “爸爸，吃月饼。”一双儿女捧着月饼朝视频里爸爸的嘴边送了过去……结束十几分钟的视频通话，合福高铁建瓯西站站长金毅又开启了工作模式。此刻，他的妻子南平北站客运值班员高洁，也正在车站忙碌着。“每逢佳节倍思亲，对我们来说，让旅客顺利回家更重要。”金毅笑着说。（5日）

显然，这样的篇幅就算碎片中的“长篇”了。赢得编辑或者说打动编辑的，无疑就是其中的细节，“20多名青年职工站在国产载重220吨的电动轮卡车上”“一双儿女捧着月饼朝视频里爸爸的嘴边送了过去”……有画面，有声响，具体而真实。

由于碎，篇幅短，所以文字当更求简洁。而简洁是需要锤炼的。

> “我们的节日——上海旅游节唐韵中秋”赏月诗会在上海市桂林公园举行，市民百姓近千人，齐聚圆月下的江南名园。上海市文联、上海市诗词学会及复旦诗社等诗词团体的艺术家和诗人吟诵经典、共赏妙韵。（5日）

通常情况下，主办单位名称不可缺省，而在这种情况下，单位名称“一个也不能少”，那就势必挤压正文空间。“市民”与“百姓”，“公园”与“名园”，寸土寸金之地，此类重复当去。

> 在深圳前海自贸区，自贸新城建设者们抢抓黄金施工期，在前海自贸大厦工地前，国旗迎风飘扬，千余名工人正为这座自贸区内的首座保税楼宇投入使用做最后的冲刺。（4日）

上面这五句话里，“自贸”一词出现四次，显然斟酌不够。

碎片式呈现，这种方式无疑会影响记者思维。但无论报道方式如何，记者都应该从系统论角度建构自己的整体意识和逻辑方法论。由整体而碎片，碎片中亦见整体。由逻辑而去逻辑，无逻辑处也有逻辑。“深圳前海自贸区”一段，要表达的是建设者用抢抓黄金施工期的实际行动欢度国庆，欲增强这个主题，可细化建设者的行为，或用他们恰如其分的话语。“在前海自贸大厦工地前，国旗迎风飘扬”，加进这样的描写来表现迎国庆气象，内容不是深化，反而涣散了。而同一主题，这样的“碎片”意思就显得完整：

> 10月6日，河北省邢台市第三医院新生儿监护病房住着43位新生儿。主治医师高月荣已经连续两年在国庆期间值班。“虽然少了一些游玩的时间，但和大家一起呵护好一个个小生命，内心充满了激动和喜悦。”（8日）

以见报情况分析来稿存在的问题，显然会有差异，碎片或更碎，与原素材稿出入较大，但其中的道理还是相同的。碎片化只是给如何表达得具体造成困难和障碍，而不应弱化我们对具体的追求。

著名诗人田间抗战初期写过一首只有五行的诗：

> 假如我们不去打仗\敌人用刺刀\杀死了我们\还要用手指着我们的骨头说\“看，这是奴隶！”

时人评论，这首小诗在激励人心和斗志方面的力量不小于一个军团，它激发无数人慷慨奔赴抗日战场。

这首诗朴素、通俗、简短，但短归短，依然有好多细节：刺刀，手，指，骨头，说。正是这些具体的细节，支撑起这首小诗极大的思想空间。

具体才生动。文字再短，也当力求具体。

用“议论风生”让报道抗压

《像考核经济一样考核民生》在版上压了近两个月，总算发出来了。这篇稿是为2月底（2011年）报社推的新专栏“保障改善民生　促进社会和谐”撰写的，此前我们福建分社做3月4日人民日报国家重大区域规划——海峡西岸经济区专刊时，我写过一个相关的报道：《民生优先　春风常伴》。所以接到通知第二天就交了稿。

宣传报道往往如此，来势很急，转向也快。没几天“两会”开幕，热点一转，这篇稿也就压在那里了。这类稿往往专栏没了，“用武之地”也就没了。4月中旬，报社组织采访小分队报道福建“十二五”开局之年如何转变发展方式，地方部张忠副主任来福建采访，我跟他念叨了一下这篇稿。张主任回去调看稿子后评价不错，但一晃快两个月了，是不是补充点新东西再重发一下。

反复看了好几遍，似乎也没有更新的内容好加。只好“原装”再发一次。没想到，一字没删，很快就登出来了。张主任说，总编室的同志对这篇稿颇多好评。认为文笔老到，议论风生。

一篇压了两个月的稿为啥一字没删就刊出了呢？为啥能这么抗压呢？

我感觉主要原因在于这篇通讯有观点，有思想。报道采用了夹叙夹议的手法。

我们常说新闻报道要见事见情见理。特别是“理”——有观点有思想，短时间内不会变，所以也就有了一定的抗压力。

当然，这个观点思想不是主题先行，而是从实践中提炼出来的。这种实践是大量的，是以一定的时间周期为前提的。所以可以“战胜”时效性。

当然，这个时效是相对而言的。

报社其实一直是这么提倡的，我们是有这个传统的。原人民日报总编辑李庄在回忆录中留下这样的记载：

> 1955 年 11 月，《人民日报》编委会规定了有关各部向总编室供应评论性新闻的指标：农村工作部每月一百篇，工业商业部八十篇，地方记者部七十篇，共二百五十篇；以采用 70% 计，每天近六篇。编委会指出评论性新闻的性格：“根据事实加以必要的评论，以事实为主，评论为次，尽量做到夹叙夹议，在事实和叙述中夹入评论。要研究写作方法，注意文字生动，有风趣。”

李庄这样评价评论性新闻：

> 它把事实、观点明摆出来，直接表示记者——报社的意见和态度。在革命形势发展迅猛，社会变动剧烈，群众思想普遍活跃的时候，这种文字的战斗性和指导作用特别鲜明。(《李庄文集·回忆录编〈破题精彩大文章〉》)

1956 年 7 月 1 日《人民日报》正式改版，在《致读者》的社论中也强调这一点：尽量把文章写得有条理，有兴味，议论风生，文情并茂。

值得我们特别注意的是，人民日报强调评论性新闻问题时，还没改版，每天只有四块版，其中有一块还是副刊版，就这样，评论性新闻每天还有近六篇。现在《人民日报》已扩到 24 版，但是这种新闻形式反而不多见了。

好传统要传承，要坚持，这方面我们应该努力。

像考核经济一样考核民生

——福建省实施“民生工程”纪事

福建像个大工地，不少初到福建的人都这样说。就说交通基础设施吧，过去 5 年的投入，相当于前 10 个“五年计划”的总和。常言道：走路快了磕碰多。大发展，难免征地多、拆迁多、矛盾多。

然而，去年福建群众到省里的上访量大降 50%。其中原因很多，但有一点为人共识：福建近年来民生工作做得好，很大程度上化解了快速发展中出现的问题。

行动上早一步源于理念上高一头

去年 11 月初，各地菜价上涨，福建也“涨”声一片，一把青菜压沉了百姓一颗心。福建省委书记孙春兰、时任省长黄小晶亲自到福州多家超市考察。

11 月 9 日，福建就打响了菜价保卫战“第一枪”——在全国率先启动蔬菜批发市场干预措施：将市民偏爱的 4 种蔬菜列为重点调控品种，实行批发市场补助和零售指导价；各级各部门各司其职，科学分析菜价上涨原因，增加投放，调控价格，有针对性地打出一套组合拳。

政府干预仅一周，菜价迅速回归“一元时代”，带动全省 19 种蔬菜平均批发价下降 13%；一个月后，下降 25%。

这样的“率先”，福建可数出好多项。比如，在全国率先实现全省医院就诊“一卡通”。各个医疗机构信息共享、互认，减少不必要的重复检查，群众省了大量医疗费。厦门市有个统计，仅诊疗结果共享一项，每年就可节省拍片、冲洗、打印等费用 2000 多万元。

比如，在全国率先实现城乡免费义务教育，进城务工人员子女近 90% 可在公办学校就读。福州市马尾区走得更快，去年秋季学期开始，率先施行 12 年义务教育，每年免收学费近千万元。这项政策不以户籍而以学籍为标准，惠及广大非马尾户籍学生。

行动上早一步，源于理念上高一头。早在去年初，福建省委、省政府就确定财政安排 134.7 亿元办 25 个为民项目；部署下半年任务时，将“民生工程”列为五大战役之一；福建省的“十二五”规划，旗帜鲜明地写上了“提升人民群众的幸福指数”；今年的政府工作报告，则明确提出 2011 年的经济发展目标是：生产总值与城乡人均收入同步增长 12%。

民生工程支出常常突破“平均”

事在人为，事也得钱为。民生工程很花钱，福建起步晚，钱包不鼓，经济总量在东南沿海六省一市中倒数第二。福建今年的目标，还是“生产总值接近或达到东部地区平均水平”。但抓民生工程，福建常常突破“平均”。

教育是保障民生的重要内容。2010 年福建省财政预算内教育经费支出比例居全国首位，这个纪录已连续保持 9 年。福建的学前教育和义务教育水平保持全国较高水平。

“今年这个春节我过得特别开心，”长泰县枋洋镇青年农民黄文水高兴地说，春节前他接到福建经济学校通知，节后免费插班就读该校的畜牧兽医专业，而且，“学费全免，每月还能领 150 元补助金。”

去年，福建省给近 22 万名中职学校在校一、二年级学生发了 3 亿多元助学金，给黄水文这样近 2.3 万名农村家庭困难学生和涉农专业学生免了学费。福建全年用于建立健全义务教育保障机制的经费达 22.58 亿元。

和教育一样，在保障和改善民生方面，福建花钱时态度很坚决。

“世世代代尝不尽苦咸水，祖祖辈辈做不完无水梦。”去年一年，福建省有 135.3 万农村居民和 23.7 万农村学校师生告别了“苦咸水”，告别了“无水梦”。这是 5 年来福建省在民生水利上累计投入 282 亿元取得的成果之一。

而这 282 亿，多数是福建从并不厚实的家底中挤出来的。去年福建水利投入为 78.6 亿元，中央到位资金为历年最多——23.96 亿元，大多仍靠自己。一次省委常委会上，有人建议，根据福建的省情、财力，民生水利投资应“量体裁衣”，适当放缓。省委书记孙春兰斩钉截铁予以否定：这个钱我们一定要挤，我们必须拿。

从民生优先角度筹划发展全局

福州多河，福建第一河闽江穿城而过，市内河网密布，107 条内河长逾 240 公里。但这些年很多河变成了路，被盖了房，或成了倒垃圾的下水道。河少了，河小了，水发黑变臭了。

近年来，福州全面整治内河。新年第一天，市委书记袁荣祥、市长苏增添就到整治现场考察。福州提出整治75条内河，标准是：水清、河畅、路通、景美。

整治要花大钱，被路堵断的河挖开来更会影响交通，影响城市发展速度。这个账怎么算？“好算，真正把服务保障民生的事‘优先’了就好算，”袁荣祥笑着说，“我们的想法就是要让福州人重新过上‘水岸福州’的幸福生活。”

福建多山，却不是唯一多山的省。从 20 世纪 80 年代末以来，福建一直保持森林覆盖率全国最高。去年，全省森林覆盖率达 63.1%。

连续二十几年的排头兵，可圈可点。可省委书记孙春兰却从这个上下公认的“第一”中看到了不足，“不能总把森林覆盖率居全国第一挂在嘴上，陶醉其中，必须让群众真正享受到‘第一’带来的好处和实惠。”

于是，建设绿色城市、营造绿色村镇、维护绿色通道、树立绿色屏障的“四绿”工程，去年开始在八闽大地迅速推开。

由森林遍布山川，到让森林走入城镇；由从不足中找差距，到从成绩中找不足，福建真正在从民生优先的角度筹划发展全局。

民生是大事，但不少地方说起来大，做起来就小；不少地方说是民生优先，但一碰到具体问题往往就让道。理念总输给利益。福建的民生工程何以抓得那么实呢？

福建省在推动各地各部门把这项工作抓实抓到位时，始终坚持一条硬杠杠：像考核经济一样考核民生。

（原载《人民日报》2011 年 4 月 27 日）

叙宜用“减法”

唐刘知几《史通·叙事》中说：“叙事之工者，以简要为主。”写通讯也是如此，应简练、简洁，多做“减法”。

那么，这“减法”如何做呢？

（一）概括扼要

《人民日报》1994年组织的“来自东西南北中的报告”，厚重大气，被公认是工作性通讯的代表作。比如开篇之作《登泰山更知天下阔》（李仁臣、凌志军），记者是从回顾山东省1993年的发展及存在的问题起笔切入主题的，一个东部大省一年的成绩如何谈？存在的问题怎么摆？报道是这样概括的：

> 1992年，一个荣成市的工农业总产值超过百亿，带来了最初的惊喜，报纸上出现如此生猛的标题：“山东跃出一只虎”。可是一年之后，山东一下子就跳出来11只“虎”。山东经济发展速度快于全国平均水平，也快于大部分沿海省市。
>
> 然而就在这时，山东也面临着巨大的压力：东西部经济发展有很大不平衡性，差距正在拉大。棉花减产牵涉轻纺工业大局。城里，部分大中型企业依旧困难重重。乡下，越是贫穷的地方农民负担愈重、增收愈艰……

讲成绩不搞“一二三四”，而一斑窥全——一年中1只虎变成11只虎；摆问题也不见“一二三四”，而是从几个方面大笔勾勒——东部与西部，农业与工业，城里与乡下。这样的语言无疑是高度概括的，是对精华的浓缩。

再如，政府机构改革，牵涉面大，利益冲突激烈，改革难度大，千头万绪。怎么说？说到什么尺度？此文写山东泰安的政府机构改革仅用寥寥百余字：

> 为了办好这件事，泰安捺住性子走了三步：一是精简职能，不该管的事不再管；二是允许机关人员出去办实体；三是对分离出去的人员脱钩断奶，自己挣钱自己花。“三部曲”唱了两年，一万多干部平平静静地离开了政府机关。

可谓举重若轻，只概括大思路，具体的步骤、矛盾冲突一概按下不表。这有点像拍照，作者把焦距对准了拍摄主体，将其从不必要的背景中独立出来，突出其强有力的轮廓、线条及形态，而次要的东西则一概不让其进入画面，或将其虚化。这就是概括扼要。

（二）省略跳跃

工作通讯在叙述中常常碰到这样的困惑：若举例少了，很可能说服力不足；可举例一多，又往往易陷入冗长。破解的方法之一，便是叙述时抓住要害，不求其详，用跳跃的笔触点到即止。比如，《人民日报》获全国新闻奖作品《有胆略的决定》（王楚），写武汉市政府决定对外开放，而一时满城风雨，记者这样举例：

> 当广州市要求来武汉展销他们的轻纺产品时，有关部门就向市委领导表态：“坚决反对。”理由是，武汉市轻纺产品竞争不过广州。明知

本地产品缺乏竞争能力，还让外地产品打进武汉市场，抢走本地生意，万一自己的企业被淘汰，成千上万人的工资、奖金，岂不……有的干部竭力给决策者吹风：“保护措施这个传统不能丢。”

武汉自行车二厂采取跨地区，择优选取外地零部件，以提高产品竞争能力。武汉自行车零件一厂就向系统内十多个单位散发传单，声言：“本是同根生，相煎何太急。”并发出最后通牒，将本厂内与二厂有亲属关系的职工，全部辞退，让他们去向二厂要工作。

再举一个《人民日报海外版》获全国新闻奖的通讯《相思正是吐黄时》（连锦添）的例子。记者在讲到那些原籍在大陆的退伍老兵如何思乡思亲的情形时，这样写道：

这些年，好些人冒着坐牢的危险，辗转万里回故乡探亲。在岛内，有人穿上写着“想家”大字的衬衣沿街诉说；有人银幕目游大陆河山泪雨涟涟；有人在难以排解的思乡思亲之情中自尽。

这种写法有点像电影里的蒙太奇镜头，一个一个简洁的镜头，单个看很省略，合起来则给人以丰富感。将新闻事实采用“分镜头”方法剪辑、组合，可以达到浓缩时空的目的，从而以省俭的笔墨自然流畅地表达丰富的内容和思想。

让语言省略跳跃起来的方法很多，比如打破完整性叙述时的起承转合；比如将叙述中有些交代和演绎说明部分适当省略；比如有意中断思维逻辑，去掉有些语句，让读者沿着作者的叙述思路去复原、补充。本报记者胡果写的通讯《永恒的青春》，就颇具这样的特点：

想考军校，名额有限。将失落甩在身后，黄勇参加了全国高等教育法律专业自学考试，两年苦读，顺利通过10门功课。

作者将没考上军校的交代省略了，但将意思含蓄地隐在了“将失落甩在身后”一语中。

> 多少次，指导员把他从水房的灯下赶回屋睡觉，最后只得特许他在学习室里待到晚上 12 点。

“最后只得特许”一句之前显然省略了一些说明性的文字。作者只是巧妙地给读者一个线头，而让读者自己展开想象的翅膀去填充笔墨间的空白。这样不仅使文章变简短了，还使得容量和情绪的辐射力更为强烈。

（三）升华印象

如果让你仅用百余字向读者勾勒山东的轮廓，你一定会觉得是桩很困难的事，因为似乎随便抓住哪一点用百余字做概括，都是很需一番功力的。我们再来看《登泰山更知天下阔》一文：

> 山东居华东，临黄海，承南衔北。其版图犹如一条大船，船头尖尖，伸向海洋；船尾阔大，连扯中原。地理上西大东小，经济上东大西小。沿海与山区、工业与农业、富裕与贫穷，共生共息。真可谓：山东是全中国的缩影。

这样的勾勒不是对某部分内容的缩小，也不能通过语句上做省略的办法，它是作者将对山东采访后形成的感觉上升到总体印象，做提炼升华，是一种简形求意的表述。或者可以说，是真正消化吸收后，完全用自己的语言重新写出来的东西。

越是通讯的报道面广，题材大，就越应该学习使用这种抓大印象、写大印象的方法。这种方法要求记者把感觉上升为印象，上升为总体认识和总体判断。由于这种判断的主观性较强，一定要深入采访、兼听各方，使主体判断的结果成为客观事物真实的反映。因此，形成科学的总体判断，要求记者必须大量占有材料，然后进行概括、归纳，使其顺理成章，叙述时才能纵横洒脱，不仅行文跳动随意，文章结构空间也大，有气势，而且可以用尽可能少的文字表达丰富的思想内容。

当然，如何让叙述语言简洁、凝练，可见仁见智，多方面、多角度作总结。比如，著名记者艾丰在他的《新闻写作方法论》中就总结出多种笔法，有简笔、粗笔、跳笔、合笔、短笔等。

山山有路，路路相通。做“减法”，用简笔、粗笔，提法虽异，其义则一——“叙事之工者，以简要为主”。

第四辑

千斟万酌　以求一是

井淘三遍出好水，文改三遍新意生。好稿是写出来的，更是改出来的。清代著名诗人郑板桥说得好："为文须千斟万酌，以求一是，再三更改，无伤也。"（《词钞自序》）

千斟万酌，反复推敲，首贵炼意，盖"意犹帅也"，"文以意为主"。唐朝著名诗人杜牧把这个道理说得透透的："是以意全胜者，辞愈朴而文愈高；意不胜者，辞愈华而文愈鄙。是意能遣辞，辞不能成意。"（《答庄充书》）

新闻报道篇幅短，当力求简洁顺畅，便尤须下足锤字锻句功夫，宁为刚健不痴肥，"同每一个词搏斗"，"平者易之以拗峭，板者易之以灵活，繁者易之以简约，疏者易之以缜密，哑者易之以铿锵，露者易之以浑融，此镕炼之功也。"（清・许印芳《与李生论诗书跋》）

"总之所贵乎炼者，是往活处炼"，报道之"活处"，便是生动鲜明。如果以此为要求，那视野还当更放宽。比如，新闻要给人信息，信息离不了数字，少则虚，多则如毒药，怎样用好？这些，也是要千斟万酌的。

改写要注意三点

2014 年 5 月 3 日刊出的《“必到书记”张伟林》一稿，编辑环节下的功夫很大，在此把刊出稿和原稿做点分析比较。

把见报稿和原稿两个稿对照一下，改稿显然不是对原稿作一般性编辑，而是尊重原稿，又不受制于原稿，做了一次大手术——文本改写。

文本改写也是编辑，不过由于工作量大，显得比较特殊。

为什么要作这样的改写？

两个原因。一是杨振武社长对这个专栏十分重视，多次要求稿里一定要有故事，并把故事讲好、讲生动。原稿里是有故事的，内容也不错，但是讲得不生动，不吸引人。二是这个专栏设在寸土寸金的一版，要求千字左右，这篇见报稿不到 900 字，而原稿（小标题“人在路上，理在道上”部分是后来补充的）达 1700 多字，在原稿框架上编辑，删到千字左右，更难做到把故事“讲好、讲生动”。

没办法，只好打烂坯胎重和泥——改写。

改写要注意这样几点：

1. 改写是一种严肃的再创作，必须尊重原作。

目前改写后三个小标题各说一件事，都是原稿中就有的，只不过第一个小标题的内容原稿分散在前后两部分里。

2. 改写要尊重原稿，又不能受制于原稿，必须创新表达手法、拓展表现领域而非据守老旧框架。

源于原稿，又高于原稿，是衡量改写是否成功的关键。

文贵开头，尤其千字短篇，开头更显紧要，古人对此说法很多：“起句当如爆竹，骤响易彻”“开卷之初，当以奇句夺目，使之一见而惊”“开手笔机飞舞，墨势淋漓，有自由自得之妙，则把握在手，破竹之势已成，不忧此后不成完璧”。

种种高见，一言蔽之：开头要响亮，出场要精彩。

原稿结构上采用首尾呼应法，从张伟林和干部一起处理村民余光财的事开笔，结尾又收在此事上：“回去的路上，张伟林叮嘱村干部，‘这事恐怕还完不了，还得跑，再好的解决方案也抵不过你跑得勤快，谁让咱们是基层干部呢？’”

这种“圆形”表达手法往往开头弱、结尾强，开头写多了影响后面，结尾则容易收住，清音有余。改写稿将原稿中另外一个村民林开贤的故事提到开头，采用对比手法，起笔突兀，看似没头没脑，却可得高山坠石之势，令人一读心惊。通过前后两句话的语意构成的巨大落差，使文章一开篇就产生一种势能，一种冲击力。

原稿中村民林开贤的故事也是顺叙展开的，中规中矩，但这种写法读来显得平。新闻报道的叙事同样可以学习文学的表达手法，像文学那样虚构自然不行也不必，但可学习文学中其他丰富的叙述策略。

比如，将不同时空画面重组叠置。“无边落木萧萧下，不尽长江滚滚来”，“星垂平野阔，月涌大江流”，这些诗每一句展现的美的意境都是真实的，而原本是分散的，可当诗人将它们调集到同一视窗之内时，就产生一种超凡脱俗、具有更宏大表现力的意境。

同样，改写稿开头第一句，时间段是在4年多前；第二句，时间段是4年多后的今年春节。当把这两个不同时间段的两幅截然不同的情景叠放到一起，就产生了强烈的对比，对撞越强，越具冲击力。

3. 改写既要在结构上下功夫，也要在细节上费心思。

改写自然会有删有增，这种增绝不是随意修修补补，而是遵循原作的内在逻辑肌理，根据文章需要作合理补充。

比如开头采用对比手法，为了增强这种对比的强烈性，前者加了个形容词“怒气冲冲”，后者加了个形容词“喜气洋洋”，原稿中没这类表述，它依据的是人物特定环境下的心理状态，和人物故事的情节发生、情绪发生是吻合的。

改写“颠覆”了原稿，也会打乱有些时间表述，要特别注意。比如原稿讲林开贤的故事，是“5 年前因为修建高速公路”，改稿说“张伟林 4 年多先后 15 次到林开贤家登门调查、沟通、解决问题”，出现了约半年的时间差，这是因为改稿是接着“今年春节前，盖好了新房的林开贤又一次跑到张伟林办公室”这件事来讲的，必须算上今年春节前至今这段时间。

“必到书记”张伟林

“怒冲冲”变“喜洋洋”

“你们要是敢拆我房子，我就死在这儿。”60 多岁的才溪村村民林开贤怒气冲冲闯进福建上杭县才溪镇党委书记张伟林办公室，为修高速公路拆迁的事。

“这是落房酒，你们谁不去就是不给我面子。”今年春节前，盖好了新房的林开贤又一次跑到张伟林办公室，但这次喜气洋洋。

“怒气冲冲”变“喜气洋洋”，这是张伟林 4 年多先后 15 次到林开贤家登门调查、沟通、解决问题的结果。

头回登门，张伟林被骂了出去。听了几回骂，张伟林明白了，老人的家在将新开的路后面，本来满心欢喜，前面人家一拆他家就临街了，琢磨开个店，没想到自家也要拆。

后来，张伟林便一方面落实老人的 30 万元补偿款，另一方面带他选点，至少看过七八次，位置尽量靠近核心区。

三下深圳请能人

因为毛泽东主席当年一篇《才溪乡调查》，才溪出了名。2011 年才溪镇被福建列为省级小城镇建设示范之一。怎么“示范”？主打“红色旅游”牌。

张伟林想，得请能人、请贤人。春节一过，他第三次下深圳找卓文照。

老卓夫妇是才溪最大的建筑老板之一，离乡 20 多年。自己闯出一片天，也想报效家乡，从本乡带出不少人致富。张伟林恳切地说："不能把乡亲全都带出来，家乡也要搞建设。有了好项目，在家也能致富。"喝着家乡的茶，唠着家乡的话，老卓的心让张伟林说动了。

清明一过，老卓的首批注册资金 2500 万元就到了位。"我们商量的计划是搞个旅游综合体，包括食宿、采摘、狩猎、生态游。这样，乡亲们不出家门就能致富了。"张伟林透露。

"干部不到，困难难了"

初见张伟林，他正在"劝架"，几个干部为解决村民余光财的问题争吵。"都别吵，先抽根烟，喝口水。"张伟林给抽烟的干部递根烟，"我还是那句话，干部不到，困难难了，咱就是要多登群众的门，身到诚意到，总会找出好办法。"

有人管张伟林叫"必到书记"，原因是他把多年做群众工作的方法总结了一个"五必到"——项目咨询必到、技术服务必到、重大村务必到、化解矛盾必到、突发事件必到。

"在基层当干部，就是要把全部力量扑在一线。"张伟林说。

（原载《人民日报》2014 年 5 月 3 日）

原　稿

"必到书记"张伟林

"怕矛盾、怕问题，就别当基层干部"

"都别吵了，来来先抽根烟，喝杯水。"张伟林向会抽烟的干部们要了根烟，递了过去。“你确实种了十几年，但地是人家的，补偿款到底该给谁？你说了不算，我说了也不算。要不咱们一块儿去问问司法调解员？”一大早开完会，放心不下，和村里干部一起来到余光财家，亲自要听听他怎么抱怨。

“凡事都不能等到闹大了再去处理。”这是这几年因为各种工作，越来越频繁地与群众打交道后，张伟林给自己和全镇所有干部们立下的规矩。因为当年的一篇《才溪乡调查》，闽西上杭县才溪镇名闻全国。在这样一个名气响当当的镇当党委书记，优势虽然不少，压力也更大。

2011 年起，才溪镇被福建列为省级小城镇建设示范之一。才溪镇主打“红色旅游”，于是各项基础设施建设全面铺开，新一轮征地拆迁难以避免。而 5 年前因为修建高速公路，才溪镇在征地拆迁的事上，恰恰刚吃过一次苦头，整个工期硬是被他们这段拖了 5 个多月。

这一次，张伟林接受了教训。“要把干部力量全部扑到一线上去、要把群众诉求搞得一清二楚、要把利益让群众看得明白并且主动为咱们出谋划策。”

话还没落地，被拆迁户之一、60 多岁的才溪村退休老师林开贤就冲到张伟林办公室：“你们要是敢拆我房子，我今天就死在这儿。”

全镇 70 多名干部，有点发怵了。这还没下去呢，麻烦就顶到眼前了。

“怕矛盾、怕问题，就别当基层干部。”甩下一句话，张伟林要去亲自啃啃这块硬骨头。

“我们满杯，谢谢您老上的课”

第一次登门，张伟林几乎是被骂着出去的。

原来老人的家在即将新开的路的后面，前面的人家的房子拆了。旧家虽然 10 多年了，而且还背阴又难排水，但这下就成了临街。老人琢磨着刚好可以开个店铺，可没想到，现在连自己家也得拆。

到了第 15 次，张伟林终于第一次看到老人笑的模样。没别的，这 15 次中间，张伟林带着老人至少选了七八次安置点——得有阳光进来、排水也要方便。回迁的位置，也尽量靠近景区核心区。

2014 年春节前，拿着 30 万补偿款重新盖好了新房的林开贤老人，又一次跑到张伟林办公室。“你们都得去喝酒，这是落房酒，谁不去就是不给我面子。”老人一副客家人倔劲。

带着包村镇干部和村干部，张伟林端起酒杯：“您老半杯，我们满杯。还得谢谢您给我们上的这一课。”

“人在路上，理在道上”

才溪还是著名的建筑之乡，80% 的人在全国搞建筑。

春节一过，张伟林第三次下深圳找卓文照，临行特地带了点家乡的红茶。

老卓夫妻俩是才溪建筑业最大的老板之一，离乡 20 多年，自己闯出一片天地，唯一的遗憾就是总觉得帮不上乡亲们啥忙。看着张伟林们要搞旅游业，心思也活了。

“我们的计划是建议您搞个旅游综合体，食宿、采摘、狩猎、生态游。让咱乡亲们不出家门，就能靠着家乡的好山、好水、好环境，个个都能沾上旅游的光。”张伟林一句就戳到了点上。

“不能把乡亲全都带出来，家乡也要搞建设。有了好项目，在家也能致了富。”对了老卓的胃口，怎么喝着都觉得还是家乡的茶好。

清明一过，老卓的首批注册资金 2500 万元就到了位。“人在路上，理在道上。当基层干部的，人不到啥都别说道。”

“干部要不到，困难必难了”

上杭县委还把才溪这套工作方法总结为“三零四点五必到”——服务群众“零距离”“零积压”“零差错”；在各村建立民情观测点、信息发布点、便民服务点、信访落脚点；项目咨询必到、技术服务必到、重大村务必到、化解矛盾必到、突发事件必到。

“身不入哪能深入？身到才能诚意到。”现在随便翻开才溪镇干部的包，人人都有一本《民情日记》，里面记的不光是累和苦，也有甜和笑。从去年

8 月到今年 3 月，才溪镇的干部总共只放过 6 天假。

“干部要不到，困难必难了”，张伟林把这句话写进他的日记本里。

“回头把这补偿款当中的青苗补偿给余光财，怎么说他也还帮着交了几年的农业税和公粮。”看着两家总算不吵了，回去的路上，张伟林叮嘱村干部，“这事恐怕还完不了，还得跑，再好的解决方案也抵不过你跑得勤快，谁让咱们是基层干部呢？”

梳理、归纳也是“磨刀”

《“金牌调解”潘云辉》从报线索，到三易其稿，到正式刊出，前后两个多月。为一篇不到千字的小稿锲而不舍，一改再改，精神可嘉。在帮着作者一起折腾时，也深深感到，此稿存在的问题很有普遍性，就是如何对素材做梳理、归纳。

梳理，即分清类别；归纳，是合并同类。此稿改了三回。第一稿，编辑感觉内容不够，近 2000 字，却只有两个小标题。于是退回，让补充内容，明确要增加一个小标题。二稿发来，小标题确实是加了一个，但细细审读，内容其实没增加。

何为“增加内容”？如果说一篇稿围绕一个大的主题，稿件里的每个小标题是一个小主题的话，那么，“增加内容”是指要增加那个新的小主题的内容。新的小标题不等于就是新的小主题，如果新增部分内涵和前面的小标题部分的内容一样，不过是又加了些新素材，意义不大。指出这一点后，第三稿增加了前两稿中没有的内容，即第三个小标题：“当事人眼中的‘好朋友’”。

审读前两稿，虽然素材很多，仔细梳理后可看出，基本上围绕两个方面，一是说潘云辉对工作绝对投入，很到位，最经典的就是调处张志兵交通事故案；二是他对自己很将就，忙起来水也顾不上喝，饭也顾不上吃，最经典的就是“年夜饭吃泡面”。当由这两点来归纳这些素材时，便发现，“年夜饭吃泡面”放到了调处张志兵案里，所以必须把这个生动的细节从里面摘出来，否则第二部分素材偏少，内容太弱。因此，根据稿件主题对素材作归纳，不只是把相同内容往一块儿扒拉，有时候还牵着筋连着皮呢，该往外择的往外择，该挥一刀就得挥一刀。

梳理、归纳到位了，有这个专栏千字文的要求在那里，哪些内容该“舍”，也就好下决心了。新增的第三部分，标题立意清晰，是“当事人”看潘云辉。结果，写了一段小潘周末到敬老院做义工的事，和“当事人”完全不沾边，显然游离，自然便付与“手起刀落”了。

梳理、归纳到位，胸有成竹，也就容易提炼制作小标题。把2000字的来稿删编到1000字，这个过程也是反复梳理、归纳的过程，小标题自然“水到渠成”。

常言道：磨刀不误砍柴工。采访完了，不能急慌慌地“砍柴”，得把那一堆素材好好梳理、归纳，把那些故事好好在心里面一个一个过一遍。头脑里有条有理，笔底下才会有条不紊。梳理、归纳，其实也是“磨刀”。采写是这样，编稿也是这样。

记者第二次来稿后，内容还是不够，担心电话里可能还是没说清，索性写了一信，在此附上。

××：

《“婆婆嘴”潘云辉》一稿讲故事意识很强，这点十分可贵。

《教育活动中的共产党员》这个栏目开在一版上，杨社长亲自编稿，格外重视。要求我们不仅要讲故事，而且还要讲“好故事”。

何为“好故事”？就是不仅要讲述一个生动引人的故事，这个故事还要有主题，要通过故事反映人物的内心世界，反映事件的本质意义。你讲的这个故事想说明什么？这是读者会追问的。

新华社名记者李耐因说过这样一句话：“细节，一曰细，二曰节。光细不行，还有个节——要节制、节约，只截取其中最能说明问题，最能表现人物精神境界的那么一小节。”因此，要从人物的好多故事中去找出那个能展现人物自身核心理念、表现人物精神境界的故事，写那个最具典型性的故事。具有典型性的故事，好比将平面的生活聚沙成堡，堆砌成比现实更立体、更清晰的“真实”。（注：李耐因是抗美援朝期间新华社首批特派记者之一，写过很多出色的战地报道。）

所以有行家说：在决定动笔之前，要品味这个故事。你要品味自己对这个故事的感觉，尤其是最初的感觉。你自己听到这个故事后动不动感情？是惊讶，还是平淡？是感动，还是振奋？是开心，还是担心？是欢喜，还是忧虑、愤怒？如果你自己对故事或故事里的人物都没有强烈的感觉，那你怎么能够指望读者对这样的故事产生感觉呢？品味这个故事，可以帮你确定主题，挖掘故事的深刻内涵，使笔下的故事具有思想性。

用这样的要求来看《“婆婆嘴”潘云辉》一稿，故事是有了，但典型性还不够，没有见出人物的精神境界。另外，三个小标题要讲的三个小故事之间，还要注意关联性和逻辑性。

最后，以丰子恺喜欢的一句格言赠兄并共勉：“最喜小中能见大，还求弦外有余音。”

“金牌调解”潘云辉

他是“减压中心”

“我这里有起交通肇事，事故双方都点名要你调解。”4 月 11 日上午，江西省南昌县交警大队副队长龙慧华赶到县调处中心，拉起潘云辉就走。

中心于 2012 年 6 月成立，潘云辉是首席调解员，参与调处各类纠纷超过 180 件，成功率 100%。

“小潘是我们的‘编外交警’，他的调解无形中为我们增加了警力，其他县区同行都羡慕我有‘减压中心’！”龙慧华说。

三江镇的张志兵最明白小潘怎么做“减压”。1 月 6 日，他驾客车发生事故，万某被撞死亡。几十名家属天天围住他要巨额赔偿，还堵路上访。

事故鉴定责任对半，双方都不服，越闹越大，甚至一方家属情急之下冲潘云辉左手咬了一口，但小潘简单包扎后，坚持现场劝导。9 天后，双方签订赔偿协议。不久，万某家属又因赔偿款分配发生矛盾。潘云辉和同事又利用周末登门苦口婆心调解，终于促成家属息争。

年夜饭吃泡面

“我们要找潘云辉。”调处中心上午 9 点一开门，群众就指名道姓嚷上了。一上午，潘云辉马不停蹄给三拨来调解的做“和事佬”。记者观察，小潘给三拨群众倒了 23 杯茶，自己却没喝一口。12 点 40 分，他顾不上吃饭，又带患者去医院做鉴定……

“当事人对调解不论时间，不讲场合，只有需求。说不渴、不饿、不累是假的，当事人不吵不闹，我就特别有轻松感和满足感。”小潘说。

今年 1 月 30 日，年三十，家家户户都忙着准备年夜饭，潘云辉还脚不沾地处理一起两天前发生的交通纠纷。安抚、倾听、登记、调解，早 9 点忙到晚 8 点。鞭炮声里往家赶，路边小店都关了，妻子也回了娘家，他只好给自己下了泡面，当年夜饭。

调处服务无边界

180 多件调处案件件成功，也没“翻倒账”，诀窍何在？小潘说，案件可了结，服务无边界。

今年 3 月，莲塘镇龚秋红遇到一起医疗纠纷。调解中，潘云辉了解到龚秋红没工作，丈夫去世，还要抚养两个孩子。他主动联系民政局和莲塘镇政府，帮她办理低保。如今，遇到天气变化，潘云辉的手机总能收到龚秋红的温馨短信。

“潘云辉？我俩现在是好朋友。”张志兵这个曾经的当事人笑着告诉记者。

在小潘妻子看来，小潘被他那些当事人“教育”成了好男人：过去性子还有些急，现在就算被当事人指着鼻子“骂娘”，也一脸微笑。“跟以前简直两个样子，让人觉着踏实。”

被骂了还微笑？小潘回答：“想想自己多啰唆两句，调处成了，公路上、医院里就会少点摆花圈、烧纸钱的，就都忍过去了。大家都和和美美的，就是我的一点梦想。”

（原载《人民日报》2014 年 6 月 30 日）

修改稿第三稿

“金牌调解”潘云辉

南昌县医患纠纷道路交通事故纠纷调处中心首席调解员——潘云辉，人称“金牌调解”。

为调解工作“着迷”的年轻人

4 月 11 日，9 点刚过，调处中心已经来了第一拨群众。打印协议稿，复印证件，劝当事人平静下来……对潘云辉来说，一天的忙碌开始了。

“我这里有起交通肇事，挺麻烦的，事故双方点名要你调解。”9 点 35 分，南昌县交警大队副队长龙慧华快步走进来，拉起潘云辉的手就要往调处室走。

10 分钟后，潘云辉马不停蹄地开始了第二拨调解……1 个半小时过去了，当事人双方终于达成了调解的初步意向。此时，第三拨群众又来到了调处中心，这是一起医患纠纷，医院和患者仍然是点名要潘云辉来做“和事佬”。

3 个小时，小潘给 3 拨群众倒了 23 杯茶水，自己却没有喝一口。12 点 40 分，顾不上吃饭，潘云辉又跟办公室同事交代：“我带患者去省人民医院做医学鉴定。”

“累吗？”记者问。

“说不累是假的，但乐在其中。当事人不吵不闹了，利益有了保障，我就有轻松感和满足感。”小潘告诉记者：“调解工作没有时间，没有场合，只有需求，好在我是‘丁克’家庭，没有孩子拖累。”

“小潘是‘编外交警’，他的调解工作无形中为我们增加了警力，其他县区同行都羡慕我有个减压中心呢！”龙慧华如是说。

“他都为调解工作着了迷了，跟以前简直是两个样子。”而据潘云辉的妻子小谭介绍，他过去很贪玩，性格也有些急躁，一句话说不到一块儿就会喊起来，可是现在就算被当事人指着鼻子“骂娘”，他也始终是一脸微笑。“变化很大，但让人觉着踏实。”

耐心公正擦亮“金字招牌”

“我们要找潘云辉。”如此点名道姓并不少见。“金字招牌”，是用耐心公正的态度换来的。

南昌县三江镇的张志兵非常认同这块“金字招牌”。1 月 6 日，他驾驶的客车在向塘镇发生事故，万某被撞当场死亡。随后，几十名家属将张志兵团团围住，不仅要求巨额赔偿，还堵路上访。

经交警做出事故鉴定，责任对半，双方不服，都拼命找人，壮大声势。在调处中心，一方家属情急之下，冲着潘云辉左手就咬了一口，伤口鲜血直流。小潘简单包扎，坚持在现场劝导。9 天后，双方签订了赔偿协议。

然而，纠纷并没有到此结束。20 日，万某家属又因赔偿款分配发生矛盾。22 日，潘云辉和同事们利用周末入村，苦口婆心地进行调解，促成家属间达成调解。而后，由于万某家属中有人反悔，不肯签字，并威胁张志兵。

1 月 30 日，大年三十，家家户户都在忙着准备年夜饭，潘云辉却忙得脚不沾地。这边还在沟通，那边又来一起 28 日刚发生的交通事故纠纷案。安抚、倾听、登记、调解，潘云辉来回做工作，从早上 9 点一直忙到晚上 8 点。

鞭炮声中，周边店铺早已打烊，他忍着饿急匆匆赶回家，发现妻子回了娘家，自己只能泡面当年夜饭。

当事人眼中的“好朋友”

案件有始终，服务无边界。南昌县调处中心自 2012 年 6 月成立以来，潘云辉参与调处各类纠纷超过 180 件，成功率达 100%，接到群众送来的锦旗 30 余面。包括张志兵在内的很多当事人都和小潘成了好朋友。

今年 3 月，莲塘镇龚秋红遇到一起医疗纠纷。调解完毕，潘云辉了解到龚秋红没有工作，还有两个孩子要抚养，丈夫去世，家庭生活困难。于是，他主动联系民政局和莲塘镇政府，帮助她办理了低保。如今，遇到气候突变，潘云辉的手机总能收到龚秋红的温馨短信。“我帮不了小潘什么，只是希望好人平安顺利！”龚秋红说。

“我有时也心烦，还失眠。可是，想想自己多啰嗦两句、服务好一点，社会就会少点怨言，公路上、医院里就会少点摆花圈、烧纸钱的，也就忍过去了。”潘云辉说，“法治化就是让社会有秩序，大家都和和美美的，这就是我的一点梦想。”

工作之余，潘云辉还经常利用周末的时间去敬老院做义工，帮老人家搞搞卫生，和他们一起种种菜。

“有时候我会把自己调处的案件给老人家讲，他们很喜欢听的。”潘云辉笑着说，“庭内艰辛庭外笑声，也不失为一种乐趣。”

“出乎其外，才有高致”

2016年4月的一天，张忠主任在例会上摘要传达了中办《关于讲好中国故事传播好中国声音的实施意见》，《意见》再次强调要改变新闻报道中的概念化程式化现象，把宏大叙事和鲜活表达有机结合。还特别提到，经济形势的报道要“善于运用经济数据、发展亮点、具体案例解读经济现象”。

这些意见也许是“老生常谈”，但依然常谈常新，原因就在于所针对的问题是我们报道中的痼疾。比如经济形势报道，一季度结束，有些分社会报首季开门红；年中会有半年报；全年收官盘点，更是自然成为各地经济形势报道的集中期。这些重点稿报道的主要依据，大多来自地方某几项比较靓丽的经济数据。

编辑这类经济方面的稿子时，也深感最普遍的问题便是如何“运用经济数据、发展亮点、具体案例解读经济现象”，把报道写活、写生动。其中最重要的，就是如何发现地方的“发展亮点”。如果只是站在地方看地方，便很可能陷入地方的宣传口径而不察。

4月19日快下班时，海南分社发来一稿，称第二天省里要召集中央驻琼媒体座谈，分社作为代表要发言，希望推荐给一版用一下，为发言添点“底气”。分社有特殊情况要关照，理当支持。但虽然“急就”也不能“将就”，质量标准不应降。

来稿首先是形式上太“将就”。一个时期以来，我们反复强调新闻要“用事实说话”，讲故事；而此稿还是“数字当家”，一个导语里塞进了近10个数据。更主要的是内容上存在多处硬伤，有些说法欠推敲。让值班编辑与分社沟通，如果要往一版推荐，有几处地方需适当修改。

翌日，虽然我们没给一版推荐，此稿却在二版显要位置刊出。

见报稿只将原稿删了几个字，所指出的问题基本没改。为什么没改？也许是时间太紧，来不及，但更主要的，大概认为“内容上存在多处硬伤”的说法不算什么。

见报是稿子质量的一个重要标准，但不是唯一标准。既然是奔着上一版写的，记者心中应该有比“见报”更高的标准，我们这些做“嫁衣”的，心里也应该有一把标准更高的量尺。所以，虽然稿子已见报，这个问题仍想拿出来说一说、议一议，或有助于以后编稿中“站位意识”的增强。

内容上的问题之一，是“西南部电厂两台机组只用一年零两个月就建成投产，创造了全国同类项目建设工期的最快速度”。我认为举这样的例子和当前经济形势的大气候不符。

当前经济下行，中央着力调结构的重大举措之一就是“去库存”，能源行业同样如此。这些年能源项目投资冲动一直没有得到有效抑制，发电机组严重过剩，机组发电小时年年下降。不久前看到一个2016年一季度全国火电机组的发电统计，海南同比减少200多个小时，全国倒数第一。

还有，我们知道核电机组和火电不一样，一旦开动了就不宜停，但是，“海南省刚刚投产的1号机组（昌江核电站）……设备平均利用率为57.06%。”（《中国能源报》2016年5月2日报道《一季度三省核电遇消纳问题》）况且，海南一直大打生态环境牌，定位于“打造国际美丽岛”。从这个角度看，也不宜把电厂建设作为发展亮点多说。2016年4月18日本报“长江构建‘绿走廊’”栏目里，江苏分社便这样报道过：“年初，扬州毅然做出了令外人颇为惋惜的决定：停建一个‘十二五’期间获批的投资110亿元的火电项目。”

问题之二，原稿中有“琼海博鳌机场4个月迁坟3502座、征地4107亩”一说。我说迁坟、征地是很敏感的事，尤其又只用了4个月时间，能保证其中没后遗症吗？所以，此类“加速度”还是不提为宜。见报稿仅删去了“迁坟3502座”。前不久，就在海南，海口市秀英区长流镇琼华村发生拆违暴力执法事件，网上极大关注。后来 5 名殴打群众的联防队员被刑事拘留，秀英区区长引咎辞职，风波始息。可谓殷鉴不远。

问题之三，“博鳌机场从开工到试飞仅用 10 个月，创造了世界民航机场建设史上的奇迹”，没有说明消息来源，看来是政府方面提供的某个材料里的说法，由某级地方政府来下一个“创造了世界民航机场建设史上的奇迹”的结论，很不妥当，权威性也不够。

这三个问题，倘若只从地方角度看，确实都是地方工作的亮点，符合当地实际。但是，如果不是站在“五指山”上，而是站到“天安门”上看呢？

上述三个问题，绝不只是我个人的一点感觉，有的有政策依据，有的则有明确要求，记者落笔不能不慎。

以前米博华副总编辑讲如何写新闻评论时常常强调，最重要的是要全面看、看全面，全面了才能够对论题有透彻的认识。

近代国学大师王国维有言：“诗人对宇宙人生，须入乎其内，又须出乎其外。入乎其内，故能写之。出乎其外，故能观之。入乎其内，故有生气，出乎其外，故有高致。”（《人间词话》）

说的是写诗，事实上写新闻也是同样道理，必须“出乎其外”，站位要高，视野要宽，才能看得全面。视野一开，格局才大；视野一开，标准才立；格局大了，才能实事求是发现真正的亮点，才有“高致”。

一季度 GDP 增 9.7%　第三产业增 13.8%

海南加速度释放新动能

本报海口 4 月 19 日电　记者从海南省一季度经济运行情况新闻发布会上了解到：今年一季度，海南经济实现良好开局。全省地区生产总值 944.57 亿元，比上年同期增长 9.7%，其中第三产业增加值 538.62 亿元，增长

13.8%，为近 5 年来同期增长最快。房地产销售面积同比增长 78.1%。一季度全省接待游客总人数 1610.69 万人次，同比增长 13.4%；旅游总收入同比增长 14.2%；其中，入境游客明显回升，同比增长 41.1%。

海南第一季度经济运行的良好态势，来自一个个项目建设的“加速度”。西南部电厂两台机组只用一年零两个月就建成投产，创造了全国同类项目建设工期的最快速度。投资 22 亿元、建筑面积 17.3 万平方米、有 1200 个床位的省肿瘤医院用 26 个月建成并高水平运营。博鳌国宾馆 6 个改造项目，按常规要 600 天才能干完，但海南省国资委仅用了 150 天就高质高效完成。建筑面积达 4158 平方米的博鳌论坛新闻中心从动工到验收只用了 174 天，比常规缩短了 5 个多月。成美国际医学中心用 3 个多月就建成了 150 张床位的一期工程。总建筑面积 12.5 万平方米的三亚国际会议中心历时 20 个月即建成投用。

海南“加速度”保障各项中央投资项目、省重点项目的开工建设顺利进行。2015 年全省开展的投资项目“百日大会战”，一举开工上千个项目。琼中 15 天完成中线高速征地 3422 亩；琼海博鳌机场 4 个月征地 4107 亩。博鳌机场从开工到试飞仅用 10 个月，创造了世界民航机场建设史上的奇迹。

“‘海南速度’的背后，体现了以海南持续健康发展为大、以海南百姓小康幸福为先的‘海南精神’。”海南省委书记罗保铭说，海南各级党委政府转变作风，以上率下，凝聚起抓项目、解难题、克难关、实现又好又快发展的强大动能。

（原载《人民日报》2016 年 4 月 20 日）

宁为刚健不痴肥

2012年是中国新闻社成立60年，中新社负责人在庆典发言中特别提到了“实（讲事实、平实）、宽（报道领域宽）、短（简短）、快（报道及时）、活（行文活、角度新）”5个字的“中新文风”。

当时报社正在广泛讨论“如何改进文风”。

何为好文风？似乎很难用哪句话做定论。古人说：文贵简。“简”无疑很重要，古人甚至认为“简为文章尽境”。

那么，如何理解这个“简”字呢？我以为有这样几个“关键词”：

一是简短，不仅是文章的篇幅要短，而且句要短，词要短。如明人吴纳《文章辨体序说》言：“篇中不可有冗章，章中不可有冗句，句中不可有冗字。”因此必须“锤字炼句”，百炼成字，千炼成句。

二是简洁。洁者，净也。洁则忌多，减始能净。简洁必精悍，精练。杜绝空话、废话、套话。

三是简明，须“言浅而思深，意微而词显”，“意贵透彻，不可隔靴搔痒；语意脱洒，不可拖泥带水。”（〈宋〉严羽《沧浪诗话》）白居易作诗必令老妇能懂的做法，历来受人称道。

四是简朴。朴者，不着脂粉耳。古人谓“大文弥朴，质有余也”。“凡事莫过于实。辞达则足矣，不烦文艳之辞。”（〈三国〉何晏《论语集解》）强调简朴，针对的是“好浮华而不知实核，美众多而不见要约”。新闻教科书里也有个生动的说法：一个动词，胜过一打形容词。要多讲事实，少讲道理，用事实诠释道理。

但即使理解到位，做到位也很难。不过，搞明白了“简”的要点，改文风自然也就容易找准抓手。

比如说“简短”，虽然一直倡导写短文，但总是难以短下来，很重要的一个原因，就在于如果光强调“篇”短，而“句”没短，“词”没短，依然冗词冗句充斥，那么即使篇幅短下来，“简则简矣，于神情特不生动”，依然不是我们求简的初衷。“文约而事丰，此述作之尤美者也。”（〈唐〉刘知几《史通·叙事》）我们追求的是既要“文约”，还要“事丰”。

首先是段落的化繁为简。有人或以为形式不重要，但它实实在在契合读者快速阅读的心理，可以增强阅读者对文章的亲和感。

事实上，稿件多分段，除视觉上让人觉得简洁、清爽外，更重要的，长段好藏拙，段落一短，有些臃肿冗杂的毛病就自然暴露出来，便于我们“打扫卫生”。

最主要的功夫当然还是下在让句式简短、用字用词的力求简洁洗练上。

所谓短句，一方面是说句子要尽量求短，但事实上又不可能句句都短，因此，另一方面，是长句中一定要有短句，长短错落，“大珠小珠落玉盘”。这样，文字就有了跳跃感，文笔才能流动起来。

“莫将画竹论难易，刚道繁难简更难，君看萧萧只数叶，满堂风雨不胜寒。”

明人李东阳这首题竹诗，形象地道出了求简之难。

难归难，却非不可为。为文要“意在笔先”，改文风也要“意在笔先”，落笔之前，心里先装下这个“简”字。“安得奇峰做笔挥，宁为刚健不痴肥。”不仅敏于思考，更勤于实践，持之以恒，定会大有收获。

“同每一个词搏斗”

一次，杨振武社长看了地方部两期业务研讨快讯后，对其中两处特别赞赏。一是云南分社徐元锋、杨文明文中写的“一周采访独龙江，一周挑灯细打磨”；二是安徽分社钱伟稿中提到与刘杰社长“整整一天时间，一句句读，一字字改”。“我认为这种精神和作风既是两稿成功的关键，也是我们写好稿、出精品所不可缺少的。”

杨社长还曾在总编室《夜班值班手记》上批示：“一分耕耘一分收获。……推敲之苦，打磨之累，应成为编辑之乐，而且要乐此不疲！”

著名作家马尔克斯曾这样说自己的写作：“同每一个词搏斗。”他希望自己的作品“从第一行起到最后一行都能紧紧抓住读者”。其实，杨社长两个批示要强调的也是这一点，就是要我们把改文风落实落小落细，一字一句都认认真真写、认认真真编、认认真真抠，无论是采是编，都要“同每一个词搏斗”。

《陕西宁陕　四亩地镇农村“会”多》故事精彩，写得也精彩。当天编前会评报认为，这是一篇很接地气的精品力作。

> 秦岭，初春。群山环抱间的四亩地镇严家坪村桃园梁组，村口摆上大红的八仙桌，18户人家“掌柜的”围坐一圈，山板栗壳儿嗑一地，新年里首场“群众会”热乎“开张”。
>
> “同意画钩，反对打叉，今儿个有理大家说，咱们把何朝松家承包集体林地的事儿议一议。”联村干部彭超将票发给桃园梁组的村民们。

文章一开篇，就用平实质朴的语言给我们描绘了一幅富有秦地风情的画卷，或者说犹如一组生动的电视镜头，从远处的秦岭，拉到群山环抱间的村落，又推至村口的大红八仙桌和围桌而坐的村民，直到一地山板栗壳儿，接着出现了“同期声”——干部和村民对话。正如阎晓明副总编所称赞的：“这篇报道离现场很近，有耳闻、有目睹，有对话，一看就是深入采访的作品。”

但是，细审改样，通察全篇，却不禁感到，倘若以“同每一个词搏斗”来要求，显然还没“斗”到位。报道中有情有景有对话的描述部分，写得很好；交代故事来龙去脉的叙述部分，一是有文件腔，二是不够简练，相比而言功夫没下够。

文字是报道的载体，什么样的报道得有什么样的文字，这就好比做什么样的衣服得用什么样的料子。这样一篇富有乡村气息、泥土味的报道，官腔官调格外打眼，叙述部分的文字，也应力求质朴平实，文件味越少越好。

对比原稿和见报稿，可以察觉编辑在修改中力求“去文件味”的良苦用心：

原稿：“针对这些情况，从2014年初开始，四亩地镇让‘镇上少开会、村里多开会’。”

改稿：“怎么把话说对？从2014年初开始，四亩地镇让‘镇上少开会、村里多开会’。”

上个自然段，镇书记说道：“不是所有干部都能开好群众会，特别是化解矛盾的会，经常哪句话说不对，就闹得不欢而散。”因此，用“怎么把话说对？”来承接上文，转得自然顺畅，完全避开“针对这些情况”这种文件语言。

原稿：“在四树坪村，省重点工程项目施工造成的扬尘问题最早就是通过群众会反映出来。”

改稿：“四树坪村的省重点工程项目施工造成扬尘问题，就是群众会上反映的。”

改动很小，起句的“在”字式，改为口语感稍强的“的”字式。这样的小改小动也值当一提吗？值当。口语化是一件说来简单做来极难的事，所谓的“口语感”，就是在这种一点一滴的琢磨、细抠中形成的。记得总编室曾就改造政策解读的文件腔时说过：文件之所以干巴，就是中规中矩的公文体没有变化，因此，一定要口语化一些。有那么“一些”，就会发生化学变化。

确实是宝贵的经验之谈，一语中的。积“一些”小改动，报道就会出现化学式大变化。严谨、规整的“在”字类句式少“一些”，甚至没了，文章口语感就会增强，读来便觉流畅。仔细琢磨一下，“就是群众会上反映的”，是不是比“就是通过群众会反映出来”更上口一些呢？原因就在改掉了“通过”“出来”这种书面用词。

改稿中还有多处对书面说法的修改。比如，“对路面进行洒水”，改为“给路面洒水”，“对……进行……”这个书面句式消失了；“由企业足额保证运行费用”，改为“足额拨了运行费”，“保证运行费用”自然不如“拨运行费”口语感强。甚至，原稿起句“日出雪融，秦岭春晓”，两个四字句工整大气，颇得古人论文章起句要“峰势镇压含盖”之要义，编辑改为“秦岭，冰雪初融”，版面改定为“秦岭，初春”，不只省了字，也是服从于语感，着眼于与报道乡土味、风情画的文字风格趋近。

再看语言简练问题。

改稿整段删掉的只有原稿最后一段的事例。所谓“五岳归来不看山”，有了开头群众会协商“何朝松家承包集体林地的事儿”和“省重点工程项目施工造成扬尘问题”这两个故事，“古里沟组修建自来水”这个故事性稍逊的事例完全可删。而这一段不过200字，原稿近1500字，见报稿1000多字，还有约300字怎么删掉的呢？无非是编辑一句一句、一字一字抠掉、炼掉的。

比如，原稿写得最精彩的开头部分中，“野生山板栗壳儿嗑了一地”，见报稿为“山板栗壳儿嗑一地”。少仨字。秦岭深处的村民们在自个儿家门口嗑个山板栗儿，无须特别强调“野生”。

“省重点工程项目施工造成扬尘问题”一段中，原稿有一句为“让企业出资13万元购买了一台洒水车，并交给我们地方上管理，同时由企业足额保证运行费用”，见报稿为“企业出资13万元买了一台洒水车交我们管，同时足额拨了运行费”，少了十来字。这里最明显的，是一句里重复出现“企业”一词。“富于万篇，贫于一字。”字句重复，历来为作文所忌。

实事求是说，即使列出这些问题，这篇稿仍堪称质地精美。既如此，为何仍要“鸡蛋里面挑骨头”呢？

《咬文嚼字》编辑部近年有个创新，每年都选若干当红作家的作品“吹毛求疵”挑语病，正视听。据说效果不错。原因便是名家名品，更具典型性，传播价值更大。

拿一篇好报道来“开刀”，也是这个意思。

想特别提醒各位编辑的是，“同每一个词搏斗”，记者负首责，但非全责，否则编辑何干？特别是面对“质地精美”的稿件，瑕疵虽小更令人扼腕。与其痛惜，不如自己挺身而出，“搏斗”一番！

陕西宁陕

四亩地镇农村“会”多

秦岭，初春。群山环抱间的陕西宁陕县四亩地镇严家坪村桃园梁组，村口摆上大红的八仙桌，18户人家“掌柜的”围坐一圈，山板栗壳儿嗑一地，新年里首场“群众会”热乎“开张”。

“同意‘画钩’，反对‘打叉’，今儿个‘有理大家说’，咱们把何朝松家承包集体林地的事儿议一议。”联村干部彭超将票发给桃园梁组的村民们。

“老何家分家，一户分三户，要求在集体林中户均再多承包60亩地，”彭超和村支书周文兴现场唱票，“12票反对，4票赞成，2票弃权，群众一事一议没有通过。”投票结果摆在眼前，何朝松也服气，当场在会议记录上签了字。“要不是开群众会，搁往常这种事儿能‘掰扯’小半年，根本协调不下来。”周文兴告诉记者。

四亩地镇的群众会如今很受欢迎。“九山半水半分田”的四亩地镇，总面积达370平方公里，却仅辖5村19组4010人。山大沟深，住户分散，四亩地镇党委书记彭儒宝深有感触。一次，太山坝村民陈凤武找他打听新农合方面的政策。“你还当过村干部，咋都不熟悉政策？”彭儒宝很惊讶。“村上很久没开会了，大伙住得散，通信也不便，惠农政策问谁都说不清。”陈凤武回答。

而近年来省里一些重点工程项目相继在四亩地镇实施，矛盾纠纷多发。“镇上干部与农户接触较少，群众诉求没有及时反映到镇上，处理矛盾纠纷时就很被动。”彭儒宝介绍，“不是所有干部都能开好群众会，特别是化解矛盾的会，经常哪句话说不对，就闹得不欢而散。”

怎么把话说对？从2014年初开始，四亩地镇让“镇上少开会、村里多开会”，探索推行“干部下村组、多开群众会”。要求各村以村民小组为单位，有重点项目的村每月一次，其他村至少两个月要开一次群众会。镇上对村的考核，100分里群众会占了7分。镇上的科级联村领导、包村干部、村支书、村主任、文书、组长必须参加群众会，书记、镇长应邀参加群众会。为此，四亩地镇把每月第三周设为无会周，压缩精简全镇性会议，让镇村干部腾出更多精力和时间下村组开群众会，接地气，把准脉，工作抓细抓实。

四树坪村的省重点工程项目施工造成扬尘问题，就是群众会上反映的。“晴天一身灰、雨天一身泥”，镇干部张宏武告诉记者，群众一反映，镇干部立即与工程项目部进行协商，要求企业给路面洒水。过一阵群众会又反映洒水效果不好。“我们调查后发现，企业没有按时按次洒水，就又找企业，最后通过县上协调，企业出资13万元买了一台洒水车交我们管，同时足额拨了运行费，如今扬尘问题已彻底解决。”

2014年，四亩地镇5个村19个小组开了186场群众会，共排查矛盾126起，其中群体性矛盾17起，全部有效化解，无一例越级上访。

（原载《人民日报》2015年3月18日）

原　稿

陕西宁陕：四亩地镇农村“会”多

日出雪融，秦岭春晓。

群山环抱间的严家坪村桃园梁组，村口摆上了大红的八仙桌，18户人家“掌柜的”围坐一圈，野生山板栗壳儿嗑了一地，新年里首场“群众会”热乎“开张”。

“同意‘画钩’，反对‘打叉’，今儿个‘有理大家说’，咱们把何朝松家承包集体林地的事儿议一议”，联村干部彭超将票发给了桃园梁组的村民们。

“老何家分家，一户分三户，要求在集体林中户均再多承包60亩地”，彭超和村支书周文兴现场唱票，“12票反对，4票赞成，2票弃权，群众一事一议没有通过。”投票结果摆在眼前，何朝松也服了气，在会议记录上当场签了字，“要不是开群众会，搁往常这种事儿能‘掰扯’小半年，根本协调不下来”，周文兴告诉记者。

“九山半水半分田”，地处秦岭腹地的陕西省宁陕县四亩地镇，总面积达370平方公里，却仅辖5村19组4010人。山大沟深、群众散居的现状，让四亩地镇党委书记彭儒宝深有感触。有一次，太山坝村民陈凤武找到彭儒宝打听新农合方面的政策，“你还当过太山坝村的村干部，咋都不熟悉政策？”彭儒宝很惊讶。“村上很久没有开过会了，大伙住得很分散，通讯也不方便，惠农政策问谁谁也说不清”，陈凤武回答他。

同时，近年来省一些重点工程项目相继在四亩地镇实施，矛盾纠纷易发多发，群众上访意见大。“镇上干部尤其是领导干部与群众农户接触较少，特别在处理矛盾纠纷时，群众诉求没有及时反映到镇上来，处理起来就很被动。”彭儒宝介绍，而且不是所有干部都能开好群众会，“特别是矛盾化解的会，经常哪句话说不对，就闹得不欢而散，需要主持会议的干部提前准备充分和调研，并且熟悉农村工作的方法技巧。”

针对这些情况，从2014年初开始，四亩地镇让“镇上少开会、村里多开会”，探索推行“干部下村组、多开群众会”。要求各村以村民小组为单位，有重点项目的村每个月一次，其他村两个月至少要开一次群众会，镇上的科级联村领导、包村干部、村支书、村主任、文书、组长必须参加群众会，书记、镇长应邀参加群众会。镇上对村的考核，100分里群众会占了7分。

在此基础上，四亩地镇把每个月的第三个周设为无会周，压缩精简全镇性会议，让镇村干部腾出更多的精力和时间下到村组召开群众会，抓好各项工作落实。2014年，四亩地镇5个村19个小组开了186场群众会。

在四树坪村，省重点工程项目施工造成的扬尘问题最早就是通过群众会反映出来。“晴天一身灰、雨天一身泥”，四亩地镇干部张宏武告诉记者，群众会将问题反映出来后，镇干部立即与工程项目部进行协商，要求企业对路面进行洒水，过了一阵，群众会又反映出来问题，说洒水效果不好，“我们调查后发现，原来企业没有按时按次进行洒水，降尘效果得不到保证，我们又去找企业谈，最后通过县上协调，让企业出资13万元购买了一台洒水车，并交给我们地方上管理，同时由企业足额保证运行费用，现如今洒水车每天都要洒六七个来回，扬尘问题得到了彻底解决。”2014年，四亩地镇共排查矛盾126起，其中群体性矛盾17起，全部得到有效化解，无一例越级上访。

群众爱开会，齐心干起来。四亩地村古里沟组修建自来水，需群众投工投劳，部分村民有意见。村上召开了群众会，把原因给群众讲明，使自来水工程很快就建成投入使用。“开群众会不仅能听政策，还能解决实事，现在只要是听说开会，大伙都积极参加。”严家坪村红岩山组村民蒲春荣所说的“实事”就是红岩山组的通组公路，这是四亩地镇2014年为民办实事的十件事之一，而每年十件实事就是从各村的群众会上收集民意确定的。

把太硬的打碎

《贵州“实体店”+“淘宝店”做活公共服务》一稿编辑环节很认真，与分社数次沟通，往复修改，最后又对分社的改稿从文章结构、行文等方面做了不少修改，改短了，改实了，也改好看了。文一短，亮点就容易跳出来，于是又改出一个好标题。原题为：《贵州集成打造公共服务超市》。“超市”的说法虽然生动，但已用过多次。相比而言，“实体店”+“淘宝店”的说法，要新鲜许多。

但读编完的送审稿时，感觉第二段仍不好读。

将公共资源交易中心和政府政务服务中心合二为一，贵州打造建设公共服务中心，集中办理政务、商务、事务，着力构建“审批服务一站式、资源交易一系统、公共服务一条龙”的大服务格局，打破部门、行业、地区间“信息壁垒”，实现公共服务跨部门、跨地区的协同互动和数据资源共享互认，集成打造“公共服务超市”。

字句是通的，可咋就觉得不顺呢？问题就出在绕来绕去的，把人绕糊涂了。

公文语言本来就硬，不大通俗，再来回说，反复说，便把人绕晕了。比如，这么短的一段，“服务”这个词就出现了 7 次。怎么办？就得把太硬的打碎，整块不好消化，变碎变小就好消化了，就晓畅易懂了。

这一段后面的第三段原来这样写：

“换成以前，根本发现不了这些细微关联，有了大数据就不一样。”公共资源交易中心主任张洪解释，去年底中心运用大数据分析发现，有6家企业参与投标达50次以上，仅有1家企业中标1次，其余中标次数为零，说明“陪标专业户”仍然存在。

对送审稿做修改时，把这两段糅到了一起。招投标中有陪标专业户的情况，在一个短消息稿中说不大清，便不如不说，枝枝蔓蔓的东西去掉一点，文章主干会更清晰，鲜活些的内容插到第二段叙述性的文里后，文章也会生动一些，读者也容易读明白。

这是贵州构建“审批服务一站式、资源交易一系统、公共服务一条龙”大服务格局带来的变化。“搁以前，根本发现不了这些细微关联，有了大数据就不一样。”公共资源交易中心主任张洪解释。公共服务中心的“大数据”，源于将公共资源交易中心和政府政务服务中心合二为一，打破部门、行业、地区间“信息壁垒”，政务、商务、事务跨部门、跨地区协同互动，数据资源共享互认。

两段这样重新组合后，术语断续表达，中间插入公共资源交易中心主任张洪的解释，让术语通俗易懂；“服务”也少了好几个，不绕了，稿件读来也就轻松了不少。

附——

政务商务事务集中　线上线下虚实一体

贵州　“实体店”+“淘宝店”做活公共服务

本报贵阳10月3日电　“很可能存在串标行为。”贵州省公共资源交易中心的电子招投标系统发出报警，“6 家不同公司的投标文件，均来自同一台电脑。”调查结果表明，这 6 家公司确实存在串标行为，最终给予每家 15 万元行政处罚，暂停半年招标资格。

这是贵州构建“审批服务一站式、资源交易一系统、公共服务一条龙”大服务格局带来的变化。“搁以前，根本发现不了这些细微关联，有了大数据就是不一样。”公共资源交易中心主任张洪解释道。公共服务中心的“大数据”，源于将公共资源交易中心和政府政务服务中心合二为一，打破部门、行业、地区间“信息壁垒”，政务、商务、事务跨部门、跨地区协同互动，数据资源共享互认。

“利用大数据，不仅能及时发现问题，还能提前警示，减少人为因素干扰。”张洪介绍说，中心将原本分散在各行政部门的省级工程建设、政府采购、产权交易等六大类 139 项交易项目全部集中到省公共资源交易平台，全程实行电子化管理，所有交易参与方的行为都会留下电子痕迹，所有工作步骤和音视频资料均可溯可查。

“对申报量大的单位来说，跑腿次数大大减少，便捷度大大提升。”接受培训后，贵州省计量测试院工作人员欧晓念已能熟练使用网上办事系统。省政务服务中心建设省级网上办事大厅后，目前行政审批事项网上可申报率已达 80% 以上，年内可实现省市县三级网上行政审批事项“应上尽上”。

“服务中心窗口就像实体店，网上办事大厅好比淘宝店，我们提供多种服务渠道供群众选择。”政府政务服务中心主任李荣说。截至今年 6 月，省政府政务服务中心各窗口部门共受理申请 38065 件，日均受理 200 余件。

（原载《人民日报》2015 年 10 月 4 日）

用方言如何添彩不添堵

某日读报，一下子就被《人民论坛》的标题吸引住了——《苏州过后无艇搭》(2017 年 7 月 4 日)。不大明白，便想弄明白。

文章开头就说：

> “苏州过后无艇搭”，在香港，习近平主席用一句粤语俗语，叮嘱香港同胞珍惜机遇。

“苏州过后无艇搭”到底是什么意思呢？读完全篇也没见解释，虽然读完后大致意思也有几分明白，但心里总不那么踏实。于是访“度娘”，道是粤语俗语，意思是不要错失良机，类似北方那个俗语“过了这村没那店”。

适当运用方言，一是可以强化语言表现力，为文章增色；二是方言寓意丰富，形象生动，普通话往往无法表达到位。习主席在香港那样的语境里，用这样一句粤语俗语，能够一下子拉近与当地民众的距离，而且把意思表达得十分到位。

但是，写文章的人就不同了，你是做二次传播，语境变了，就得考虑相机应变。这句粤语或在粤语地区很有名，可在粤语区外的南方也未必所有人都明白，我这个家在苏州旁边的无锡人，便从没听过这个说法。很多北方人更是未必明白。不是众所周知的用语，写到文章里时，还是解释一下为好。

著名作家陈忠实对写文章如何用方言，有精辟见解。他道，写作时“表述语言中掺进方言，有如混凝土里添加石子，会强化语言的硬度和韧性”。

但他紧接着又说了一句："从字面上让外地读者猜不出七成意思的方言，坚决舍弃不用，用了反倒成了阅读障碍。"

方言在作品中的作用是双向的，处理得当可以为作品"添彩"，处理不当则有可能给读者"添堵"。

习近平主席在香港这样说，是"强化语言的硬度和韧性"。而我们写文章的照用不误，不添注说明，就会给猜不出意思的读者"添堵"。况且，这还不是文章中一句普通的话，是奔着题旨、做了标题的，相当关键呢，它影响着读者对文章意义的理解。

而要接通"意义"，首先就得让读者准确理解这句话的内涵。

说一说这个问题，是因为有的分社记者写稿有时也喜欢用一句两句方言俗语。如何添彩不添堵？做编辑的，不可不察。

编辑何时该做加法？

改文风倡导“短实新”，首先是让报道短下来。眼下绝大多数来稿偏长，所以编辑要做的第一位的事，是做好“减法”——删繁就简。而这只是矛盾的主要方面。编稿，目的是让稿件出采，让稿子里的文眼更亮。因此，有时候还需要学会适当做点“加法”。

2014 年 3 月 2 日《人民日报》头版《带着信心起跑》的第三部分“改革没有一个旁观者”中，举了河南信阳的例子，两个目的，一是这个部分主题是要说明全社会各个层级都在动起来，各尽所能为全面深化改革出力，信阳市长代表地市一级；二是举改革中比较棘手的城镇化方面的探索事例，有助于深化主题。

原稿这样写：

“让新增劳动力成为城市肌体充满活力的细胞，实现的才是‘人的城镇化’。”全国人大代表、河南信阳市长乔新民说。

他调研中遇到过这样一对小夫妻。4 年前，河南省信阳市平桥区的樊勇和媳妇还在南方两地制衣厂打工。当时老人留守在老家，高血压糖尿病，孩子到了上学年龄，一家人分居三处，生活很是奔波。就在这时，家乡领导主动联系他们，要请他俩回信阳“当师傅”。

原来，信阳平桥区发展起来一处“实训基地”，这里既是培训工人的大学校、实践课堂，又是企业的“第一车间”，还是起步企业的“孵化器”。夫妻俩成为制衣企业的特聘老师，专门把农村劳动力培训成熟练的制衣工人。每批培训 200 多人，夫妻俩已带出近两千熟练工。产业周围配套建设了住房，他们下班可以步行回家，老少三代住在一起。

信阳在如何实现“人的城镇化”方面做出探索，是个不错的故事，但原稿没说清这个故事的意义。

我编稿时对这段做了改写，见报稿：

城镇化，很热的话题；如何实现“人的城镇化”？很难的问题。全国人大代表、河南信阳市市长乔新江说，一定要千方百计让新增劳动力成为城市肌体充满活力的细胞。

信阳市平桥区的樊勇和媳妇前些年一直在南方的制衣厂打工。两人两地，留守的老人患了高血压糖尿病，孩子又到了上学年龄，十分痛苦。就在这时，家乡领导主动请他俩回信阳“当师傅”。原来，老家办了“实训基地”，既培训工人，又是企业“第一车间”，还是起步企业的“孵化器”。夫妻俩成为制衣企业的特聘老师，负责把农村劳动力培训成熟练制衣工。现在，他们住在基地配套盖的新房里，老少三代一起成为“新市民”，还“孵化”了几千“准新市民”——他俩的徒弟。

对比原稿，我加了一点东西——“老少三代一起成为‘新市民’，还‘孵化’了几千‘准新市民’——他俩的徒弟。”

其实，仔细读一下原稿，里面含有这个意思，但是没有点出来、说清楚，如果那样，这个例子在报道里的价值就不大了，因为没说透和“人的城镇化”的关系。改写后虽然稍稍加了点字，但是一下子把灯芯挑亮了，把文眼擦亮了，这个例子就有了神采，也给报道添了风采。

“新市民”“准新市民”这种说法原稿没有，是通过平时学习，对“人的城镇化”的内涵领会后依据稿件内容做的提炼。因此，编辑要学会做“加法”，首先是平时要做好知识、政策储备等方面的“加法”。

要品读蕴含在数字里的意义

数字是枯燥的，可很多报道数字往往又必不可少。因此，报道中用数字，须掂量又掂量，斟酌再斟酌。

《无锡市　创新驱动产业升级》是篇反映地方经济发展的报道，难免要用数字说话。编辑时发现，原稿少了几个关键性数字，影响了报道的说服力。遂打回让记者补充。

比如，导语说，无锡双良集团凭借 17 项创新专利，产品让上海迪士尼乐园每年减少二氧化碳排放量 7.5 万吨，这家传统制造企业引领着世界溴化锂中央空调的潮流。

紧接着第二段说：

> 在无锡，像双良这样执着精耕的企业，从小到不起眼的拉链，大到航空发动机和燃气轮机，占据了众多细分行业高地；也正是依托这些极富创新精神的企业，让连续 4 年增速下滑的无锡实体经济，迎来了提速增效的“拐点”：今年上半年，全市实现地区生产总值增长 7.5%，规模以上工业总产值同比增长 4.1%，两项增速均高于去年同期。

由点及面。但是，这个“面”，不应该只理解为今年上半年无锡市地区生产总值数字，还应该有无锡市科技创新方面的数字。少了创新这个“面”的介绍，不只是行文过于跳跃，而且在逻辑上少了一个能让读者信服的环节，光有“众多”“这些”这样笼统、模糊的说法是不够的。况且，既然是《人民日报》头版头条的报道，那么这个数字还得有相当含金量，有足够说服力。

再如，这篇报道的主题是"创新驱动产业升级"，稿件后半部分用了不少数字，但是可以让读者直观了解、明白报道主题的数据，却没有。比如结尾："无锡高技术产业完成工业产值1231.16亿元，同比增长6.9%，高于全市规模工业产值增速2.8个百分点。"只是拿自己比自己，这说明什么呢？要知道，普通读者对上千亿的产值数是没什么清晰感觉的，"1231.16亿元"很高吗？它的不同寻常之处又在哪里呢？

9月29日，记者把改稿发回，有修改，数字也有变化，但此前存在的问题依然没解决。社领导要求节前抓紧编发一批稿供国庆长假期间备用，再打个往返怕来不及，编辑直接往稿子里补充了些数据——赶巧我是无锡人，9月下旬无锡开第十三次党代会，朋友在微信里发过点东西，有图有数据。不足之处是，只能将就着微信里有的数据选择。

在第二段开头，加了这样一组数据：

> 无锡市去年全社会研发投入占GDP比重达2.78%，万人发明专利量25.4件，科技进步贡献率达62.2%，居江苏省第一。

在这样一个背景下，下面再讲"依托这些富于创新的企业"也就有依据了。江苏是全国著名的经济大省，科技进步贡献率能居江苏省第一，这样的数字既斤两准足，也直观好看。

结尾处讲高新技术产业产值，又加了"占全市工业总产值比重超过43%，单位土地面积GDP产出居全省第一"两个数据。这是给读者提供一个参照物。无锡是历史悠久的工商重镇，传统工业历来发达，只说高新技术产值数，读者没概念，说高新技术产业产值在整个工业总产值中"超过43%"，就比较容易帮助读者做出判断，"创新驱动产业升级"的说法也就能立定脚跟。"单位土地面积GDP产出居全省第一"，更是对前面所述的加强，让读者一目了然。

原稿说到“创新对无锡企业、产业发展的支撑力和带动力不断增强”时，只举了江阴长电科技有限公司的例，道是“在全球一著名品牌的最新款手机中，29 颗元器件里有 11 颗出自江阴长电”，论证显得过于单薄。修改时增加了原稿没有的一组数据：“最新中国企业 500 强、中国制造业企业 500 强排名中，无锡入围企业分别达 13 和 22 家，居江苏省第一。”这样的数据比单个企业更能说明问题，读者也容易明白。

这次对无锡的报道，是中宣部组织的，多家中央新闻单位参加。我特地关注了一下其他媒体报道中对数据的使用。

央视《新闻联播》10 月 5 日播出《无锡：“腾笼换鸟”转型升级》时，也是以“2015 年，无锡市科技进步贡献率达到 62.2%，位列江苏省第一”这个数据结尾。

新华社 10 月 9 日《新华每日电讯》头版头条刊发《喜看“无锡拐点”》，报道中很注意采用能说明意义的数据，比如：

> 今年上半年，无锡工业经济实现近几年最好开局。无锡市政府提供的统计数据表明，工业投入增长 13.2%，分别高于全省和全国平均 2.3 个百分点和 9 个百分点。
>
> 在近日发布的 2016 中国企业 500 强、中国制造业企业 500 强、中国服务业企业 500 强榜单上，无锡有 13 家企业入围中国企业 500 强，占江苏省 44 家入围企业的 29.5%，这 13 家锡企清一色均是制造业为主的企业集团。
>
> 无锡市科技局副局长赵建平说，2015 年，无锡企业研发经费占销售收入比重达 1.51%，已连续多年位列江苏省第一位。
>
> 截至今年上半年，全市工业投入在全省排名由 2009 年的第 12 位上升至第 7 位，由低于全省 11.2 个百分点上升到高于全省 2.3 个百分点。

很多人主张报道里少用数据，甚至认为“太多的数据无异于毒药”。没错，少用，但不是不用，像上面举的新华社稿，其中每组数据最后的那个数据，都是对前面数据做说明的，不能不用，因为都用在了紧要处。不是“毒药”，是“补药”。“多乎哉？不多也。”多了这样一个数据，读者就多了一份明白，多了一份信服。

唯物辩证法告诉我们，事物的一定质量表现为一定的数量，一定的数量又反过来表现一定的质量。所以，有经济学家曾说：“哪里有数，哪里就有美。”美在哪里呢？就美在数据里蕴含着意义——有质量。采访中我们采集到了大量的数据，写稿时用哪个？用在哪儿？用多还是用少？是需要我们对这些数据好好品读的。

一定要用有质量的数字，能说明观点，体现思想，服务主题。

无锡市　创新驱动产业升级

凭借 17 项创新专利，无锡双良集团让上海迪士尼乐园更节能、更环保，每年可减少二氧化碳排放量 7.5 万吨。这家传统制造企业能够引领世界溴化锂中央空调潮流的奥秘，就在于其拥有行业内唯一的国家级技术中心和博士后工作站，坚持技术创新。

无锡市去年全社会研发投入占 GDP 比重达 2.78%，万人发明专利量 25.4 件，科技进步贡献率达 62.2%，居江苏省第一。一大批像双良这样的企业，小到不起眼的拉链，大到航空发动机和燃气轮机，凭借创新“专利”，占据了众多细分行业高地。也正是依托这些富于创新的企业，连续 4 年增速下滑的无锡实体经济迎来提速增效的“拐点”：今年上半年全市实现地区生产总值增长 7.5%，规模以上工业总产值同比增长 4.1%，均高于去年同期。

无锡素以工业发达著称。2015 年，无锡市委新班子把“产业强市”作为推进供给侧结构性改革的重要抓手，明确提出以“智能化、绿色化、服务化、高端化”为引领，全力打造无锡现代产业发展新高地。“支点”放在哪？无锡市委形成高度共识：抓创新驱动，促产业升级。

无锡吉兴汽车部件有限公司通过与高校合作，成立了汽车声学部件技术研究院研发攻关，让汽车在 112 公里 / 小时的速度下车内风噪仅为 35.5 分贝……大批企业像吉兴一样，推动产学研良性互动，让先进技术走出“深闺”，转化为产业升级动力。

据统计，无锡承担实施的国家、省重大科技专项项目中，八成以上通过产学研合作进行；在无锡获省科技厅立项的 218 项省重大成果转化项目中，82% 是产学研合作项目。

如今，创新引领，在无锡企业界蔚成风尚。全市大中型企业和规模以上高新技术企业普遍建有研发机构，累计建成省级以上工程技术研究中心 506 家。

创新对无锡企业、产业发展的支撑力和带动力不断增强。最新中国企业 500 强、中国制造业企业 500 强排名中，无锡入围企业分别达 13 和 22 家，居江苏省第一。

企业强，则产业兴；创新强，则后劲足。据统计，今年上半年，无锡高新技术产业完成工业产值 1231.16 亿元，同比增长 6.9%，高于全市规模工业产值增速 2.8 个百分点，占全市工业总产值比重超过 43%，单位土地面积 GDP 产出居全省第一。

（原载《人民日报》2016 年 10 月 4 日）

原稿第二稿

无锡：创新驱动产业升级

凭借 17 项创新专利，无锡双良集团让上海迪士尼乐园更节能、更环保，每年可减少二氧化碳排放量7.5万吨。这家引领世界溴化锂中央空调潮流的传统制造企业长盛不衰，奥秘在于其拥有行业内唯一的国家级技术中心和博士后工作站，始终坚守技术创新。

在无锡，像双良这样执着精耕的企业，从小到不起眼的拉链，大到航空发动机和燃气轮机，占据了众多细分行业高地；也正是依托这些极富创新精神的企业，让连续4年增速下滑的无锡实体经济，迎来了提速增效的“拐点”：今年上半年，全市实现地区生产总值增长7.5%，规模以上工业总产值同比增长4.1%，两项增速均高于去年同期。

2015年，无锡市委新班子把“产业强市”作为推进供给侧结构性改革的重要抓手，明确提出以“智能化、绿色化、服务化、高端化”为引领，全力打造无锡现代产业发展新高地。

对工业集聚度高的无锡而言，建设产业强市、重振产业雄风的“支点”在哪？无锡市委答案明确：让创新驱动成为推动产业升级、经济发展的强大引擎。

作为乡镇企业发源地的无锡，如果说当年的“星期天工程师”是企业提高生产技术的途径，如今正通过外脑来解决创新难题。本地民营企业无锡吉兴汽车部件有限公司，通过与中科院声学研究所、西安交通大学等十多所科研院所合作，成立了汽车声学部件技术研究院研发攻关，让汽车在112公里/小时的速度下车内风噪仅为35.5分贝，媲美深海百米以下静音。

产学研良性互动，让更多先进技术走出“深闺”，转化为产业升级动力。据统计，在无锡承担实施的国家、省重大科技专项项目中，八成以上通过产学研合作进行；在无锡获省科技厅立项的218项省重大成果转化项目中，82%是产学研合作项目。

来自于国家超级计算（无锡）中心自主研制的“神威·太湖之光”，以1分钟完成地球人32年的计算速度，位居世界超级计算机之首，让人见识了无锡的创新追求。如今，创新引领，在无锡企业界蔚成风尚。全市大中型企业和规模以上高新技术企业普遍建有研发机构，累计建成省级以上工程技术研究中心 506 家，108 家企业研发机构入选省重点企业研发机构，5 家研发机构列入省产业技术研究院序列。

创新对无锡企业、产业发展的支撑力和带动力不断增强：在全球一著名品牌的最新款手机中，29 颗元器件里有 11 颗出自江阴长电科技有限公司。这家曾经濒临倒闭的小厂，已脱胎换骨成长为国内最大、世界第四的半导体封测企业，其自主研发的一项技术，获得国家和世界知识产权组织共同颁发的发明专利金奖。

创新也让企业发展步入“快车道”。上半年，无锡高技术产业完成工业产值 1231.16 亿元，同比增长 6.9%，高于全市规模工业产值增速 2.8 个百分点。

“太多的数据无异于毒药”

一则《编后》发表后产生的社会影响，有点始料未及。

当时，国家发改委针对社会热点发表了《近期能源资源产品价格改革进展》一文，其中分析了我国国情客观上要求成品油不能像美国一样实行低税负和低价格的政策，具有很强的现实针对性。我遂将这一部分内容摘出，加了一个题《别老跟美国比油价》，作《中国能源报》当期评论。

《中国能源报》一版的版式，右边栏为评论，一栏到底。此文刊后底下空了一截。从版式美观的角度考虑，不宜再放别的稿，于是狗尾续貂，我急就了一个 300 字的《编后》补白。结果刊出后喧宾夺主，不少网站纷纷转载。

新华网：媒体称中石油中石化平均工资是国人 4 倍

中国新闻网：别老跟美国比油价？“双雄”平均工资约是国人 4 倍

中广网：石化双雄工资是国人 4 倍人力成本超美国 4 倍

凤凰网：石化双雄平均工资是国人 4 倍

有些媒体又引用这篇“编后”的观点展开评论。比如，《燕赵都市报》刊登了署名王清的评论：《人力成本是美国的 4 倍　原来油价是这样被拉高的》。《法制晚报》评论：《平均工资是国人 4 倍　别老跟石化双雄比收入》。

《编后》中所引数据，来源于 2009 年 7 月 10 日《国际金融报》头版“国金时评”《不争气的“石化双雄”——为国内成品油价超高找寻注解》。

同是评论，同是人民日报旗下的报纸，同样锋芒直指垄断巨头，为何《国际金融报》上的评论关注者鲜，而我这篇“二道贩子”的“补白”反受青睐呢？

我觉得有一个重要原因是，《国际金融报》那篇评论用了十几组数据，数字太多，埋没了石化双雄工资是国人4倍，而人力成本则超美国4倍这个最打眼的数字，是把肉埋到了碗底。我的这篇“补白”，仅选用了这个最能说明问题的数据，粉虽不多，但擦到了脸上。

写评论常常要用数据说话，因为说理的重要方法之一就是算账，它通过对事物数量的分析、描述、推导、计算，揭示其本质、规律及意义。算账当然要用数据，用得好，文章自然会生出一种不容置疑的说服力。可用得太多了，又不免让人感到枯燥。所以大量运用数据，也是新闻评论写作的大忌。

正如《〈华尔街日报〉是如何讲故事的》一书的作者威廉·E. 布隆代尔所强调的：“我们很清楚，太多的数据无异于毒药，所以记者在处理数据时，要做的第一件事情就是去掉那些无关紧要的数据。”

附 ——

编后

推进资源性产品价格改革，既是完善社会主义市场经济体制、提高资源配置效率的客观需要，也是推动节能减排、促进我国经济发展方式转变的迫切要求。胡锦涛总书记在十七大报告中提出要“完善反映市场供求关系、资源稀缺程度、环境损害成本的生产要素和资源价格形成机制”，因此，必须抓住当前国际油价相对较低的有利时机，稳妥推进成品油价格改革。

油价改革万众瞩目，讲“国情”是必须的，但同时，也不能不讲“企情”，推动我国石油企业的改革同样刻不容缓。

目前，社会上希望中石油、中石化降低成本、提高效率的呼声相当强烈。前不久，《财富》发布了2009世界500强排行榜。数据显示，中石化和中石油的效率仅为美国埃克森美孚公司的1/23，而“双雄”的平均工资是国人的约4倍，相当于埃克森美孚的1/6。也就是说，“双雄”的人力成本约等于美国的4倍。如果“双雄”能够通过与埃克森美孚“对标”，找出差距，降低成本，提高效益，我国的油价完全可以在现有基础上降一块。倘能如此，社会上还会老是冲着“双雄”，或拿美国油价，或拿“天价吊灯”什么的说三道四吗？

（原载《中国能源报》2009 年 8 月 10 日）

不争气的“石化双雄”

——为国内成品油价超高找寻新注解

詹启智

7 月 8 日，《财富》中文网首次与《财富》英文网同步发布 2009 年《财富》世界 500 强排行榜。受 2008 年国际石油价格上涨的重要影响，排名前十的企业中，石油企业占 7 席。中石化、中石油的排名较 2007 年有大幅提升，分别由第 16 名、25 名上升到第九名、第 13 名。然而，与排名提升极不相称的是中国“石化双雄”经营业绩的不济。在中国消费者支付了几乎是全球最高油价的基础上，相比世界最赚钱的埃克森美孚，“石化双雄”显得如此不争气。

埃克森美孚的经营规模是中石化的 2.13 倍、是中石油的 2.45 倍；利润是中石化的 23.06 倍、中石油的 4.40 倍；埃克森美孚的经营规模是中石化中石油的 1.14 倍，利润是“双雄”的 3.72 倍。埃克森美孚的利润率 10.21% 比中石化 0.94% 高出 9.27%，是中石化的 10.86 倍；比中石油 5.67% 高出 4.54%，是中石油的 2.25 倍；比“双雄”平均利润率 3.13% 高出 7.08%，是其平均利率的 3.26 倍。埃克森美孚（8.6 万人）的人均营业收入 514.943 万美元是中石化（68.2 万人）人均营业收入 30.4713 万美元的 16.9 倍，是中石油（108.7 万人）人均营业收入 16.6626 万美元的 30.9 倍，是“双雄”人均营业收入 21.9863 万美元的 23.42 倍。埃克森美孚的人均利润 52.5814 万美元是中石化人均利润 2876 美元的 182.83 倍，是中石油人均利润 9449 美元的 55.65 倍，是“双雄”人均利润 6879 美元的 76.44 倍。

在中国油价比美国高出 20% 多的情况下，“石化双雄”获利水平仅仅是埃克森美孚约 1/3。何以会出现这种让中国人赧颜的“高价低利”？何以会出现中国人用高价也扶不起来的“石油阿斗”？其实，原因也是很清楚的。一切都可以从“垄断”上找到注解。

加上仅仅为美国 1/23 的效率，还有相当于国人约 4 倍、相当于美国 1/6 的平均工资，也就是约等于美国 4 倍的人力成本。因此，中国石油产品成本高于美国的真正原因就是管理落后带来的效率低下。这一差距也展现了中国油企降低成本向管理要效益的巨大潜力。

利润是企业竞争力的基石，利润率是企业竞争力的指数。“石化双雄”要改变利不如人的窘境以提高竞争力，有两条路可走：一是眼睛向外，继续涨价，让消费者为其买单；二是眼睛向内，加强管理，提高效率。但不知“石化双雄”何时才能学会眼睛向内，为国人增光，让国人消费合理价格的石油产品！国人更愿乐见成本低廉、优质高效、让利于民，跻身世界 500 强的中国“石化双雄”！

（原载《国际金融报》2009 年 7 月 10 日）

读者关注的数据不能省略并应解读

2015 年 8 月 12 日天津发生特大爆炸事故。互联网时代，这类新闻报纸自然干不过新媒体，本报抢发了一条三四百字的简短消息，8 月 14 日才以较大篇幅报道，而看手机的人早对此耳熟能详了。所以，有些情况我们的报道似乎确实不必多说，但毕竟本报是第一次具体报道这桩灾难事故，那么，灾难程度还是不该省略的。

这是一起特大爆炸事故，先后发生了两次爆炸，第一次的烈度相当于 3 吨 TNT 炸药当量，第二次相当于 21 吨 TNT 当量，本报所刊报道《天津危险品仓库爆炸四问详解》，宜在“一问：伤亡损失情况如何？”中提一笔。然而没有。

如果放这一段里行文不好组织，那么，也可以在“二问：事件是怎么发生的？”中介绍一下。还是没有。

互联网时代，报纸所受冲击不言而喻，但仍然不可替代。其中一个原因，就是便于关注新闻者深度阅读。

我为什么仍想看报纸呢？手机上看这个新闻时冒出一个疑问：24 吨 TNT 当量意味着怎样一种破坏烈度？

有的新媒体稍后对此也及时做了深度解析。比如，《新京报》新媒体在事故发生 14 小时左右时，用 3D 技术立体呈现了“相当于 21 吨 TNT 同时引爆”的爆炸威力；《新京报》动新闻制作了动画视频《天津爆炸现场冲击波有多大》，用动画的方式模拟了爆炸对当地居民和环境的巨大冲击，并辅以自救教程。新华社客户端动新闻也利用 3D 技术模拟还原了爆炸及二次爆炸发生的情况。

此外，《南方都市报》在版面上对信息做了可视化处理，将核心数据从伤亡情况和爆炸威力两个方面做了梳理。

可见，很多媒体这方面的意识都很强，爆炸到底有多严重，是受众、读者很关注的一个点。

当然，也有一种情况，或许我们前方记者提供了这方面的情况，是版面编辑时因内容太多而“省略”了。而这个问题仍值得特别提一下，以引起我们今后作灾难报道时的重视。

欣慰的是，我关心的问题，《环球时报》作了解读，8 版上专门有篇介绍文章《24 吨 TNT 当量是什么概念》。当然，《环球时报》是针对自己的读者对象多为“军迷”作的解读。也吹毛求疵一下，《环球时报》此期头题《天津特大爆炸震动世界》，文里第一个小标题就是“爆炸相当于 24 吨 TNT 当量”，宜在文中讲到这个情况时后面加个括号——（详见 8 版《24 吨 TNT 当量是什么概念》）。

发现数字的深意与新意

每年7月份经济新闻中最多的一个词就是“上半年”，“上半年”新闻中最多的就是数字。

2004年7月，轮到我值夜班，几乎每天都会与这类稿件打交道，多了几分比较，也便多了些许思考。

（一）莫忽略了最有亮点的数字

日常生活中，树上跳动一只活泼的小松鼠，草坪上落下一只美丽的小鸟，都能吸引我们津津有味地欣赏半天。然而，一旦进了动物园，最容易抓住人们眼球的，往往就是那些个头大的动物了。

报道半年、一年工作情况的新闻，也有这一特点，特别是综合经济类新闻，涉及很多重要数字，大数字里还要来个“其中”，再排出一串数字。而由于大数字太多，“其中”里的小数子，也就如同动物园里的小动物，有的虽新闻价值极高，却往往容易被我们忽略。

8月6日，一版报眼刊发消息《机电产品进出口上半年增四成多》。这么重要的内容为什么到了8月才报呢？其实，这一新闻7月13日就上过一版，之所以没给人什么印象，原因就在于淹在一堆大数字里了。

7月13日的消息为《上半年我国贸易进出口额逾5000亿美元》，消息分析了我国2004年上半年外贸进出口总值、一般贸易进口、与主要贸易伙伴双边贸易、重要进出口商品等情况，在介绍出口商品情况时，提了一笔：“上半年，机电产品出口1406.3亿美元，增长46.3%，占同期我国出口总值的 54.5%，比去年同期提高 3.9 个百分点。”

机电产品占外贸出口半壁江山，上半年出口增长了四成多，无疑是上半年外贸出口中最大的一个亮点，宜将这一数字从外贸综合消息中拎出来单做。此稿迟至 8 月 6 日见报，是有关部门公告各新闻单位后才发的。如果记者在报道上半年外贸形势综合新闻时，从一大串大数字中对这一最有亮点的“小数字”多一分关注；再深入采访一下，那么，也许就抢到了一个“独家报道”。

（二）莫以“数额”论英雄

2004 年 7 月 12 日，国民经济版刊登了这样一条消息：

（主题）**我国烟草行业保持平稳发展**

（副题）上半年实现税利 1000 亿元　卷烟焦油含量降至 13.5 毫克

这条消息原为该版头条，值班副总编辑江绍高签发最后样时指出，烟草行业不是国家鼓励发展的行业，其他行业要是翻番发展，大家无不称好，唯独烟草，这十几年产量翻番，税收交得也多，但大家意见也最大。因此，这样的新闻不能光看“实现税利 1000 亿元”，既要考虑其对财政的贡献，更要考虑报道的负面影响。以后要少报这样的数字新闻，而多抓数字里真正的新闻，比如“卷烟焦油含量降至 13.5 毫克”之类。

此稿当即被调到较低位置。但要真正吃一堑长一智，却不是件容易的事。

7 月 22 日、23 日，国民经济版接连两天编发了两组 12 篇数字新闻——“各地经济新亮点”。稿都不长，编来却也费周折。其中有一篇换稿，是西部某省上半年工业增长迅猛。确实，光看百分比，相当可喜。但联系到前一时期一些媒体披露的东中部污染产业有向西部转移趋势，国家宏观调控的重点——钢铁、电解铝、水泥等行业有些西部地区发展过猛等，就不能不对这个西部省工业高增长的“喜人数字”打个问号。因为不能以数额论英雄，增长不等于发展，即使是大幅度增长。

（三）别让“最新”的光环掩住不新但最有价值的新闻

抓新闻当然要追求时效性，但时效性不强，不等于新闻性也不强。特别要注意的是，不应让一串“最新数字”的耀眼光芒炫弱了自己对新闻的敏感。

7 月 21 日国民经济版《我国出境人数跃居亚洲第一》稿，消息来源为国家旅游局年中工作座谈会，披露了 2004 年上半年旅游业各项最新数字，故消息原题为《上半年旅游市场恢复振兴形势良好》。也许正因如此，记者对其中一个时效性较弱的数字没有引起足够重视。原稿第三段中有这样的内容：“据了解，去年，我国出境总人数达到 2020 万人次，首次超过日本成为亚洲出境人数最多的国家。”

这是一个迟报的数字，但其新闻价值高于一组组旅游业上半年工作情况的最新数字。因此，夜班编辑把这一时效性虽弱、但新闻含金量更高的数字标入了主题。

（四）抓住那个最贴近读者的数字

眼下是数字时代，数字中有大量新闻，新闻中离不开大量数字，但数字确实又很枯燥。如何让枯燥的数字抓住读者的眼睛？十分重要的一点，就是要善于抓其中与读者生活最接近的、最通俗的数字。

7 月 29 日，国民经济版刊发消息：《上半年城镇居民收支同步增长 8.7%》。记者对居民收入的增长情况，从分收入来源、分收入组等不同方面进行了分析，夜班编辑删掉了“分收入组”等一大段，但保留了这样的内容：“截至 6 月底，每百户居民拥有汽车 2.04 辆，比去年同期增加 0.95 辆，增长 71.4%。每百户居民拥有手机 107 部，增长 28.1%。”

原因是，这几个数字普通读者一看就明白，与大家最贴近。这样的把握是正确的，但和其他新闻单位对这则新闻的处理相比，我们在处理上仍显保守。当天《经济日报》处理同一内容的消息，标题即为：《我国每百户居民拥有汽车 2 辆》，使这篇充斥数字的消息一下就抓住了读者的注意力。

7 月 30 日，国民经济版刊一消息：

（引题）*商务部发布预测分析报告*

（主题）**下半年物价上涨的压力将进一步缓解**

（副题）上半年消费品零售总额实现 25249.2 亿元

消息来源是商务部发布的上半年国内市场情况及全年发展趋势预测分析报告。记者把上半年的情况作为新闻主体，原稿以《上半年消费品零售总额实现 25249.2 亿元》为主题。夜班编辑反复琢磨后认为，对于普通读者来说，无疑对下半年物价是不是继续会涨、会涨多少这方面的数字更为关心。因此，决定将原来的主题和副题掉一下个儿，让《下半年物价上涨的压力将进一步缓解》作主题，而把原主题改作副题。

善于发现和抓住与读者最贴近的数字，既是记者的使命，也是编辑的职责。

（五）要关注标志性数字

上半年过去后，方方面面都在盘点自己的一亩三分地。我从一份内部材料上看到，电力工业盘点出这样一个数字：截至 5 月底，我国发电装机容量已经突破 4 亿千瓦。

4 亿千瓦，一个让人眼睛一亮的数字，尤其在当前闹全国性电荒的背景下。这类大的整数字，醒目，抓人，对读者有一种冲击力，而且往往代表着相关工作取得的阶段性成就，如 2003 年我国人均 GDP 突破 1000 美元。因此，这样的数字往往具有强烈的标志性，值得我们关注。

从 7 月下旬开始，编前会做了重大改革，加强了抓新闻的力度，举措之一，就是要各部主任预告重要新闻。于是部主任天天向各组组长要题目、要线索。一连几天，工业组没啥好报，我忽然想起“4 亿千瓦”这个数字，觉得这是一个具有标志性意义的重要数字，虽然时间已过去了两个月，但仍不失报道价值。当即与跑电力的记者联系。记者腿勤手快，当天就交稿。

8 月 6 日，本报在一版显要位置刊发了这一消息：

（主题）**我国发电装机容量超 4 亿千瓦**

（副题）未来 15 年还须新增装机 5 亿千瓦以上

消息介绍了我国电力建设的最新成果，向读者传递了我国电力建设从去年起已进入历史上发展最快时期，成为目前世界上唯一每年投产 2000 万千瓦大中型发电机组的国家等重要信息。

这个标志性的数字，同样也引起了各新闻单位的重视。本报的消息刊出后，新华社补发了这一新闻，经济日报也在第二天刊登了这一重要消息。

（六）把重要数字掰开、揉碎、研细

前面提到，2004 年上半年我国机电产品出口近 1500 亿，商务部对全年外经贸业绩做了预测，其中最惹眼的数字之一，就是 2004 年机电产品出口有望达到甚至超过 3000 亿美元，增长三成。

众所周知，今年国家调低了经济发展预期目标。年初，由于实施新的出口退税政策，企业面临出口成本上升压力，加之国际贸易保护主义抬头，贸易壁垒增加，很多人担心占外贸出口半壁江山的机电产品是否还能继续一路快奔。因此，机电产品出口全年有望达到 3000 亿美元，这个数字是沉甸甸的，很值得细说。

8 月 10 日，国民经济版刊发述评《机电产品出口　向 3000 亿美元冲刺》，及时而解渴。记者从出口产品结构愈趋优化，通过升级换代的高新技术产品价值升高、跳出了低价竞销的老路，下半年机电产品能够继续保持出口增长的四大利好因素等多角度对“3000 亿美元”这一重要数字做了解释、分析，最后推导出结论：“今后几个月，机电产品出口仍将保持递增，并最终带给我们冲破 3000 亿美元大关的好消息。”

数字传递的是最简洁的信息，现代生活促使人们关注数字，但同时现

代社会每个人都快淹没在信息的海洋中了。数字信息虽然简洁，但有时并不明了。记者的职责就是为读者们导航，告诉他们那些重要数字的来龙去脉，包涵的意义。特别是对读者关注的重要数字，应做出自己的分析、解释、评论，或提供更详尽的情况和有关背景材料，从而帮助读者理解这些重要数字的本质意义。现在时尚的说法叫“解读”，通俗一点说，就是须把那些重要数字掰开、揉碎、研细，原原本本告诉读者。这，其实也是深度报道之一。

（七）学会还原数字

数字是枯燥的，但数字背后有事，有人，抓住了这些，读者就不感到枯燥；数字是抽象的，但抽象的东西是可以还原成形象的。

《福布斯》有一个著名的报道准则：商业报道不只是一堆枯燥的数字，要生动地报道出数字背后的人，描述对象的个性特征，再适当添上一两个生活小故事。

用这样的要求看我们的报道，差距之大显而易见。现在我们的新闻里往往只见一堆数字，不见人，不见事，更遑论“生动地报道”人和事。

7月30日一版综述《铁路“先行官”宏观调控挑重担》，开篇颇有点让人眼睛一亮的感觉：

> 7月25日，江西吉安地区气温高达38摄氏度。南昌铁路局吉安车务段吉安站，担负电煤调车作业任务的橘红色东风7型5294调机来回穿梭在站区股道间。已近中午12时，机车动力室气温高达50摄氏度，司机欧阳小平趁着空隙，手里卷着棉纱，“弓”着双脚，给机车设备做保养，豆大的汗珠顺着脸庞流下，他说：“电煤运输十万火急，干调车活重责任也重。”据了解，7月19日抢运电煤战役打响后，6天时间，吉安站调车点共计为华能电厂运送电煤8.96万吨。

这篇写铁道部门抢运电煤的稿子，导语跳出了罗列一堆综合性最新统计数字的老套，用一个生动的场景引入往下读。虽然通篇看来，写法上也只有这个开头可圈可点，但记者这种努力把数字还原成形象、勇于突破的意识还是很值得赞许的。

数字可以从报告中、文件中来，故事不行。数字后的故事是对采访作风的考验。

把抽象的数字还原成形象性的东西，讲故事当然最受读者欢迎，也包括尽可能地用形象、生动的语言来概括数字。比如，2003 年 8 月，英国政府在上海举办“创意英国”系列活动。英国人这样用一组数字介绍自己的科技优势：

> 人口占世界 1%，研发经费占全球 5%，创造全球科学著作的 8%，被引用数量占 9%；科学家获得 70 多次诺贝尔奖，仅次于美国，最近 10 年中，5 次获得诺贝尔医药奖；世界上平均每 10 种抗生素就有 5 种出自英国的医药制造业。

一堆数字，读来却并不让人感觉枯燥，仔细分析一下，原因就在于作者对数字的选择是做了精心考虑的，在叙述上也不是简单罗列，而是屡屡转换笔法。

8 月 2 日，一版通讯《敢与世界化工巨子试比高》，介绍蓝星集团如何搞兼并重组做强做大。这家企业不太出名，要让读者对其有个大概印象，最简要的办法，就是用数字勾勒一下。记者是这样安排这组数字的：

> 蓝星的有机硅居全球第六；蓝星的离子膜烧碱装置制造能力居全球第六：蓝星在连续法工程塑料 PBT 领域居亚洲第一；蓝星的发家产业工业清洗以及双酚 A、环氧树脂、聚甲醛、聚碳酸酯、膜技术等，拿了 16 个全国第一。还有，柯达、富士，人们再熟悉不过的名字了，然而

有谁知道，柯达近50%的彩色显影剂原料出自蓝星；每10张彩照中，就有3张写着蓝星的贡献……

前三项是排列，“16个全国第一”是概括，接下来，则抓住彩色显影剂原料一项，作形象化“特写”。由于注意了笔法的变化，这堆数字读起来便不那么枯燥了。

再比如，将数字进行图表化处理。图表新闻简明、直观、精确、形象。在主编《十六大特刊》一版时，我们曾做了一次尝试——推出一个《中国制造：80项世界第一》，以表格的形式将80项产品的产量依次列开，使读者一目了然。它嫁接了电子传媒的传播手段，又集美术、摄影、线条、文字、数据于一体，可以突出视觉强势，扩大信息张力。特刊是预拼版，做这种处理相对容易些；新闻版时间紧，这样做难度大，但也并非不能。新华社近年来开发了一个新产品——常将一些当日新闻中的数据摘出来绘制成图片新闻，很受媒体欢迎，本报也经常选用。可见，困难确实是客观存在的，但更关键的，还在于我们的眼光与勇气。

数字新闻虽然枯燥，但如果我们能发现数字的深意和新意、赋予它生动的形式，那么它就会变得不那么枯燥而赢得读者的喜爱。最为关键的，就在于我们必须善于学习，视野开阔。别让思维、新闻采写和编辑的理念先枯燥了，荒漠化了。

第五辑

观千剑而后识器

杜甫诗云："读书破万卷，下笔如有神。"对诗圣此说，清代的袁枚别有会心："不知'破'之一字，与'有神'之二字，全是教人读书作文之法。盖破其卷而取其神，非囫囵用其糟粕也。"（《随园诗话》）提醒后人要熟读深思，沉潜涵泳。

著名文论家刘勰也有一个提醒："凡操千曲而后晓声，观千剑而后识器。故圆照之象，务先博观。"一个"博"字，点出要害。爱同憎异，贵乎合己，贱乎殊途，是人之常态。还有一种常情则是：敝帚自珍，以己之长，轻人所短。而"文章天下之难事，其法度杂见于百家之书"，不放开胸怀、放出眼光"博观"，何来"圆照"，何以"有神"？正如鲁迅先生说："必须如蜜蜂一样，采过许多花，这才能酿出蜜来。倘若叮在一处，所得就非常有限、枯燥了。"

所以多学习多鉴赏，当"不薄今人爱古人"，既重名家，也不轻新锐，甚至自己的同事。孔夫子早就说过了：三人行，必有我师。

重提“学好才能写好”

一个海岛县扒开原先联结大陆的土坝，准备改建一座桥。这是新闻吗？

事情发生在浙江。某中央新闻单位在浙机构连则小消息都没发，人民日报浙江分社社长王慧敏却就此事写了一篇通讯。这篇通讯竟还登上 11 月 25 日《人民日报》头版头条：《昔日填海筑坝　而今撤坝建桥——玉环再改图》。

报道刊出当天，这个新闻单位的领导大吃一惊，要求相关记者反思，找找差距。

差距在哪儿？

记者说，也知道玉环将建这座桥，但眼睛里只看到了一座桥。

改革开放后，浙江建了一批各种各样的桥，港珠澳大桥通车前，目前世界上已建成的最长跨海大桥就在浙江——杭州湾跨海大桥，全长 36 公里。而玉环要改建的桥，才 3 公里多。以桥看桥，便看不见新闻了——简讯都没发。

听王慧敏社长说，他是在省里一个会上听说玉环要撤坝建桥这桩事的，大为兴奋，“从事新闻多年，碰上这样具有历史意义的新闻事件的机会并不多。”

王慧敏看到了啥？

10 月 12 日，漩门湾大桥及接线工程正式开工建设。昔日堵港筑坝，而今撤坝建桥，玉环进入新的发展阶段。

“新”在何处？通讯结尾借市交通局长的口一语道出：

坝改桥，不只是简单的交通方式的变化，还可充分发挥玉环独一无二的海洋资源作用，恢复和改善海湾生态环境。它标志着玉环经济发展方式质的飞跃。

习近平总书记在党的十九大报告中号召我们奋力建设现代化国家，既要贯彻新发展理念，推动经济发展质量变革、效率变革、动力变革，又要绿色发展，“是人与自然和谐共生的现代化”。

40年前填海筑坝，40年后却撤坝建桥，玉环再次改画了地图这篇报道，恰好生动地反映了十九大的新精神。虽然玉环只是一个县级市，但小中见大，体现了新思路、新作为、新气象。

记者漏稿，是因为眼里看到的只是一座桥，王慧敏看到的则是从填海筑坝到撤坝建桥的深刻变迁。他不仅深入学习领会十九大精神，“观云识天”，而且，目光洞穿了40年岁月风云，从巨大的时空嬗变中，敏锐地发现、捕捉住了新闻。这样的新闻发现力来自哪里呢?

我不禁想起他的一篇旧作。

2004年年初，新疆生产建设兵团的五家渠、阿拉尔、图木舒克3座城市同时挂牌宣布建市。不久，兵团的38个重点小城镇建设也全面拉开序幕。

对此，无论新华社、央广、经济日报，还是新疆本地媒体，大多以一则简讯了事。时任本报驻新疆站站长的王慧敏却认为：兵团建设小城镇和地方上建设小城镇，意义有很大不同。它表明，兵团正在实现历史性的跨越。

稿子发回编辑部，以擅长写政治散文著称的梁衡副总编批示：“这是一篇具有重大政治意义的报道。”要求版面突出处理。

3月25日，《人民日报》在头版头条位置刊发了这篇消息：

（引题）*从经营农业到建设城市　全面打造38个小城镇*

（主题）**新疆生产建设兵团实现历史性跨越**

报道（详见本书第58页）刊出后，《新疆日报》和《兵团日报》均在重要位置转载。兵团领导盛赞这是为兵团发展及时“把脉”，政委亲自给王慧敏打电话，“代表兵团200多万将士向人民日报表示感谢”。

“为什么你会独辟蹊径选择这个角度？”曾有同行这样问他。

王慧敏披露其独家秘籍：之所以对兵团能有较透的了解，得益于学习。“到新疆驻站后，我曾经用了一个多月时间到兵团图书馆系统地查阅了兵团的史志、年鉴和回忆文章。”

读史不仅让人了解昨天，也让人明白今天，并看到明天。一个多月的系统学习，让王慧敏对兵团屯垦戍边的使命越发清晰。戍边伊始，“不与民争利”，团场大多分布在“路到头、水到头、电到头”的穷乡僻壤。进入新时代，只有地方经济繁荣发展，只有充分发挥出促进新疆现代化进程的作用，兵团才能完成戍边卫国的历史使命。“而今，兵团从经营农业转向建设城市，这不是历史性跨越是什么？”王慧敏说。

就这篇稿件的采写情况，王慧敏写了一篇业务研讨，题目就叫《学好才能写好》，他说：

> 记者的工作，不分昼夜。我们中的许多人，不停地采访，不停地写作，确实疏于“充电”了。只有不断地学习，才能登高望远；只有不断地“充电”，才能把握时代的脉搏。可以说，学习，是登上“天安门”的阶梯；学习，是畅行“田埂”的路基。作为党中央机关报，权威性、宏观性、指导性是我们的魂。要使报道做到这“三性”，须臾离不开学习。

转眼十多年过去，记者中普遍疏于“充电”的状况仍然存在，因此这一番所感所论，读来也仍然振聋发聩、给人启迪。

腹有诗书气自华。那家新闻单位的领导让记者找找差距，最大的差距，恐怕就在这里。今天重提王慧敏社长十多年前写的旧文，最大的现实意义，恐怕也在这里。

还是拿人民日报原社长王晨对年轻记者说过的一句话给此文结尾吧：

不要做一棵才长了半尺就想结穗的谷子，那样，尽管穗形看上去也很风致，但谷粒终究是瘪塌塌的。只有不断增加学养，新闻之树才能葳蕤常青。

附——

昔日填海筑坝　而今撤坝建桥

玉环再改图

王慧敏

“翻开浙江省地图，可以看到东南沿海有一个玉环岛，和大陆隔着一条狭窄的海峡。但是，今后地图上的这一处要做一些改动了——玉环县的人民以辛勤的劳动在海峡中填出了一条宽阔的大坝，已经把玉环岛同大陆连接在一起。”

这是 1978 年 2 月 16 日，《人民日报》刊登的一则新闻——《玉环岛人民改画地图》，报道当年浙江玉环县委树雄心立壮志，带领全县人民改造大自然，填海建设一条大坝，把海岛同大陆连接起来。

《人民日报》盛赞这一移山填海壮举。玉环从此结束孤悬于大海的历史，也改画了地图。

玉环地图又将再次改画——10 月 12 日，漩门湾大桥及接线工程正式开工建设。昔日堵港筑坝，而今撤坝建桥，玉环进入新的发展阶段。

玉环岛面积 186 平方公里，隔着一条叫漩门的海峡孤悬于浙东海域。漩门海峡水势湍急，多漩涡，素有“龙窝”“险峡”之称，给出行带来极大不便。当地民谣唱道：“漩门湾，鬼门关，眼望漩涡泪斑斑。”

“当时有三套解决方案，一是造桥，二是结合水力发电，三是堵坝。因为当时我国的造桥技术还不过关，经过综合考量，决定采取第三套方案。”原玉环县交通局副局长、今年 91 岁高龄的李端士回忆。

40 年前，玉环移山填海造田，堵港修塘并蓄淡水，把一个玉环变成两个玉环。漩门大坝也从此架起了玉环从海岛小县向经济强县发展的腾飞之路：生产总值 2016 年已达 465.13 亿元，40 年增长 700 多倍；人均生产总值 2016 年达 108947 元，40 年增长 500 多倍。1994 年玉环就跻身全国综合实力百强县，2017 年在百强县市排名中升到第 27 位。

然而，随着玉环车流激增、经济高速发展，14 米宽的坝已不能适应需要，造桥成为改善交通最经济、最高效的办法。玉环市委、市政府（玉环后撤县设市）果断决策，撤坝建桥。

11 月 21 日，记者在玉环市芦浦镇看到，随着挖掘机轰鸣，S226 沿线的 40 多间房屋相继被推平，漩门湾大桥拆迁工作有序推进。拆迁户林根于看着自家 4 间临街店面被拆除，尽管有些不舍，但话说得实在：“就眼前看，店面房拆了会少很多收入，但大桥建成后能产生更多人流、车流，我会加倍赚回来。”市交通运输局局长王庆飞说：“坝改桥，不只是简单的交通方式的变化，还可充分发挥玉环独一无二的海洋资源作用，恢复和改善海湾生态环境。它标志着玉环经济发展方式质的飞跃。”

（原载《人民日报》2017 年 11 月 25 日）

向鲍尔吉学什么

2015年10月11日《人民日报》头版头条《扶贫惠民全覆盖　昔日穷村变福村》，报道内蒙古“十个全覆盖”工作成就。12月2日6版头条也是这个主题：《十个全覆盖　生活富起来》。同一主题的两篇通讯，有何不同呢？

同是写村里的变化，前一篇开头：

> 9月18日，朝霞映在内蒙古兴和县鄂尔栋镇十一号村院墙上，看着全村远景规划图、“十大工程简介”、村容村貌照片，65岁的老村长曲祥难掩激动：“我们村有300多年的历史了。从我爷爷起就在这里生活，以前什么样，现在什么样，我一清二楚。现在家里家外都美起来了。”

家里家外到底怎么美呢？报道没说。

后一篇开头：

> 隆冬时节，记者走进内蒙古赤峰市翁牛特旗乌敦套海镇三十家子村，干净整洁的公路街巷、整齐划一的农家小院让人眼前一亮，而广场东侧灰墙红瓦、木格花窗的民俗博物展室更引人注目……

家里家外的美有一些粗线条勾勒，“干净整洁”“整齐划一”，还多了两个形容词“让人眼前一亮”“引人注目”。

但总体说来，两篇通讯都像这开头一样，不吸引人，没有“让人眼前一亮”。

从2014年1月起，内蒙古自治区投入800亿元实施“十个全覆盖工程”，惠及全区农牧民的住房、饮水、村道硬化、通电、通广播等，是自治区成立以来最大的民生工程，变化巨大而深刻，我们的报道该如何去表现呢？

2015年10月21日，《人民日报》副刊刊发作家鲍尔吉·原野的《大地吹过锦缎的风》，李宝善总编辑批示：“非常好的文章！人物、故事、情景、趣味、思想、政策、知识等等元素一应俱全，是难得的高水平文章。”

且看鲍尔吉笔下的内蒙古农村之变：

在开鲁县王家店村，我见到一位老太太在街灯下推着婴儿车走，不禁一愣。过去尘土飞扬的北方村庄里没见过谁推着婴儿车走，农民不是买不起婴儿车，也不是没婴儿；村庄坑坑洼洼，雨后泥泞，婴儿车往哪儿推呢？鄂伦春自治旗一位村主任说：“我们这地方没媳妇行，没靴子不行。”他在说笑话，也说人急眼了，路比媳妇还重要。如今村巷硬化，农村牧区终于完成了一件大事，老百姓都高兴。在巴林左旗一个村子，一帮妇女们坐在水泥路面上聊天，东北叫唠嗑。我问：“咋坐这儿啦？”她们说：“这多干净啊，唠嗑还能守家望院。”她们由稀罕自个儿的家，发展到稀罕整个村庄。

宁城县一位老乡说，他们村娶媳妇需要“一动不动”，“动”是轿车，“不动”是房产。老乡说：“轿车和新房咱都弄得起，关键路不行，车开不进来呀！”如今街巷硬化了，好多农牧民家门口停着轿车。行业数据说，从去年开始，内蒙古农村牧区购车人数明显增加，我理解新媳妇数量也应该同步增加了。

鲍尔吉敏锐地抓住村子里“街巷硬化”这个新变化，呈现给读者的是新鲜的、有陌生感的场景，一读就能抓住我们的眼球。同时，在写作上又是具体的，有现场，有对话，而且话是道道地地群众的话，“一动不动”的说法多形象，坐在电脑前的秀才怎么也憋不出来。

报道改革开放、社会发展取得的各项成就，唱响中国故事，是我们报道的主旋律。如何把工作性报道写好？上述两篇通讯中暴露出来的问题在我们的稿件中相当普遍，作家鲍尔吉的这篇“同题作文”，可以给我们不少启示。

首先，就是要善于寻找、发现新鲜的表现对象。改革开放 30 多年了，中国农村的变化就是从房子开始的，这个对象被报道太多，很难写出新意。因此，写村子里的变化，一定要去发现、寻找那些陌生的或者很少被关注的对象。

一位近年来崭露头角的军旅作家总结他的创作经验时说：

> 你写轻武器射击训练，别人写网上搏斗；你写一个地面火炮装甲兵，他写一个操控无人机的博士；你写一个军官进城以后抛弃了妻子的故事，他写一个异国军事学院进修的中国男军人被他国女军人爱上又不得不分开的故事，自然是后者吸引读者。“新鲜的东西太多，关键在于你找不找和能不能找到。”

其次，找到了新题材，还要表达得具体。我们经常说“一具体就生动”，这具体不仅指有场景、有对话，让那场面活灵活现地展现在我们面前，还包括生动的人物心理，可以是报道对象，也可以是报道者自己。“我见到一位老太太在街灯下推着婴儿车走，不禁一愣。”“我问：‘咋坐这儿啦？’她们说：‘这多干净啊，唠嗑还能守家望院。’她们由稀罕自个儿的家，发展到稀罕整个村庄。”其中，“不禁一愣”“她们由稀罕自个儿的家，发展到稀罕整个村庄”，都是作者的感受，十分真切，有很强的代入感，这样的心理活动同样是具体的、生动的，也使文字更多几分温度。

还有一点也很重要，就是要贴着人写、盯着人写。目前我们的报道中并非没有人，比如，《扶贫惠民全覆盖　昔日穷村变福村》一稿，开头就出现了“65 岁的老村长曲祥难掩激动”，但往往报道中出现的这些人，只是一个符号，甚至一个名字，是平面化的，简单化的。见人见事更要见精神，写人要服务于文章主题，甚至深化主题。鲍尔吉笔下，上面例子中出现的人物因为有具体场景，有生动对话，虽无名姓，形象却丰满许多。有名有姓的，更是情趣倍添。

> 晚上，我和朝克巴特尔睡一铺炕。他光着上身坐着，瞪着兔子般的红眼睛问我：“政府咋啦？”没等我回答，他接着说：“政府给我们村铺路打井、翻建危房，全旗和全通辽市都这么弄了。政府咋啦？他们以后会不会向我们收钱呢？”我说：“不会。全内蒙古都这么弄呢，咋收钱？”朝克巴特尔警惕地想了半天，慢慢地咧嘴乐了，倒头睡去。

> 牧民陶都告诉我，外人看上去一模一样的沙丘都有自己的名字。他用手指给我看：“那是骆驼妈妈山，那是骆驼孩子山。”这些童话般的山名，从祖辈流传至今。陶都的房子四周起伏着一样的沙漠，这里仿佛没有时代，好像也没有时间。我问他为什么不搬进城里住？他说他进城走不了路。陶都从小在柔软的沙子上走惯了，进城走路脚疼。他说喜欢沙子，我问沙子哪样好？他说：“沙子嘛，就是好！”午饭时间，一伙越野客来到陶都开的牧家乐吃饭。他们的喧哗和消费给陶都带来了时代。

宏大的时代主题便通过这些鲜活的细节，展现在读者面前。

或许有记者会抱怨，说我的报道本来也有不少例子，但编辑删了。是啊，如果你把例子写得像鲍尔吉这样活色生香的，那编辑还下得了手吗？他一定会慢慢地咧嘴乐：“这样的例子嘛，就是好！”

活色生香的故事，只能来自生活。报道经常采写的主题，往往最容易发现、一下便挤进你眼帘的就是那些熟悉的例子。越熟悉的题材越难出彩。要想把成就报道写活、写出彩，只能是沉到基层，深挖一线，绕到熟悉背后，去发现最大的陌生。

现实生活中新鲜的东西少吗？太多了，关键在于你找不找，还有，能不能找到。杜绝人云亦云的套话，减少司空见惯的情景，没啥诀窍，只能是扑向大地，贴着原野行走，去发现最原始的、最鲜活的素材。

向鲍尔吉学什么？技巧固然重要，学到手一时怕也不易，但至少可以从态度学起。鲍尔吉在文章开头披露，“9月，我从东到西穿越了故乡七个盟市，行车两千多公里，到达了原来只在地图上看到的地方”。

瞧，这位写出“难得的高水平文章”的作家，身段多低。

大地吹过锦缎的风

鲍尔吉·原野

这些天，我常在梦中与故乡景物相逢。才入睡，一大片风景汹涌而至，遂惊醒。索性不睡了，在枕边怀想冲入我脑海的场景：鄂伦春林区人家的松木栅栏上留着被雨水冲刷过的粉笔字；卖蘑菇；黄河流入巴彦淖尔总干渠里依然是一条大河；呼和浩特大召寺三个小喇嘛用蓝哈达擦拭金灿灿的酥油灯铜碗；蒙古百灵在乌兰察布草原干燥的风里翻飞啼鸣。

9月份，我从东到西穿越了故乡七个盟市，行车两千多公里，到达了原来只在地图上看到的地方，感叹辽阔北疆，大美内蒙古。

被故乡风景淹没

临行前，我媳妇说：“如果你路过乌兰敖都，去看看我们家住过的老房子，村东第一家。”四十五年前，我岳父带领一家人下放于此，这里是毛泽东批示过的全国第一个牧业合作社。

翁牛特旗乌兰敖都嘎查（村）地处八百里瀚海。我媳妇小时候上学要走十几里沙漠，晚上放学回家看见流沙把后房身吞没了，她索性登沙丘上房顶玩一会儿再回屋。2008 年，我们俩探访乌兰敖都，印象深的不是沙漠，而是下车的一个场景：车停下，我媳妇走向路边一位戴解放帽，衣服挂着箱子底压的衣褶的蒙古族妇女。她走近站住脚，身体在颤抖。过几秒，她们俩同时喊出对方的名字："陈虹！""来小！"扑过去紧抱，一并放声大哭。哭声毕，她们羞涩地、笑嘻嘻地打量对方。她和来小是少年的朋友，三十多年前一起在沙丘上驰骋。但来小那时当上劳动模范了，十九岁上北京出席过九大，是牧民代表。我岳父当时担任过公社书记。我们尊重地看她俩哭与笑，羡慕她们感情充沛而且节奏统一。来小拉着我媳妇的手儿从村东走到村西，我媳妇表情茫然，嘴里说“不一样了，全都不一样了”，说了二十多遍。我提示她换换词汇，她根本听不进去。乌兰敖都已经不是沙海里的几间破房子，绿树成行，草场青翠。

这回我看到的乌兰敖都，如同城里的小区。村里蓝顶白墙的大瓦房前后成排，院子砌红砖花墙。原来的石头水井和大柳树的地方开辟成彩砖铺地的文化广场，村巷覆盖水泥路面，路边花池子摇曳着半人高的格桑花。牧民脸上带着适合用油画表现的浑穆的气质。他们看上去不那么紧张疲惫了，神色安适。过去媒体常说到农牧民收入提高多少，如果加上一项村庄美化，就会在他们脸上看到安适的神色。安适是人心深处的表情。一群白胸脯黑翅膀的野鸽子从树荫飞出，站立屋脊。它们互相打量，好像检查谁站得不齐，然后瞪着滴溜溜的眼睛检阅我们。村东头走过来几位蒙古族妇女，整洁的街道衬出她们衣裙艳丽。我忽悟城里人穿衣漂亮的原因之一也是有街道、树木、楼宇做背景。人穿的是衣服，穿的也是环境。

童年读过郭沫若的《天上的街市》——“远远的街灯明了，好像闪着无数的明星。天上的明星现了，好像点着无数的街灯。”这首诗一直留在我脑海里，我尤喜爱街灯在暮色里明亮的一瞬，仿佛暮色睡去，街灯猛地醒来。夜晚进入一座城市，见到了延伸到远方的街灯才觉得进了城。

我这回去过的村庄，广而言之内蒙古现今完成“十个全覆盖”的八千多个行政村，都架设了太阳能街灯。村庄里亮起街灯，是说它挣脱了夜色的捆绑，跟着光明一起奔跑。我们来到扎鲁特旗北部的图布信嘎查时，雨停了，躲在草叶里的水珠在夕阳里大胆地发光，这个村是蒙古四胡说书大师琶杰的故乡。村里的街巷按交叉小径规划，白杨树掩映着牧民们的屋舍，低矮的院墙外边砌着花池，花朵成了保护院墙的彩衣卫兵。说话间街灯亮了，这些灯低头观看路边的大丽花，还有牧户各家“羊”字变形的镂空黄门。站在公路上回望，村子像被街灯包裹的玲珑的橘子，卧在起伏的山地草原上，牧民们正在橘子里喝酒看电视呢。雨后的扎鲁特之夜，草地黑了。从这边看过去，山坳之间却有一片扇形的天空亮着，中间一段小而圆的彩虹，让人赞叹。

在开鲁县王家店村，我见到一位老太太在街灯下推着婴儿车走，不禁一愣。过去尘土飞扬的北方村庄里没见过谁推着婴儿车走，农民不是买不起婴儿车，也不是没婴儿；村庄坑坑洼洼，雨后泥泞，婴儿车往哪儿推呢？鄂伦春自治旗一位村主任说：“我们这地方没媳妇行，没靴子不行。”他在说笑话，也说人急眼了，路比媳妇还重要。如今村巷硬化，农村牧区终于完成了一件大事，老百姓都高兴。在巴林左旗一个村子，一帮妇女们坐在水泥路面上聊天，东北叫唠嗑。我问：“咋坐这儿啦？”她们说：“这多干净啊，唠嗑还能守家望院。”她们由稀罕自个儿的家，发展到稀罕整个村庄。

内蒙古自治区有一万一千五百多个行政村，现今已有八千多个行政村完成了街巷硬化、安全饮用水、危房改造、设立卫生室以及文化图书室与超市、学校幼儿园修缮、社保低保、通电及广播电视信号的全覆盖。城乡差距正在一点点缩小，农民在自己村庄的文化广场上跳舞，在卫生室看病，在文化室读书打牌，在路灯下溜达，他们的笑容在说城乡之间并没有不可逾越的鸿沟，时代推着他们走出了一大步。科右中旗一位牧民把我领到他家水缸前，拧开水龙头说：“我家的自来水二十四小时不间断啊，这是一百多米深的地下水。”他盯着我，看我是否像他一样惊奇。我知道，如果我不惊奇，就对他过去吃辘辘摇上来的苦井水不同情。然而我的惊奇何止于路灯与自来水，内蒙古大地从东到西，运输砂石料的载重汽车在公路上川流不息，数不清的人们在村庄里弯腰砌砖、抹灰、栽树、打井，秋风把奖章般的黄叶吹到他们的身旁。

吹麦子的风吹过我的胸膛

在呼伦贝尔，我见到了像草原一样辽阔的麦地。麦子铺展到天边时，你觉得它们正越过地平线，翻滚到地球的另一面。如楼房般高大的联合收割机停在麦地尽头，竟只有甲虫大小，一共两台。这是在额尔古纳市的上库力。如果我是这里的乡镇书记，我会天天到麦地去，敞开衣襟，扦腰，让吹过麦子的风吹在我的胸膛上，吹上一个月，身上比面包还香。我们走过莫力达瓦达斡尔族自治旗。莫力达瓦是达斡尔语，意谓“只有骑马才能越过的山岗”。而我们开车也越过了兴安岭，到达鄂伦春自治旗。兴安，满语里的意思是小山丘，蒙古语的意思是大石头，汉语引申为兴盛安康。兴安这个地名跟神木、福鼎、仙游一样，都是中国好地名。林区行车，视野里满是松树和白桦树。采蘑菇的人们 9 月份已经穿上了羽绒服，挎着小筐嗖嗖走。他们脚踩着金黄的落叶松的松针找蘑菇，松鼠爬上树顶为他们放哨。看车窗外的樟子松看久了，觉得它们是密密叠叠的城墙，而巍峨的深绿城堡还在更远的远方。车开了几个小时，松树从两旁跑过却永远跑不完。你感觉自己出了幻觉，觉得这像是电脑游戏。然而它们全是松树，斑驳笔直，这里是莽莽苍苍的大兴安岭。

我想起了我堂兄朝克巴特尔。这次去科左后旗的胡四台嘎查，我们一起在村里餐馆吃饭。朝克巴特尔和堂嫂灯笼，堂姐阿拉它和堂姐夫满特嘎四人并排坐一起，全用右手握着白酒杯，宁静地看我们。我们——我和我同行的朋友提酒时，他们四人一律把右手的白酒一饮而尽，手接着放桌子上，手里的玻璃杯再次倒满白酒。他们不言语，对酒也没反应。我后来明白，他们在用看牛羊的眼神看我们，无须说话。朝克巴特尔每天步行五十里放三十只羊，满特嘎每天骑马八十里放二十头牛。在草原上，他们自个儿跟自个儿喝酒，没咋跟别人喝过酒，也不会在酒桌上跟人说话。然而酒就是话，酒钻进他们的肚子里跟他们窃窃私语。喝到后面，他们四人全都喜笑颜开，酒把他们逗乐了。

晚上，我和朝克巴特尔睡一铺炕。他光着上身坐着，瞪着兔子般的红眼睛问我："政府咋啦？"没等我回答，他接着说："政府给我们村铺路打井、翻建危房，全旗和全通辽市都这么弄了。政府咋啦？他们以后会不会向我们收钱呢？"我说："不会。全内蒙古都这么弄呢，咋收钱？"朝克巴特尔警惕地想了半天，慢慢地咧嘴乐了，倒头睡去。

呼伦贝尔人的酒量好像比较大，他们更喜欢讲酒的笑话。这里冬季漫长，有的地方一年只有三个月的无霜期。修路人遇到沼泽地，要掏干一米多的淤泥。如果在永冻层修路，先拿电锤把永冻土凿碎，从远方拉来砾石河沙填充到沼泽地和永冻层里面当路基。这里的每一寸路都弥足珍贵。在呼伦贝尔修路的工人们，冷了，累了就喝点酒热身，再讲一讲酒的笑话逗乐。

（原载《人民日报》2015 年 10 月 21 日，本文有删节）

“做文章不可太老实”

“滴滴”像一颗子弹，刹那间击中了我。

“滴滴”是通讯《一滴“南水”出安康》中的主角——一滴“南水”。

通讯以“滴滴”的视角，生动讲述了“滴滴”出山进村穿城入江的故事，自然、轻灵的叙述中，反映出陕西安康市近年来为南水北调工程做出的贡献，生硬的材料数字，因这一滴水——拟人化的“滴滴”，像人一样有情感起伏——而变得鲜活起来。比如：

> 顺流而下，两岸高层住宅遥遥在望，县城5万多居民每天可要产生50多吨生活垃圾、6000多吨生活污水呀，“滴滴”有些紧张起来。
>
> “滴滴”和欢快嬉戏的鱼儿打个招呼，一铆劲儿，穿过县城，从饶峰河口跳进水清浪快的滔滔汉江。

这样的视角、笔法，打破以往工作性通讯客观叙述的传统模式，融入记者的情感，生动形象，可亲可近。正如阎晓明副总编审稿时对此稿所做的肯定：“以拟人手法写作，新鲜独特。虽是小清新，体现了记者的用心。”

击中我的，正是这份“记者的用心”——一种强烈的创新意识。

拟人化大家不陌生。2013年年底，“嫦娥三号”探月，月球车被命名为“玉兔”，本报记者用拟人化手法，以“玉兔”的口吻，写了一组反映探月的报道，刊出后社内外都予好评。

拟人化在文学作品中常见，只是文学丰富多彩的表达手法之一。人们读过的新闻远远超过文学作品，但是，人们记住的文学作品远远超过新闻。

文学持久驻守人们记忆的一个重要原因，就在于它拥有诸多新闻报道不具备的叙述策略，最重要的，自然是虚构。可是，这并非唯一。

新闻不许虚构，其事实是确定的，但确定的事实如何表现，形式完全可以多种多样，完全可以学习和借鉴其他艺术形式，特别是文学（虚构除外）的表现手法，从而进一步丰富新闻报道的表达样式，进一步增强我们的文字表现力，提高新闻报道的传播效果。

比如，拟人化，从“玉兔”到“滴滴”。

比如，上次李宝善总编辑表扬的人物通讯《因为爱，所以爱》。

徐锦庚谈此稿写作体会时说：

> 常规的通讯，大多以第三人称行文。这种写法，犹如隔岸观景，虽然能看到它的气势恢宏，却看不到它的九曲回廊。气势恢宏能使人血脉贲张，却无法让人潸然泪下。动情之处，往往藏在曲径通幽。这个“幽”，就是柔软的内心。
>
> 如何让读者身临其境、产生共鸣？我想到了报告文学。报告文学可以把作者摆进去，犹如一叶扁舟，能载着你划到对岸，让你融入美景之中。
>
> 但是，我们毕竟是写新闻作品，必须体现出新闻特性。在新闻版登一篇报告文学，多少有点不伦不类。于是，我想到了日记体，把日记体与报告文学相嫁接，用日记体的“现在进行时”，装进主人公事迹的“过去时”。

为什么我们的报道中文学手法用得少？为什么鲜有人敢尝试“把日记体与报告文学相嫁接”之类的事？自然是记者视野不够宽泛，眼界偏窄。

为什么记者眼界偏窄？根子在于思想不解放，不活跃。

“做人要老实，做文章不可太老实。”一直记得原总编辑范敬宜说过的这句话，可谓振聋发聩。那是他在经济部的一次会议上说的，是针对经济报道过于中规中矩而提出的一点希望。他后来在给我的《体验生命》一书作序时又谈到这个问题：“经济报道的领域空前扩展，内容空前丰富，视野空前开阔，深度空前提高。相比而言，写法却是最滞后的。”

范总说这番话，转眼已过近20年。写法滞后，不独是经济报道，乃目前整个新闻报道的现状。正因如此，有领导感喟：我们是做事做得好，讲故事讲得不好。

一代人应有一代人的抱负，一代人应有一代人的担当。我们能否成为合格的、优秀的“中国故事”的讲述者呢？

一滴“南水”出安康

王乐文　姜峰

清晨的朝雾里，孕育自秦岭南麓的水珠“滴滴”，从山间探出头，晶莹闪亮。

她的籍贯上写着陕西省安康市石泉县。这里是南水北调中线水源地。“滴滴”将和伙伴们先到湖北，再经丹江口北上，流向千里之外的祖国北部。

可今早不巧，杨柳社区上坝村涌出一股生活污水，染黑了“滴滴”远行前的青衣。

洗个干净澡。石泉县水土保持中心主任刘强站在人工湿地旁充满自信。“滴滴”很幸运，2010年以来，杨柳社区在12.2平方公里水保生态清洁区内，建成了20座人工湿地，给污水“洗澡”，令其达到二类地表水标准。

重拾一身清爽，“滴滴”惜别故乡，汇入汉江在石泉境内最大的支流饶峰河。顺流而下，两岸高层住宅遥遥在望，县城5万多居民每天可要产生50多吨生活垃圾、6000多吨生活污水呀，“滴滴”有些紧张起来。

“滴滴”不知道，为保证水清依旧，山区小县石泉费了大劲。“建了两座垃圾污水处理厂，对流域内垃圾集中收集，生活污水集中排放，”石泉县污水处理厂副厂长朱代红说，“瞧，经过多层净化处理，都可以养金鱼了！”

“滴滴”和欢快嬉戏的鱼儿打个招呼，一铆劲儿，穿过县城，从饶峰河口跳进水清浪快的滔滔汉江。天色逐渐暗下，“滴滴”没睡，汉江流经处一路上的“河长”们也没休息，他们用关切的目光细细打量着“滴滴”的举动。

“‘河长’由河流所在地的乡镇社区、区县等主要领导担任，对本辖区河段内环境情况日夜监测。如果水质出问题，即责令限期整改，整改未达标将被问责。”安康市环保局汉江水质监管科科长李纪平为“滴滴”和她的伙伴们没少操心，这些年安康市环保部门已累计关闭沿线水污染企业 200 多家。

“河长”们现在压力小多了，“2007 年以来，安康已治理 210 条流域，治理水土流失面积 4280 平方公里，全市林草覆盖率由 66.2% 提高到 85.5%，年增加蓄水能力 1.1 亿立方米，减少土壤侵蚀 1734 万吨。”安康市水保站副站长吴昌军说。

在安康境内 340 公里的汉江里，“滴滴”可以放心畅游。

无数“滴滴”不断汇聚，浩浩北上，让一江清水润泽京津。

（原载《人民日报》2014 年 10 月 26 日）

六易其稿为“故事”

2014 年 2 月 17 日编前会表扬了当日一版头条《无锡再唱太湖美》：

报道充分运用具体事例、人物感受以及大量数据，使得文章具有很强的真实感与说服力。尤其头版头条的这个“1”，篇幅短而内容精，特别是开头选用的例子非常巧妙，在一定程度上增强了文章的悬念感，很好地起到了吸引读者进一步阅读的效果。

此稿首次发地方部是 2013 年 10 月 15 日，到刊出历时 4 个月，其间 6 次修改，而改动最多的就是“前 1”，“特别是开头选用的例子”。

“前 1” 6 次修改，从没故事，到有故事，到最终讲好了一个好故事，剖析一下修改过程，对如何“讲好故事”，或有启发。

第一稿导语：

无锡美，美在太湖水。刚刚过去的这个夏天，虽然高温天气持续时间长，但太湖无锡水域水质好于全湖，连续 6 年确保太湖安全度夏。被称为“太湖明珠”的无锡，正重焕她原有的光彩。

地方部编辑组对该稿会商后提出，应按编委会要求，讲故事，有场景。这个题材适合讲故事。

记者接受建议。第二稿导语：

江苏省太湖办近日称，刚刚过去的这个夏天，虽然高温少雨天气持续时间长，但太湖无锡水域水质好于全湖，连续第六年确保太湖安全度夏。记者看到，太湖岸边，生态景观林带宽阔悠长；古运河畔，十里风光带华灯绽放；马山脚下，自然村落粉墙黛瓦……被称为“太湖明珠”的无锡通过大力治污和转型升级，正重焕她原有的光彩。

再次会商认为，有场景了，但不是故事。

记者说，稿里有故事：

雪浪钢铁厂原是滨湖区的利税大户，如今，这个位于太湖边的高能耗工厂已经迁走，留下的厂房则作为发展文化创意产业。目前，在这些厂房基础上建设的国家数字电影产业园已经开园，已有87家影视企业签约落户园区，完成了50多部影视作品，今年又有38部影视剧在园区进行拍摄和制作，成为无锡转型发展的一个典型。

记者认为故事不一定非要放开头。

编辑提出两点，一是“前1”篇幅短，有粉要搽脸上，有肉不该埋碗底，应在导语里就讲故事；二是故事要典型，一定要讲最能体现报道主题的故事。“后1”通讯中提到，有“化工之乡”称号的周铁镇，产业转型后摘得中国人居环境范例奖。这个故事似更贴切。

这样，第三稿便从周铁镇的变化讲起：

江苏省宜兴市周铁镇党委书记裴焕良还记得当初要创建“全国最佳人居示范奖”时遭干部哄堂大笑的情景。如今，这个昔日的“化工之乡”已经捧回了“中国人居环境范例奖”和“国家机械装备产业基地”。

周铁镇位于西太湖边，曾经聚集了大小化工生产企业150余家，化工占全镇经济比重高达85%，环境压力大。2007年，无锡市自来水源遭受太湖蓝藻暴发污染，媒体一路寻踪，竟发现周铁镇一家临近太湖的化工厂正偷排污水。因太湖水危机而受到问责处分的5名干部中，就有3名来自周铁镇。周铁名噪一时。

“再也不能守着太湖没水喝了。”裴焕良在干部大会上说，“我们要创全国最佳人居示范奖。”话音刚落，全场一片哄堂大笑。大家心里清楚，从一个化工之乡变身人居示范小镇，几乎不大可能。

周铁人治理环境的第一招，便是对化工企业掀起了暴风骤雨式的“关停并转”。2007年8月12日，周铁镇第三化工原料厂高达30多米的大烟囱顶部，两位工人挥舞大锤，拆除了这一庞大的“污染标志物”。这一拆，周铁镇一年损失4000多万元的财政收入。

周铁镇的动作是无锡太湖治理和生态重建行动的一个标志。

第三稿完成了从没故事到有故事的蜕变，而且讲得相当生动。但编辑会商后认为，记者是文章高手，完全可以讲得更好。目前还存在两个问题，一是“前1”篇幅太长，近1500字；二是故事没讲透，只道“壮士断腕”，没说“凤凰涅槃”。

此后围绕三方面反复修改：一是补充周铁“凤凰涅槃”的内容；二是“前1”整体性删繁就简，精致简练；三是对故事要素重新组合，画出波澜。

后来的三易其稿，就为一个目标：把一个好故事“讲好”。于是，我们读到了评报称赞讲得“非常巧妙”的故事：

水从江苏宜兴市的丘陵山地流出，经周铁镇汇向太湖。这个昔日污染严重的“化工之乡”，如今河水清清，白鹭蹁跹，获“中国最佳人居范例奖”。

6年前，周铁镇党委书记裴焕良在一次干部会上提出要争获“中国最佳人居范例奖”，干部们哄堂大笑。全镇化工产业占比高达85%，“化工之乡”还能成为绿色发展典范？

“我永远记得那一天——2007 年 8 月 12 日，周铁镇第三化工原料厂两位工人登上 30 多米高的烟囱顶，挥大锤敲掉了这个‘污染标志物’。”裴焕良说。

紧接着，“化工之乡”实行了密集的专项整治，先后关停 109 家化工企业，全镇财政年收入骤减 4000 多万元，“再痛，我们此后也没批过一个化工项目。”存活下来的几家化工企业，则经历了比关停更艰难的转型阵痛。

曾经独大的化工产业，已悄然淡出；取而代之的装备制造业，正成为周铁镇新的顶梁柱。目前，该镇机械装备生产企业已达 190 家，固定资产原值超 30 亿元，从业人员近万人，其中全国“单打冠军”型企业就有 5 家。

为什么说这个故事讲得“非常巧妙”呢？

起句巧妙。“水从江苏宜兴市的丘陵山地流出，经周铁镇汇向太湖。这个昔日污染严重的‘化工之乡’，如今河水清清，白鹭蹁跹，获‘中国最佳人居范例奖’。”这样的开头营造的场景由远而近，有静有动，在远近动静之间，一个有内涵、有张力的故事来到我们面前。这样的开头也是富有韵律的，是叙述，又带抒情，长短错落，诗情画意蕴含在字里行间。

语言巧妙。一是重视用动词，比如，“两位工人登上 30 多米高的烟囱顶，挥大锤敲掉了这个‘污染标志物’”，“登”“挥”“敲”，一句话连用三个动词，让富有悲壮色彩的一幕连续展开在读者面前。二是文字简洁洗练，极具镜头感。如果说起句如镜头从远摇到近，紧接着回溯治理过程，镜头则由近推到远：干部会上，“干部们哄堂大笑”；污染最严重的企业，两个工人悲壮“挥大锤”；这两个近镜头、大特写之后，精练的概述又让人宛如看到全景，每一个段落都有“活动”的视觉形象（有的刊出时限于篇幅删了）。

从“壮士断腕”说到“凤凰涅槃”，一波三折，结构谋篇也可谓巧妙。

整篇“前 1”不足 800 字，记者拿出 400 字的篇幅给我们讲一个故事，有取有舍，疏密有致，简练里有饱满丰润，理性中不乏激情飞扬。

好的“前 1”有没有标准？

时任总编辑杨振武提出三条：“一版的 1，必须跳出写法上的传统‘框框’；一版的 1，必须成为一版亮点；一版的 1，必须能够吸引人去阅读后边的那个 1。”

这篇“前 1”，散文诗般的开篇，是一种“陌生化的表述”，令人耳目一新，跳出了写法上的传统框框；是当天一版最佳力作；如评报称赞，“很好地起到了吸引读者进一步阅读的效果”。堪称本报自推出“1+1”这个新品种以来的范例之一。

走过路过，切莫错过。特予推荐。

讲“故事”者，贺广华、王伟健是也。

编后小记

这篇研讨得到人民日报社编委会领导充分肯定。

2014 年 3 月 5 日，人民日报社社长张研农批示：

> 记录修改过程，推动新闻改进。此篇可为一个研讨教学的经典案例。
>
> 广华费力，伟伟费心，强强联合了。

2014 年 2 月 27 日，杨振武总编辑批示：

> 江苏分社社长贺广华同志的《无锡再唱太湖美》写得好，是篇美文，伟伟同志的业务研讨稿《六易其稿为“故事”》也很好，都值得一读。
>
> 我们尝试一版头条“1+1”方式，贺文的“1+1”都下了功夫，特别是“前 1”，先后改了六次，不但态度认真，而且尊重编辑，反复修改，从没故事到有故事，再到讲好一个好故事，越来越好。广华同志写稿能力是强的，能以这种态度来对待稿件，值得赞许。

分社社长应是一个地方的首席记者，写好重点稿件义不容辞。同时，分社社长也最具备写好重点稿件的条件，不出好稿说不过去。目前的问题是，除了有的同志积极性不高，主要是有的同志还是习惯于老套路，自身“改文风”不够主动，影响出好稿。希望地方部给分社社长们打打招呼，要重视这个问题并加以改进。

关停企业两千多家　水质连续六年向好

无锡再唱太湖美

本报南京 2 月 16 日电　记者贺广华、王伟健报道：水从江苏宜兴市的丘陵山地流出，经周铁镇汇向太湖。这个昔日污染严重的“化工之乡”，如今河水清清，白鹭蹁跹，获“中国最佳人居范例奖”。

6 年前，周铁镇党委书记裴焕良在一次干部会上提出要争获“中国最佳人居范例奖”，干部们哄堂大笑。全镇化工产业占比高达 85%，“化工之乡”还能成为绿色发展典范？

“我永远记得那一天——2007 年 8 月 12 日，周铁镇第三化工原料厂两位工人登上 30 多米高的烟囱顶，挥大锤敲掉了这个‘污染标志物’。”裴焕良说。

紧接着，“化工之乡”实行了密集的专项整治，先后关停 109 家化工企业，全镇财政年收入骤减 4000 多万元，“再痛，我们此后也没批过一个化工项目。”存活下来的几家化工企业，则经历了比关停更艰难的转型阵痛。

曾经独大的化工产业，已悄然淡出；取而代之的装备制造业，正成为周铁镇新的顶梁柱。目前，该镇机械装备生产企业已达 190 家，固定资产原值超 30 亿元，从业人员近万人，其中全国“单打冠军”型企业就有 5 家。

2007 年盛夏，太湖因蓝藻暴发引发供水危机，不少地方湖水像“酱油”

一样。“以‘湖’为鉴，可正发展观。”江苏省委常委、无锡市委书记黄莉新表示，“污染在水里，根子在岸上。唯有铁腕治污，发展转型，才能让太湖重现碧波。”

为挽回一湖清水，抽走太湖的“酱油”。6年来，无锡市累计关停“五小”和“三高两低”企业2600多家，劝退和否决1100多个“不环保”项目；累计投入443亿元，完成治理重点工程2663个；1284条河流全部建立“河长制”，所有乡镇生活污水实施集中处理和村生活垃圾集中收集处理。

随着持续生态治理与修复，太湖水质连续6年持续向好。2013年，无锡市被环保部授予“国家生态市”称号，并建成全国首个生态城市群。

“太湖美，美就美在太湖水”。脍炙人口的《太湖美》，又重新回荡在无锡人的心头。

（原载《人民日报》2014年2月17日）

推荐一篇“高明的讲述”

本报头版“教育实践活动中的共产党员”专栏，不过1000来字。这么短的篇幅如何让人物立起来？之后读米博华副总编写的《高明的讲述》一文，很受启发。

米总在文中提示我们：“高明的讲述，懂得展现最新鲜、最典型、最具概括力的部分。”我觉得“教育实践活动中的共产党员”专栏9月29日刊发的宁夏分社朱磊写的《“挂职书记”孟跃军》，便颇得个中三昧。

该稿起笔即开门见山，直接揭示矛盾，迅捷切入：

> 全镇唯一没硬化路、不通自来水的村，有事不找干部、专到镇上访的村，年终考核连年倒数第一的村，当地管马莲梁村叫“马乱梁子”。

后进村成因复杂，可以说问题成堆，但这三个问题最尖锐，也可以说最具戏剧性元素，把它放最前面，不仅“最具概括力”地道出了孟跃军挂职村的“村情”，而且也容易抓住读者眼球。稿子紧扣孟跃军如何解决这几个难题来架构全篇，行文紧凑，首尾周密。

用“教育实践活动中”定义这个栏目，显然强调的是“现在进行时”，稿件自然必须有现场感，并且社领导也一再强调要有“新鲜”的细节、故事。但是，有现场感不是说都得写成“现在进行时”，强调“新鲜”也并不排斥过往“典型”的事。倘若过于拘泥于现场，可以见事见人，却很难写出精彩的事、精彩的人，因为“最典型”往往是“过去时”。因此，高明的讲述就是善于将“最新鲜”和“最典型”二者高超地糅合。此稿这方面也颇见匠心。

在村小学，老师介绍孟书记带领干部修好了校门口的路，可谓“现在时”，记者笔锋一转——“他接下来想修村里的主道”，就把孟跃军以前干的“最典型”的另一件修路的事带了出来。

如何化解“有事不找干部、专到镇上访”难题？触及这个尖锐话题也是先从现场写起，用“现在进行时”切入：

> 没到村支部，先听见吵闹声，几家人为取水闹纠纷。村干部倒不急，摆事实讲道理，气冲冲的村民很快就消了气。“群众有纠纷要积极接触，一次不行就两次、三次调解，单个村干部调解不了，村委会集中调解。今年以来，村子已调解矛盾纠纷150多起。”村委会主任马学礼告诉记者，这是孟跃军新订的规矩，现在村民再也不到镇里上访了。

“今年以来，村子已调解矛盾纠纷150多起。”村委会主任一番介绍，“过去”与“现在”便糅到了一起。其中的细节处理也很到位，几家村民“吵闹”“气冲冲”，“村干部倒不急”。为啥不急？胸有成竹，因为此类事已调解过150多起。这个细节虽然用字很省，但可以说是“以一当十”。

特别值得仔细体味的，是此稿中将“过去”与“现在”往一块儿糅时转接、过渡的那份自然。修路是从村校门口的小路说起的，顺着路的话题自然过渡到村里的大路，前者是“现在时”，后者是“过去时”。

最后一段也如是处理。孟跃军宽慰因取水闹纠纷的村民，说“明天我就反映问题去”，接着书记“反映问题”的话头，村民也向记者“反映问题”，让上级留孟书记多干一年，由此引向此稿的高潮——孟跃军笑着说：“把发展的‘钥匙’交给你们，比我留这里更强。”接下来用简练的语言概述孟跃军如何“留钥匙”。

米总强调：“高明的讲述，应该占有大量的第一手资料。”“尽可能使我们的讲述合理、简洁、有趣。”《“挂职书记”孟跃军》一稿正是这样。原稿2300字，却非“注水肉”，记者通过采访占有了大量精彩素材，限于栏目篇幅，编辑只好优中选优，取精存萃。比如这样的细节：

孟跃军刚下村时，村民不许他的车停自家门口；他去察看斗渠存在的问题，回村时，村民招呼他进家喝口水、吃块瓜。

孟跃军每天第一个到村委会，最后一个离开，在村里干公事风风火火，回到家挨老婆骂却忍气吞声。他还挺有理，说家里的事我都不管，老婆骂几句还不该吗？

这些细节也相当精彩，限于篇幅都删了。当然辩证地看，去掉枝枝蔓蔓，才能更好地彰显主干挺拔的丰采。诚如米总所说："真实的工作、真实的生活、真实的人物，没有多少戏剧成分，需要深入发掘，归纳概括，删繁就简，才能凸显其中的意义。"

讲述要"简洁"，对此历来多有强调，而"简洁"之外，米总还特别强调要"有趣"，提醒记者注意捕捉有趣生动的细节。

《"挂职书记"孟跃军》中有这样的细节：

> 孟跃军提出今年抓 17 项任务：修路、修渠、打井、村重大事项集体讨论……村干部瞪直眼，不吭声。没几天，两家村民因为斗渠取水争吵，村干部找到孟跃军摊摊手，"这事得书记出面才能解决呵。"孟跃军明白，这是"考"他咧。找到当事双方，孟跃军拉着两家人的手，坐炕上拉家常，先息争议再商咋办。"这个挂职书记还真不是来混事的。"干部们笑了。

从"瞪直眼，不吭声"，到"摊摊手"，冷眼旁观，再到发议论，"干部们笑了"。记者敏锐地抓住了村干部这种情绪变化，虽只寥寥几笔，有趣，生动，也更加真实。

当然，文无定法。理论是灰色的，生活之树常青。基层广阔，干部形象大异，特点各有不同，具体问题还当具体分析。但米总提示我们的要"展现最新鲜、最典型、最具概括力的部分"，堪称"作文要诀"，切中肯綮。

“挂职书记”孟跃军

朱　磊

“这个挂职书记还真不是来混事的”

全镇唯一没硬化路、不通自来水的村，有事不找干部、专到镇上访的村，年终考核连年倒数第一的村，当地管马莲梁村叫“马乱梁子”。

今年3月初，宁夏中宁县枸杞管理办副主任孟跃军，到大战场镇马莲梁村挂职当村支书。上任前，老孟买了辆私家车，好方便自己村里、镇上、县里三头跑。下村3天，将全村跑遍，3天后开村干部会，孟跃军提出今年抓17项任务：修路、修渠、打井、村重大事项集体讨论……村干部瞪直眼，不吭声。没几天，两家村民因为斗渠取水争吵，村干部找到孟跃军摊摊手，“这事得书记出面才能解决呵。”孟跃军明白，这是“考”他咧。找到当事双方，孟跃军拉着两家人的手，坐炕上拉家常，先息争议再商咋办。“这个挂职书记还真不是来混事的。”干部们笑了。

孟跃军顺势而为，将邻里纠纷按照斗渠范围分片，每个村干部包一片，纳入村干部绩效考核，并宣布拿出自己每月当村支书的工资作奖励基金。

修路、修渠、打井

在村小学，一位老师指着校门口那条几百米的水泥路告诉记者：“这条路以前可苦了老师、学生，下点小雨，学生就得靠老师背出去。孟书记帮我们修好了这条路。”

今年6月，孟跃军带着干部3天就让校门口的烂泥路变了样。他接下来想修村里的主道，做了100多份民意调查表发给沿路住户摸底，结果竟有一半不同意，原因是“不信任村领导”。孟跃军和村干部挨家挨户做工作，明确表态：公开透明，一定把路修到大家满意。

盛夏，孟跃军和村干部每天待在工地上，一人负责一件事，他统筹。他的小车变成了运输车，拉水泥、拉工具、拉人，自家的油钱从没算过细账，村里的钱能省一分决不多花半拉。

修完路就修渠打井。孟跃军已从镇上争取了项目，要让大家吃上干净自来水。

留下解决问题的“钥匙”

没到村支部，先听见吵闹声，几家人为取水闹纠纷。村干部倒不急，摆事实讲道理，气冲冲的村民很快就消了气。“群众有纠纷要积极接触，一次不行就两次、三次调解，单个村干部调解不了，村委会集中调解。今年以来，村子已调解矛盾纠纷 150 多起。”村委会主任马学礼告诉记者，这是孟跃军新订的规矩，现在村民再也不到镇里上访了。

村民临走，告诉孟跃军，斗渠改造有点问题。孟跃军赶紧跑渠口去看，说：“上面做的斗渠没经过实地调研，接口不一，水从大渠流到村民家的渠口太小，耽误用水。明天我就反映问题去。”

村民让记者也反映一个问题，说能不能请上级让孟书记在村多干一年。孟跃军笑着说：“把发展的‘钥匙’交给你们，比我留这里更强。”

孟跃军说的“钥匙”，一个是推动村支部改选，加大村级组织建设，让更有能力和责任心的本村人带领村子发展；另一个是加强村民培训。这段时间，他先后请县林业局、农牧局的技术员，为村民办种养业培训班，现在申请妇女创业贷款的已有 17 户。

“一定要甩掉‘马乱梁子’的帽子！”孟跃军信心满满。

（原载《人民日报》2013 年 9 月 29 日）

一次讲好故事的“比武”

“教育实践活动中的共产党员”专栏，获本报2013年9、10月份好新闻特等奖。对这个专栏的稿件，大家的共同感觉是：又短又好。

短就不必说了，开栏头篇还有1500字，很快变成1300字，再后基本1000字，最短千字内。最关键的，是短了稿还好看。

好在哪里？好在讲故事，讲开展群众路线教育实践活动以来发生的故事，鲜活，生动。

稿件主要来自分社记者，都言写得苦，有人戏称这是一次如何讲好故事的“比武”。读了这组业务研讨，启示颇多。

又短又好，要求简明，操作可不简单。

要用千把字篇幅让人物立起来，必须讲故事，还得讲好故事，就得找有故事的人。

马跃峰的《“拆窝燕子”邢孔丰》，是他第三次给这个专栏写的稿，前两稿被毙，主要是前两个人物不乏先进性，但故事缺典型性。两战皆北，于是“换人”——换“有故事的人”。

“有故事的人”难找吗？朱磊的感悟十分深刻：“其实不难，只要是想干事、能干事、干成事的基层干部，一定是有个性的……跟着他们耐心地跑，一定能够找到有冲突的故事、感人的细节。怕就怕采访中，记者先泄了气，或者走了神，浅尝辄止。”

或者，得“换故事”。赵鹏是“老枪”，写来第一稿，有故事，也挺生动，但是“过去完成时”，打回重写，责令重新换故事，必须扣着“群众路线教育实践活动中”这个时间点——换“正在进行时”的故事。

或者，给故事添“新料”。南昌到萍乡来回一千多里，有的地方还在修路，吴齐强走了两趟。第一趟回来，发现只是“素材的编辑者”，而不是人物的“观察者和思考者”。打电话也不行，于是二下萍乡。“我的二次采访和诚意，打动了龚德凌。他打破惯例，陪着我在操场上一圈圈转，从群众的评价、组织的考核到亲戚朋友的误解，甚至对退位的真实想法都和盘托出。他妻子也破例接受了采访。”

或者，给故事做“保鲜手术”。电工王炳益是典型，“行前就已接触到他的大量事迹材料”，“贵州电网公司在组织采访时就计划一天，上午去，下午回。同行的还有另外两家中央媒体记者，其中一位……劝我们手头资料已很丰富，就到供电所和他家里聊一聊”，这似乎行。但郝迎灿选择了和王炳益一起跋山涉水，甚至“夜宿深山小寨，酒后和王炳益几个人一同挤地铺，趁着酒意，他讲了两次想当逃兵的事情，讲他的父母兄弟”。

千字篇幅，要求我们必须把故事讲得精短，但这种精短是浓缩，而不是风干。来自“大量事迹材料”里的故事，不过是腌制过的五花肉，没有鲜活的肌肤与血性的光泽。有“和王炳益几个人一同挤地铺”的情谊垫底，且不说挖出多少“雨后春笋”，那些“大量事迹材料”里的故事，因为增添了对人物的感悟，也定然多了几份活色生香。

马跃峰的第三稿之所以成功，“换人”之外，最重要的，还是采得深，“采访完，我要求和他一起到大广坝征地现场。老邢连连摆手，说路太难走，怕记者受不了。看我态度坚决，他才勉强同意。第二天，我们一起到山沟里定桩、画线。……一行人穿树林，过草丛，个个汗透衣衫。傍晚，回到村里……”

“现调的馅，包饺子最好吃。”这份感慨，可谓至理名言，堪作每个有新闻追求者的座右铭。

好故事，还得有双会选的慧眼。

刘裕国的经验是“找准思想”。“思想是新闻的灵魂，新闻思想永远处于领导地位。”“‘教育实践活动中的共产党员’有一个代表时代课题的核心词：践行。于是，循着‘践行’去发现思想。经过多次聚焦，文中才有了‘铁脚进村，俯身为民’的说法。”

这个专栏明确采写对象是县处以下干部，要写普通党员的故事，写小人物的故事。微尘，只有在光束中才能让人发现它的存在。这些小人物的故事最终能上《人民日报》一版，就在于记者找到了这束思想的“光”。刘裕国认为：“思想找准了，小稿件成就了大主题，分量也就重了。因为它站在了历史与现实的交汇处。”用赵鹏的话说，就是“将个体的发展与命运，放置在时代洪流的背景下来观察”。

带重病坚持工作，爬楼梯流下滴滴汗珠，手术后首先想到的依然是单位；妻子故去，女儿装修房子虽相距不远，也无暇去看……面对人物这样的故事，陈杰选择“婉拒”。“我相信事迹的真实，但思考更多的是，为什么长期以来媒体报道的先进共产党员，形成了固定的模式：不顾个人的身体，不顾自己的家人，甚至不识人间烟火，大都‘超越’人间、‘超越’人性、甚至‘超越’常理？”

在常人眼里，地税分局，肥得流油；分局局长，很牛很牛。陈杰选择的是分局局长的“平常事”：所有办公室门一律敞开；纳税人上门他亲自处理；率先“挂牌上岗”、外出报告、每天写工作日志，把自己“透明”了。平常中见出不平凡。

为什么“超越”是一种落后？陈杰的业务研讨超越了这一次“共产党员”的写作，这一声发问，必会在每个思考党报人物报道如何真正“与时俱进”的记者心里，留下久远的回响。

而要把好故事讲好，最磨人的还是讲的技巧。

颜珂让我们分享他的心得：学习电视的表达手法，用“镜头”把故事串起来，用“镜头”让人物活起来。如何抓特写镜头，抓全景镜头，抓镜头中的同期声。“文字与电视，媒介形态不同，却并不妨碍操作方法上的相通，将‘镜头思维’融入文字叙述，同样也能让文字故事活起来。”

《老马的“基层工作经”》是这个专栏中唯一一篇用第一人称口吻写的

稿。这种写法贵在“原汁原味”。崔佳让我们注意两点，一是“宁伤精彩，不失真实”，“如果报道出来后，老马看到后提出‘这不是我说的话’，或者群众读到后感到‘这不是我们所认识的老马’，不但没有起到正面的宣传效果，反倒损害了媒体形象。”二是原汁原味还不够，“还要下功夫梳理提炼，要在表述上认真打磨。”

崔佳的“认真打磨”，和吴齐强说的好稿“很磨人”，我想都是一个意思。怎么“磨”？既是态度，更有技巧；既关涉作风，更直指文风。需要我们细心思考，用心琢磨，耐心梳理，精心总结，而这方面，我们“磨”得还很不够。

特等奖，是这一次“比武”的结果，这些来自9位作者的业务研讨，也是一个漂亮的“结果”。而我们完全有理由期待更多的结果，比如继续深入探讨讲好人物故事的技巧。

党报特性决定，榜样引路，先进示范，每个时期我们都会设不同的人物通讯专栏，这次采写教育实践活动中共产党员的经验，应及时用到其他栏目的采写中去，比如，“最美基层干部”。

现调的馅，包一点饺子之外的东西也会很香。

“拆窝燕子”邢孔丰

马跃峰

建高铁，先拆自家的楼

海南要建西环高铁，去年8月，工作队在乐东黎族自治县动迁，谁都捏一把汗。为啥？这次高铁建设，在乐东征地3000多亩，难度之大，可想而知。

果然，一进县北第一个乡镇尖峰镇就遇到了麻烦。红湖村支部书记李关荣挨家挨户，跑了四五趟，都是两个字：“不拆。”

“我先拆！”村干部会上，支部委员邢孔丰站了出来。

李关荣大感意外：邢孔丰盖房，如燕垒窝。10 年前，他一家 5 口住两间简易房。钱攒了 3 年，新房才打地基。又过 4 年，靠种菜、养猪，牙缝里挤出 10 多万元，垒了第一层。去年，邢孔丰请来兄弟、街坊，方接上第二层。大家称他邢“燕子”。邢“燕子”的“新窝”才垒 7 个月，现在就拆？

“我不同意。”回家妻子就瞪起眼，“赔偿款还没影，新房往哪儿盖？”

“咱是党员，关键时刻就要挺身而出。”邢孔丰说，“高铁开到家门口，儿子上大学，从海口回来不也方便？”

“回来也没地方住！”妻子扭过脸，哭了一夜。

邢孔丰再三劝慰。第二天，两口子请来挖掘机手，一边哭，一边瞅着新楼变成瓦砾。

红湖村 27 个拆迁户户户震动，9 天开出一条铁路通道。整个乐东，仅 18 天就完成西环高铁征地拆迁。

修水渠，先砍自家的树

西环高铁、滨海公路、大广坝水利……2013 年，乐东加快重点项目建设，征地拆迁量大。每次都是啃“硬骨头”，每次邢孔丰都冲在前。

去年 11 月 14 日，记者随邢孔丰上山，为大广坝二期项目定桩、画线。一路上，他跳溪涧、跃沟坎，手拿砍刀，拨开树丛，为大家开路。到达一处标点，他拿出竹签，抡锤揳入地下，又拉起红线。

“建大广坝水渠，虽说占了村里 217 亩地，但大广坝一修，红湖村再不会缺水。”说话间，来到一片树林。邢孔丰指着拳头粗细的小叶桉说，这是自家的两亩树，冲着渠，也要砍。

“心疼吗？”记者问。

“房都拆了，树算啥？”邢孔丰拿出红漆喷罐，摇了摇，对准一棵树，噗地喷过去，算是定下桩，“挖土机在后面追着哩。党员先砍树，群众没话说。”

台风来，先顾拆迁困难户

从山上下来，邢孔丰路经自家菜地，见妻子在扶被台风刮倒的豆角架。菜地边，羊圈、猪圈的顶棚被风扯得东一片、西一片。

“先去看困难户，一会儿回来帮你。”邢孔丰丢下话，没等妻子开口，径直朝周才丁家走去。

70岁的周才丁，为给西环高铁让道，拆掉了平房。这些天，老两口一直住在临时搭的石棉瓦棚。去年11月10日晚，台风“海燕”掠过乐东，最大风力14级。周才丁的棚子被掀开，锅碗瓢盆飞出老远。第二天一早，邢孔丰就和村干部登门看望，送来慰问金。

“新买的篷布挡不挡雨？”老周拿着盆准备做饭，听邢孔丰在喊。

“挡雨，挡风。”周才丁露出笑容，“当初，工作队来了6趟，不是你带头，这房子，我不拆。”

“国家的事，该支持。再说，政府不忘老百姓。你补偿了十几万元，可以盖新房嘛。”邢孔丰说。

“我已经开工了。你那两间简易房看着寒碜，也该动动。”周才丁指了指棚子后面。地上刚刨出新土，地基已见雏形。

邢孔丰围着地基转了几圈：“真够快！看来，我这个‘燕子’也该重垒新‘窝’了。”

（原载《人民日报》2014年1月23日）

评报不宜“大而化之”

20世纪80年代中期，报社组织入社不久的年轻编辑、记者培训。有一次请著名编辑钟立群给我们讲如何做标题，他特别强调做题要实事求是，不要一味贪气势大。

钟老举了一个例子。道是南方某报刊发一稿，报道某地大力扶持发展农民养殖专业户、给沿海城市提供鲜禽鲜蛋，做了一个很有气势的标题：“百万雄鸡下江南”。教室里顿时哄堂大笑。

钟老诙谐地说，卖到市场上的肯定不能全是“雄鸡”，否则消费者不买账；再说“雄鸡”们也绝不会雄赳赳而去，只能是被装进笼子里蔫头耷脑地贩走，与标题所营造的宏大气势委实差了很多。“这样大而化之做标题，便会弄得大而无当了。”

大而化之，便会弄得大而无当。这个道理，当然不只是做标题。

近日读《报纸阅评》第37期“‘重人’二字重千钧”，就不禁想起钟老那句话。

这篇阅评开门见山：“本周的报纸大而化之乃有七‘化’。”作者对“七化”者一一列举：一是版式对称化，二是标题精心化，三是周刊精品化，四是视角平民化，五是图片生动化，六是报道人本化，七是问责制度化。最后总结为：

> 七“化”化而为一，可以化作对本周报纸的十六字评价：“责字当头，人字大写；报魂所系，人民所托。”“责字当头”的敬业精神无疑是勤业之本，精品之源；“以人为本”的报道风格则必受读者关注，为读

者所乐见。鲁迅先生曾借狂人之口道破中国上下几千年历史典藏页缝间无非隐含“吃人”二字；静下心来通览本周报纸之后，我们仿佛也能发现字里行间有两个字依稀可辨：“重人”。

近年来，本报各部门在改进工作作风、改进报道文风方面的确扎扎实实下了很大功夫，中央领导也多次予以表扬和肯定，但客观情况真的像这篇阅评说的这样吗？

尽管我们正在努力，但显然还未达到阅评所说的高度。那么，这样的评报，究竟有何作用与意义呢？

无疑，适当地表扬和鼓励是应该的，每个人都渴望掌声响起，但不适度的表扬也许适得其反。

且看文中评“标题”精心化：

> 本周各版标题风格鲜明，创新势头明显。例如《粮袋子·菜篮子·好日子》《不想做园丁》《贺喜贬值》《把“中国制造”提升为“中国创造”》。

《把“中国制造”提升为“中国创造”》，是我们编的《如何发展自主品牌》专栏中的一篇文章，这个标题的提法近来已比较常见，竟获如此高誉，实在让人心底窃喜而面孔发热。

过犹不及。

大而化之，太空泛而激情四溢的“丰满”，反不及有一说一、点到为止、语言平实的“浅薄”。新闻要让事实说话，新闻批评也要让事实说话。只有严谨的、言之有理的批评，才能真正推动新闻的改革和发展。学过文学史的人知道，每个文学繁荣的时期，也必是文学批评繁荣的时期。人民日报要办得高出一筹，不仅需要新闻报道的繁荣，也需要重视对新闻业务批评氛围的培育，对批评方式和内容的引导。

一个时期以来，《报纸阅评》栏里这种大而化之的泛泛之评实在不少。不少阅评文章内容言不及义，多官话、套话，或只表扬不批评，或一批评便隔靴搔痒，模糊不清，浮光掠影。不少阅评仅仅停留在对办报流程的概括上，多回顾，少总结，缺乏洞观表面现象的理性透视，缺乏冷峻思考和对规律性问题的揭示。

考其中原因，一是批评者本身对报纸研究不够，疏于观察和分析，为完成阅评任务而评，走了形式。二是批评者有批评之能力而无批评之勇气，常常出于各种原因，满眼春光而“上天言好事”，所评与实际脱节，甚至相差甚远。三是批评者“一片冰心在玉壶”，但或是理论武库陈旧，或是理论根基不实，只有一般性感受，缺乏理性支持，因而不能给予实践中产生的问题提出锐利的、一针见血的批评意见。

我们常常要求搞新闻报道要具体，即使是大题材，也要小安排。具体才能生动，具体才能深入。同样，搞新闻批评也是如此，普遍的泛泛之谈不可能替代对具体现象和作品的分析。批评离开了具体现象和作品，就会流于空泛；缺少有见解的评论更难于引导，难以深化。只有两者结合，才能让人既易感知，又生发思考，从而作用于报纸工作的实际。

《报纸阅评》第 34 期“‘芯’里美”，就是一篇抓住当前我们报纸编辑中存在的某些不足做理性透视，对规律性问题进行分析并予揭示的优秀的阅评文章。

作者通过具体事例说明，我们越办越厚的报纸中确实有很不错的报道。“但仍有不少版面从内容到形式还达不到新闻纸的要求，还需要读者自己去‘沙里淘金’。”作者对此做了切中肯綮的分析：

> 在社会剧烈变革、生活节奏明显加快的今天，能每天（特别是在工作时间）拿出一两个小时看我们的报纸的人有多少？这是办报者必须考虑的问题。把最有价值的新闻（信息）以最简洁明了的方式奉献给读者，是对现代传媒的要求，特别是对报纸尤其是日报的要求。

文章一针见血地指出：

> 我们的报纸在便于读者阅读上还存在差距，还没能让人在短时间内将有价值的新闻、信息尽收眼底，还不太像新闻纸。这也是我们报纸改革所面临的一个问题。

"'芯'里美"一文篇幅不长，七百多字，但因为有真知灼见，读来便觉得比充满激情才高八斗洋洋洒洒的大话更"丰满"。评报就应该这样，具体，有见解，敢于"发人所未发，想人所未想"。即使见解不深刻、不全面，甚至有错误也不用担心，因为是内部的业务研讨，不至于被打棍子、扣帽子。评报之关键，就在于让人听到真知灼见之声。正如张研农总编辑[①]近日在《值班手记》中指出：

> 评论第一位的是观点和见解。联系实际，重在分析，持之有据，言之成理。……提高评论的水平，看来取决于提供有认识价值和工作价值的思想、观点、见解。如能让人们从中感受到认识和分析问题的方法，这种评论的境界就更高了。

① 张研农　2008年3月任人民日报社社长，时任人民日报总编辑。

第六辑

领异标新二月花

“李杜文章万口传，至今已觉不新鲜。”清代诗人赵翼的这句诗固然有“语不惊人死不休”的刻意，但也道出了“文章合为时而著”这一至理。文学须随时代演进而发展，新闻人更是“时代的瞭望者”，在互联网时代当不断创新，与时俱进。

创新须胸胆开张，“做文章不可太老实”。固然，万紫千红总是春，但令人印象最深、最惊喜莫名的，总莫过“领异标新二月花”。敢独树一帜，才可能独占鳌头！

创新须目光四射，“收百世之阙文，采千载之遗韵”，转益多师，广为借鉴。从貌似熟悉中发现陌生，从触类旁通中寻觅灵感。吐故吸新，卓然自命。

创新贵在坚持坚守，“为伊消得人憔悴”“衣带渐宽终不悔”。爱因斯坦说过：“在一个崇高目的的支持下，不停地工作，即使慢，也一定会获得成功。”

“若无新变，不能代雄。”

敢独树一帜，才可能独占鳌头！

撑着了，给牛一兵主任[①]提了条意见。本是打哈哈，牛哥却犯了牛劲，真练！

于是，我们读到了牛哥马年的“当头炮”——九则小品文，妙！不是段子，胜似段子。

这样的语言，绝对是打上了“牛”蹄印的，有风格，有“范儿”，非常值得我们学习。

当然，这“范儿”我们学不来，牛哥天津人，是在相声、曲艺里泡大的，天津人都有语言天分。咱不学这个。学啥呢？学态度，学牛主任这种放下身段说话的态度，学这种有话就是不正经八百说，非琢磨着找那个笑点说的劲儿，这就叫别出心裁。

张艺谋曾说过一句很好玩的话，他说文学就是有话不好好说，拿你千奇百怪的方式去说。

眼下我们写报道有个通病，就是语言太板正。语言是我们这些天天和文字打交道的人的看家本领，是吃饭本钱，是干新闻的基础。怎么才不板呢？就得学会放下身段，“打开自己”。放下，打开，不端着，声调才自然，说话才本色。如果在家里都打着领带，你能相信这个人出门反倒会挑件T恤吗？

写稿时你端着，总是“打着领带”，笔下怎么可能冒出有灵性的文字呢？

---

① 牛一兵　2015年8月任人民网股份有限公司总裁，2018年7月任人民日报编委、海外版总编辑。时任人民日报社地方部主任。

语言的魅力怎么可能释放呢？

所以，读牛主任这九则小品，不能只是一乐，要会心而笑。牛主任这是在给咱们下“挑战书”呀！在座各路英豪，断不能容忍他孤独求败牛气冲天吧？

一兵率先拱卒过河，众将士们得赶紧跟将上去。咱也得多学多练。《值班手记》就是个最佳园地，这是我们部的“家”，在家何妨轻松点，领带就扯掉呗，光膀子也成啊，拒绝正经，千奇百怪，放下身段，完全打开。就让语言的骏马纵情驰骋，就让自己的想象力自由自在冲天高飞，越高越没 PM2.5。

这样的语言也许不能用于“直接播报”，但是，你的语言宝库里多了几招“绝杀技”，要不要出招，何时出招，出招时发几分力，“天机云锦用在我”，写报道时必然也就多了几分自然，添了几分本色，生出几分灵动。

从今天开始，使出牛劲学牛哥，“拿你千奇百怪的方式去说”，甚至牛头马面的状态去说。杂花生树，群莺乱飞。

敢独树一帜，才可能独占鳌头！

甲午随笔

牛一兵

2 月 12 日晚，编辑平台。费老那张严肃的脸逼晃过来。“主任给你提个意见。日志写了一个多月了，一篇也没你的！”心里发虚无从狡辩，欣然接受立行立改。“教育实践活动”还在身边！

攒鸡毛凑掸子，捡散珠落玉盘。算是给咱家账本充个零儿。

兴奋得像花儿一样

大年三十上午，费老在办公室盯着屏幕，目光如炬，兴奋的脸像绽开的水仙。“哈哈！都这日子了，弟兄们的业务研讨还嗞嗞地冒！”每人欠他的八百吊钱好像就此一笔勾销。

无独有偶。费老的“花儿”又挪移到祥武的脸上。下午五点，同样是看着电脑。“今天的新春走基层稿开始来了！”

年味正浓，而这哥俩儿似是从石头缝里蹦出来的，烟火与我何干！如果可以自擂一下，多好的新春走基层的段子！

“我家有女准长成”

曲昌荣的微信：“光码这些字就够累的。”赞谁呢？费老。

六易其稿用了四个月（当然其间有些客观原因），就是肚子里的孩子，也该胳膊腿都长出来了。

费老的业务研讨犹如阿森纳传递 28 脚洞穿大门的慢镜回放；犹如教科书中的庖丁解牛。球去哪儿，刀下哪儿，沙盘推演似实战，按图索骥定坐标。授人鱼，更授人以渔。

感谢广华大侠和伟健小新，有脾气时理解，没脾气时支持。“讲故事者，贺广华、王伟健是也”，费老猴他舅舅假猩猩。折磨了人家，抛个飞吻了事儿。

女大十八变，不能越变越随便。一稿在手，必须要有“我家有女准长成”的信心、耐心、责任心，甚至一点儿偏执心。

（原载人民日报社地方部《值班手记》2014 年 2 月，本文有删节）

创新也可以是“有趣好玩”的事

2013 年，地方部连续在头版头条推出“深化改革进行时”系列报道，杨振武总编辑评价报道很好，“不拘一格，写作上各有特色”。

这组报道形式上全部采取“1+1”模式——一版头条为六七百字导读式报道，长稿置六版。报道没一篇是一次通过的，全被打回去重写过，特别是头版头条的那个“1”。

后来，参与报道的同志写了组业务研讨文章，读后令人忍俊不禁。有的同志称，为了头条那个“1”“改稿改到呕吐”；但也有的同志称，从这个“1”中体会到了“有趣好玩”。

其中，福建分社采访部主任赵鹏写的那个头条的“1”，写法有点“不伦不类”，“先讲一个故事”，“再看两组数据”，两部分干干净净，清清爽爽，赏心悦目。

泉州晚报总编辑林耀平评价：

> 以一个故事、两组数据切入，可读性强，论据充分，极具说服力。重头报道如此撰写，给人以举重若轻之感。

赵鹏在研讨中说：这样的拼接有以下好处：单讲故事，固然吸引人，但显得单薄零碎分量轻；只讲数字，虽然宏观，但干巴无趣不好玩。两个拼在一起就刚好互取所长，有趣好玩又不失分量。

这话听来似有点扎耳。

创新是桩十分辛苦的事，创新意味着超常投入与付出，意味着一次次自我否定、被否定；创新常常把人整得愁眉紧锁，寝食不安，衣带渐宽……因此，说“改稿改到呕吐”，好理解，难道创新也可以是“有趣好玩”的吗？

有一次，杨总表扬浙江分社社长王慧敏写的《夜访环溪看治污》，分社采访部主任江南在研讨文章中这样介绍王慧敏：他写稿反复改上七八遍是常有的事，像今年发在头版头条的消息《浙江要治“三污病”》，光是导语部分他就试了好几种写法，最终选定将网民“挑战”环保部门“敢到池浦河游泳吗”作为开头。《夜访环溪看治污》更是这样精打细磨的产物。

王慧敏是“名记”。早在 1999 年，他就在本报《经济周刊》开设个人专栏“下乡手记”，是人民日报上开个人专栏“第一人”。大家公认，他的“十七大党代表”，是写稿写出来的。王慧敏不仅会写稿，而且编辑部还有个说法，称其稿是“免检产品”。

王慧敏写个稿至于那么累，需要“反复改上七八遍”地折腾吗？

原因恐怕只有一个，那就是他把一次次地改稿，当作挑战自我、创新求变的一个个台阶，在艰苦攀登、“反复改上七八遍”的折腾中，品味苦中之乐、苦后甘来，享受创新的“有趣好玩”。

2013 年，地方部按领导要求对各分社 1—8 月的发稿做了个排名，有意思的是，王慧敏、赵鹏在各自的排序中总分并非最高，但“好新闻”这一项，分居分社社长、采编部主任第一。如果不是把挑战自我、不断创新当作一桩“有趣好玩”的事，能有“第一”的佳绩、能有持续不懈追求卓越的激情吗？

文章满纸书生累，何况还要创新？实事求是说，创新确实是桩很累很辛苦的事，赵鹏自己也说，这次报道“是我这几年参与的本报大型报道活动中比较费劲的一次，因为福建最后确定的报道主题是分社曾多次报道过的。‘老材料炒出新菜式’已是不易，还要采取‘1+1’的格式，这让我很头疼”。

但苦中有乐，“头疼”不假，开心好玩也是真，这便是创新的魅力。或许正因为创新极为辛苦，所以这方面每一点小小的成绩，都会给人极大的快乐、极大的成就感。或者可以这样说，创新过程的艰辛和其取得成果收获的快乐成正比。

报社原副总编辑于宁9月8日在副刊著文谈原社长邵华泽的摄影，说当人们问到邵华泽对摄影的认识时，他回答“四句话”：摄影是件需要下功夫去学习和探索的事情；摄影是件很辛苦的事情；摄影是件很快乐的事情；摄影是件很有意义的事情！

不禁莞尔。“摄影”二字完全可换成“创新”二字。我相信，邵社长也一定是把创新当作一桩“有趣好玩”的事的。

其实，说创新可以成为一桩“有趣好玩”的事，这个话题并不新鲜。为何还拿出来说道呢？主要觉得在当前很有针对性。

面对互联网时代各种新媒体的激烈竞争，不求突破，没有特点，缺少个性的作品，必然会淹没在信息大潮中。因此，编委会要求我们改文风、创新文风，不断提要求，且标准越来越高、越来越严。如果被动接受服从命令去改，老是揣摸领导的意图去“创新”，就恐怕不仅仅是“改到呕吐”的问题了。

反之，如果有一个好的心态，去发现、感受创新的乐趣，在主动创新中体会“有趣好玩”，那么，创新也就有了持续的原动力。

何不抱着“有趣好玩”的心态去创新、去求变呢？或许经历了死去活来的创新之痛，品尝过柳暗花明的“蝶变”之喜，你会恍然发现，那些我们以为早已荡然无存的东西，其实还都在我们的内心。

百姓富与生态美同频共振

福建　“生态立省”怎么立

余清楚　蒋升阳　李增辉　赵鹏　田丰

“金山一来，青山不再”，在一些地方，保护生态与促进发展表现为这样的矛盾关系。生态与发展能否“双赢”？答案是肯定的。作为全国首批提出建设“生态省”和首个提出建设“生态文明示范区”的省份，福建在连续10多年的坚守与探索中，依靠制度变革和机制创新，使这“一对矛盾”变成“一双合璧”。

先讲一个故事——

欧浦登是一家全球著名的光学玻璃生产商。2010年，欧浦登接到一张生产全球最薄液晶电视面板的“大单”。单子很大，难度也极大，难就难在贴膜技术要从原来的2.5毫米变为0.7毫米。相差虽不到2毫米，难度却增数倍。玻璃要经过清水反复冲洗、晾干，技术难之外，还加一项苛刻条件——要有一个几乎无尘的自然环境与之匹配。

光学电导率是衡量水洁净度的非常重要的指标，数值越低，水质越好。欧浦登集团在全国有3个生产基地，每天都要检测生产用水的光学电导率，江苏昆山基地的常年数据是320，深圳基地为200，福州基地为119。

能不能更低呢？

2010年中，欧浦登慕名来到森林覆盖率高达82%以上的福建省顺昌县，实地一检测，指标出乎意料，顺昌的数据只有13！当地空气的尘埃含量更是让欧浦登喜出望外：一个比可乐罐稍大的空间内，含有直径0.5微米大小的尘埃粒子数不超过10颗，几乎直接达到无尘车间的要求。

于是仅4个月，欧浦登投资的第四家厂——顺昌基地建成投产。该基地的产品合格率在4家中最高，达97%。有了顺昌基地这个“法宝”，2012年欧浦登接到美国苹果公司手机、电脑触摸屏基板的订单2200万片，今年更高达5000万片。如今，全球80%的苹果手机、电脑触摸屏基板都来自欧浦登的顺昌基地。

好生态带来好发展。顺昌这个故事，堪称福建建设生态文明的生动案例。

再看两组数据——

3010亿元与30%

2012年，福建完成林业产值3010亿元，同比增加17.6%，增速居全省行业前列。全省森林旅游直接产值超过60亿元，同比增加88%。全省农民人均涉林收入增加490元，对农民增收贡献约占30%。今年上半年，全省造林绿化总面积314万亩，超额完成全年任务。

100%和13.8%

“十一五”期间，福建省单位GDP能耗累计下降16.45%，100%完成淘汰落后产能目标。福建以能源资源消耗年均增长9.8%的速度，支撑了GDP年均13.8%的增速。

“保护生态环境就是保护生产力，改善生态环境就是发展生产力”，福建的实践，可为佐证。在福建，保护生态与加快发展相得益彰、互为促进，“百姓富”与“生态美”同频共振。

改革不停步，创新无止境。让生态建设成为全省跨越发展的驱动力，用生态文明的内涵引领科学发展，坚持“生态立省”的福建，带着改革创新的使命，正踏上建设“生态文明示范区”的新征程。

（原载《人民日报》2013年8月8日）

有坚守，就有创新

何丽霞大姐：从河北阜城县采访回来，一直心绪难平，总想对你说点什么。

2015 年 12 月 22 日刊出的“记者调查”《雨入花心甘苦自知》，就这样以令人倍感亲切的第二人称开头，给我们讲述一个 13 年来一直扎在村子里的优秀干部李双星的扶贫历程。

一个“曲终情未了”的感人故事，因着这种第二人称的新颖写作方式，营造了一种报道者与报道对象之间更为近距离沟通诉说的氛围，诗意入微，情丝弥漫，不仅让人耳目一新，也更加感人肺腑，产生一种“未有曲调先有情”的叙述效果。

整篇报道用第二人称“你”来叙述，更富代入感和强烈的形式感。而运用第二人称的把控难度，要大于第一人称自述，因此很少被写作者采用，尤其是“记者调查”这类达 7000 字的长篇报道。并且，在这篇报道中，这个“你”还不是报道的主人公，而是报道对象李双星的妻子，故事当然要说李双星，这就要求报道中需妥帖地处理好叙述中人物的身份转切，而且还要保持第二人称自然、自如的语感，因此，难度更大。

然而，这篇报道成功了，作者成功了。

李宝善总编辑 21 日在审样上批示：“稿子很好，人物写活了，有打动人心之处。”王一彪秘书长①也批示：“稿子很好，生动而富有感情。”

---

① 王一彪　2016 年 6 月任人民日报副总编辑，时任人民日报社秘书长。

山东分社社长徐锦庚是报告文学作家，写人物的高手，22 日早上也在地方部的微信群里点赞此稿："形式新颖，布局精巧，语言生动，细节真实，有看点，有泪点，是篇难得的优秀之作。"

而最令我感动的，还不是作者禹伟良在这篇报道中对第二人称叙事的创新，而是他对新闻事业锲而不舍的创新精神。

李总把报道李双星的任务布置给地方部后，我把活派给了禹伟良，而他却婉言拒绝。

伟良是地方部公认的"劳模"，尤其是领命创办记者调查版后，"五加二""白加黑"更成常态。身为主编，不仅要负责选题组织策划到编稿上版全流程生产，他还身先士卒，上阵掩杀，是名副其实的记者调查稿采写第一人。其中，杨振武社长对《"816"，一个无法抹去的生命代号》一稿予以高度评价："一篇感人至深的好文章，写出了人民日报的水平，值得大力提倡！"

我知道，伟良绝不是拈轻怕重，那又为什么婉拒呢？

"这样的人物很正面，容易写平，我对怎么写没想好，写好没把握，怕是写不出什么新意，倒不如大胆交给年轻人去冲一冲。"伟良坦率道出自己的真实想法。

淡淡一句话，让我深受震动。什么叫敬业？不只是认认真真把事情办完，而是千方百计想着如何把事情做好，做出彩，做出新意。

我只好倚老卖老，"责令"他带着两位不久前才分到部里和分社的年轻记者郭舒然、史自强去大胆"冲一冲"。

采访了 5 天回来，伟良让三位年轻记者各写一稿（还有内参部记者段宗宝）。看完三个年轻人的初稿，他眉头便锁上了。那几天，中午快 12 点了，也不想离座；晚上了，和我们一起上夜班。突然，有一天，伟良很兴奋地冲进我办公室，眉头也开了，嗓门也高了，说是想出了一个比较好的办法，用第二人称来写，尝试写了一部分，感觉还不错。

忧愁着你的忧愁，快乐着你的快乐，我能感受到他那种被灵感逆袭的快乐。刹那间似乎便明白了：什么是灵感。

《现代汉语词典》里对“灵感”是这样表述的：“在文学、艺术、科学、技术等活动中，由于艰苦学习、长期实践、不断积累经验和知识而突然产生的富有创造性的思路。”灵感虽然那么轻灵，但支撑它存在的，是作者勤奋耕耘、坚持不懈的内心积累。从这个意义上说，灵感是对热爱事业的人长期坚守、忘我投入的回报。

伟良就是一个一直在新闻的田野里踏实耕耘并坚守的人。这份坚守，是对新闻价值的坚守，是对自己精神追求的坚守。唯坚守，所以想创新，敢创新，力求创新。

有一次，一位来自东北的分社记者和我聊天，道是最近东北抗联的电视剧热播，他禁不住翻开浙江分社社长王慧敏在记者调查版上发的《追寻义勇军远去的背影》又认真学习了一回，内容好，写得也真好，“还创新了一种多位讲故事者第一人称自述的独特手法”。而这样的报道，本来是最该由他们这些在东北工作生活多年并且还年轻的记者来写的。

一声叹息，欲说还休。

王慧敏的分社社长都当了十几年，年龄也已“奔五”，依然在勤奋写稿，以写稿为乐，而且，还总是琢磨着整出点新花样，为什么？

无非对新闻事业爱得真诚，个人得失且放一边，坚守那份对新闻的挚爱，把写稿变成纯粹的、最能获得快乐的精神活动。

锲而不舍，金石可镂。锲而不舍，创新的灵感也就会来悄悄叩门。

带头改进文风，是十八大后中央交给人民日报的重要任务。时光荏苒又一年，新岁将至之际，我也“心绪难平，总想对你说点什么”。就让我们向王慧敏、禹伟良这样的同志“看齐”吧，增强创新报道改文风的紧迫感、使命感，在坚守中创新！

雨入花心自成甘苦

——致一位县扶贫办主任妻子的信

禹伟良　郭舒然　段宗宝　史自强

何丽霞大姐：

从河北阜城县采访回来，一直心绪难平，总想对你说点什么。

那天，登门访问，临别时，听你吹了曲葫芦丝《知道不知道》。旋律不算婉转流畅，但你很投入，跟着旋律我们默默哼唱："以免打扰到我们的时光，因为注定那么少……"蓦然想起电影《天下无贼》结尾里女主人公泪水涟涟、大口嚼咽烤鸭的镜头，眼泪差点流出来。

很难想象，文弱的你，是怎么从癌症的死亡线上拼争过来的。也很难想象，如果没有你第二次生命奇迹，"曲终情未了"的人生最大遗憾，李双星该如何弥补？

那一刻，我们感慨万千——

你嫁给了李双星，他却"嫁"给了大棚

看得出，劫后余生，你更懂得热爱生活了。客厅里挂着去年补拍的婚纱照，全是单人的，李双星又"缺席"了。

在这个家，正如你说，他就像个住店的，就知道扶贫、扶贫，大棚、大棚！是啊，平常人一年约250个工作日，而他这个阜城县扶贫办主任，13年来，年年累计工作达400个工作日的时间。

不少人和他开过玩笑：你一天到晚不着家，嫂子难道没意见吗？他总是呵呵一笑，咱干的就是和农民打交道的活，这就是最基本的工作。再说了，我老婆是中学老师，每天晚上要批改学生作业，我们各忙各的，谁也不影响谁。

但我们听得出，你是有意见的。见他整天不着家，你还曾怀疑他有外遇，悄悄找司机盘问一番，“侦探”了几次，放心了，但也直接给他“定了性”：指望他顾家，基本无望。我们能想象，当儿子问妈妈为何不与爸爸离婚时，你一脸错愕的表情。

你说自己是“傻女人”，丈夫一“哄”就满足了。

1999 年 5 月，你在天津肿瘤医院被确诊为乳腺癌。在做左乳根治手术的前一天，他陪你到天津水上公园散心，第一次手牵手逛、第一次照合影。至今，你还念念不忘。

4 年后被查出癌症复发，并转移成肺癌，那一刻，你号啕大哭。医生私下悄悄对你哥何青说：“你妹病情已到晚期，没有手术的必要了，保守治疗吧。”这无疑一声晴天霹雳，你哥气愤地给李双星打电话：“你心里还有没有这个家？还有没有你老婆这个人？”

放下电话，他心怀愧疚地赶到山东济南的一家医院，就像个犯了大错的孩子，赎罪似的跑前跑后照顾你。他心力交瘁，短短几天头发就掉稀疏了。他深知，这些年对家庭、对你，亏欠太多——阜城县附近最有名的两个景点，东光铁佛寺和衡水湖，都没带你去过。

农业扶贫项目季节性强，延误一个星期播种，也许一季收成就没了。陪护期间，他电话不断。他同事来医院看望你，他就逮住机会在病房开起“工作调度会”，大到来年扶贫项目的确定，小到一亩大棚需要多少水泥柱、钢丝，他都一一核对，力保项目“不走样”。当看到你头发几乎脱光，躺在病床上忍受着化疗之痛，大家忍不住劝道：“主任呀，何老师都这样了，您先把工作放一放，好好陪陪她吧！”你还记得自己有气无力的回答吧：“你们还不了解他呀，他人在这里心早就惦记着大棚了。这几天他能白天黑夜地陪着俺，俺就知足了。”在场的人听了无不落泪。

那阵子，你 76 岁的老母亲都来济南给你做饭，而他陪你做完化疗，接到一个电话，竟急匆匆地赶回阜城。很多人不解，老婆病成这样了，还能忍心走吗？

你可能不知道，今年，以双星主任为原型编排的评剧《福星临门》在县文化中心公演，当“回看”这一幕时，他自己也不禁潸然泪下。

原来，一场暴风雨突袭了漫河乡前八丈村。西瓜大棚一片狼藉，柱子东倒西歪，棚膜被刮得七零八落。“李主任，我的老本全赔了，这可咋办呀！”老乡带着哭腔打电话向李主任求救。

那一刻，他沉默了——

一边是生命垂危的妻子，一边是奄奄一息的致富星火

这应是他一生之中最艰难的时候。

你还记得2002年4月26日吧，这一天，他走马赴任县扶贫办主任。上任后实施的第一个扶贫项目，是周转羊、周转猪，当时上面也鼓励这种扶贫方式。首批200万元扶贫资金买成了羊羔、猪崽，分配到40个贫困村。

几天之后，他来到漫河乡倪庄查看养殖情况。一进村，就觉得有些不对劲。问老乡：“羊呢？”“死了！”老乡回答倒也干脆。“死在哪了？我去瞅瞅。”“埋了！”“埋在哪了？”到这时，老乡回答不上了。

原来，很多老乡把500余元买的羊羔以一二百元的价格卖掉了。再一了解，类似情况不在少数。这件事对他触动很大，“这么扶贫，10年也见不了成效！”

一番调查，根据当地土壤、种植露地西瓜的传统，他琢磨把产业扶贫的靶向调到大棚瓜菜，并选择了前八丈村和倪庄作为大棚西瓜试点。

开始大家热情很高，但到动真格时，不少人打起了退堂鼓。一亩大棚需要4000元的成本，政府补贴400元，资金主要靠银行贷款。盼致富，又怕风险，“不见兔子不撒鹰”，这是群众普遍的心理。前八丈村村支书焦丛新说：“李主任，我们相信你一回，可是西瓜一旦种了卖不了可怎么办？”他当场表示：“卖不出去我个人全包！保证大伙收入比种玉米翻一倍！”

决策时拍脑袋，保证时拍胸脯，办砸了拍屁股走人，这样的干部，群众见多了，“当官的捞政绩想往上爬，咱土包子当垫脚石不会打滑”之类的

冷言冷语不少。勉强动员了18户参加第一批480亩大棚建设。他压力很大，常下乡、钻大棚，还专门从山东寿光请来大棚能手长期驻村现场指导，生怕有半点闪失。但谁知一夜罕见暴风雨，大棚尽毁。

犹豫再三，他赶回阜城，一边带领大家把倒塌的水泥柱扶起来，一边联系农资公司，赶紧送棚膜，赶紧派技术专家，努力将损失降到最低。

这事让他落下深深的后遗症，至今只要晚上一起风变天，他就睡不好觉，第二天一有空就要下乡转转看看。

但他并非“只认大棚，不认媳妇”。

辗转求医过程中，他往往是拿着从朋友那里筹来的钱、办理完住院手续，就求助于亲戚轮流陪护，又赶回去工作，但心里其实想着、记挂着你。也只有连轴转的工作，方能让他暂时卸下压在心头的大山。

你说，当时心中唯一祈祷，活着看到正在上高中的儿子考上大学，也就瞑目了。你哥也劝李双星，听医生的吧，别因一个人毁了一个家。但他不放弃任何一丝希望，试新药、吃偏方，想方设法让你尝试，“为了这个家，一定要好好地活着”。

化疗后你啥都不想吃，他下班回来，无论多晚，都会问问：想吃啥，炖大骨头还是鲫鱼汤？我给你做！还记得你说，“因病得福”，吃上了他亲手做的饭菜，“还真好吃”。

得知你的病情后，乡亲们都希望能帮上点忙。听说常喝苇根水能抗肺癌，他们包成一捆一捆地主动送来。

真是奇迹，一年后你的身体康复了！

最高兴的，莫过于他了。曾经艰难周旋的“两难”变成“两全”。当年，前八丈村大棚西瓜每亩收入达到4000元，比种玉米增加好几倍！

前八丈村周边的贫困村闻风而动，常常是村干部晚上把双星主任请过去讲课，村民第二天就开始购买建大棚的物料。“漫河西瓜”如今入选地理标志保护产品，全乡农民收入由全县倒数第一一跃而至全县前列。焦丛新说，以前一家一下拿不出2000元，现在呢，只要你上午和他说，每家下午也许就能提出来 20 万元。信用社都常到咱们村拉存款呢。

多年以后，你亲叔叔从广州来探亲，想看看李双星究竟在忙啥。你陪着叔叔下乡转，车行半个多钟头，成方连片的大棚绵绵不断，深深震撼了你们，“真没想到他为农民干出了这么多的事！”

那一刻，你说，突然理解了自己的丈夫。

（原载《人民日报》2015 年 12 月 22 日，本文有删节）

为啥说这篇稿“表达新”

2017 年 7 月 13 日头版头条《内蒙古　骏马奔腾七十载》和记者调查《解码“模范自治区”——听亲历者讲述内蒙古七十年》，李宝善总编辑审稿时就表扬“稿子写得好”。刊出第二天，中宣部副部长、国务院新闻办公室主任蒋建国又予批示肯定：“这两篇报道和通讯，立意深，表达新，生动感人。”

中宣部领导为啥表扬这篇稿“表达新”？

李总批示说：“我平日看稿，一个突出的感受是很多稿子开头套路化、程式化。我们提倡讲故事，很多稿子开头就来一段‘故事’，其实根本算不上故事，没什么情节，只是给文章戴了个‘故事帽’。写文章贵在创新，开头贵在新奇，贵在不落俗套，文无定法是硬道理。”李总要求我们思考破解之道。

而这篇报道一开头就很“新奇”，“不落俗套”：

> 从地图上看内蒙古，势如一匹昂首奔腾的骏马。这匹祖国北疆的骏马，在民族区域自治的光辉道路上，已驰骋了整整 70 个春秋。

作者顺着“这匹祖国北疆的骏马”这个比喻，“托事于物”，“先言他物以引起所咏之辞”，紧接着用一组排比来结构全篇——“这骏马，挟风逐电”“这骏马，一马当先”“这骏马，蹄疾步稳”“这骏马，勇往直前”“这骏马，忠肝义胆”，把骏马丰肌劲骨、血性飞扬的神采和内蒙古 70 年来的光辉实践融为一体，以形写神，形神兼备，意在笔先，神余言外。

我国最早的诗歌总集《诗经》是中国文学的源流。古人这样总结《诗经》

的创作经验："故诗有六义焉：一曰风，二曰赋，三曰比，四曰兴，五曰雅，六曰颂。"（《诗・大序》）大多数人认为：风、雅、颂是《诗经》的分类，赋、比、兴则是它的表现方法。

宋朝大儒朱熹是这样解释的：

> 赋者，敷陈其事而直言之者也。比者，以彼物比此物也。兴者，先言他物以引起所咏之辞也。（《诗集传・卷一》）

简言之，比是比喻，兴是起兴，兴兼有发端和比喻两种意思。"比兴"后来二合一了，常并在一块儿说。内蒙古这个头条报道，采用的就是"比兴"的手法。

比兴手法在文学创作中十分常见，如老记者孟晓云获全国大奖的报告文学《胡杨泪》，用新疆有着 6500 万年历史的胡杨树做比兴，反映以钱宗仁为代表的一代知识分子，在"文革"直到 20 世纪 80 年代初期，屡经磨难而始终不灭希望火种，在困厄中苦苦追求。本报文艺部老主任袁鹰，更是善用比兴的高手，他的散文《井冈翠竹》收进教材，被几代人诵读。"翠竹"成为井冈山精神的象征。2017 年年初我带队采访井冈山率先脱贫，大家在讨论报道构思时，便不约而同地提到了"井冈翠竹"。

但在新闻报道中，比兴手法用得很少，因为新闻较之文学在真实性方面的要求更高，拿捏好十分不易。"比类虽繁，以切至为贵"，"托事于物"时，这"物"，一定要与报道主题、内容切合得当。《内蒙古　骏马奔腾七十载》，不仅"表达新"，而且"立意深"。蒙古族素有"马背上的民族"之称，内蒙古和"骏马"，二者内蕴便高度关联，加上作者巧妙地由"从地图上看内蒙古，势如一匹昂首奔腾的骏马"这个视角切入，因此更显自然、"切至"，"视象""物象""意象"高度和谐统一。

这样写开头，这样来构思全篇报道，"表达新"也便是水到渠成的事了。

那么，我们从这个"表达新"中又能得到什么启发呢？

“比兴”是文学创作的重要手法，大家做新闻后往往习惯研读新闻名家名作，这当然需要，也很重要，但还远远不够。“圆照之象，务先博观。”各种文体的写作，源头都在文学，“文章天下难事，其法度杂见于百家之书。”要善于到文学的长河里沿波讨源，从“百家之书”中汲取营养，领悟写作真谛。

果能如此，“贵在新奇，贵在不落俗套”，还会那么高不可攀吗？

内蒙古骏马奔腾七十载

王一彪　陈沸宇　孔祥武　黄福特

从地图上看内蒙古，势如一匹昂首奔腾的骏马。这匹祖国北疆的骏马，在民族区域自治的光辉道路上，已驰骋了整整 70 个春秋。

这骏马，挟风逐电——

“曾经饱受困难的内蒙古同胞，在你们领导之下，正在开始创造自由光明的新历史……”1947 年 5 月，毛泽东、朱德联名发出这份贺电。

在解放战争的隆隆炮火中，在兴安盟王爷庙的一所礼堂里，在中国共产党的领导下，内蒙古人民代表会议成功召开，当年 5 月 1 日宣告内蒙古自治政府成立，这也标志着我国第一个省级民族自治区成立。

这骏马，一马当先——

“在牧区民主改革中，内蒙古实行‘不分、不斗、不公开划阶级，牧工牧主两利’的政策，是从民族地区实际出发的创举。”内蒙古自治区发展研究中心主任杨臣华评价：创新是关键词。

在党的领导下，内蒙古各民族从半殖民地半封建社会，有的甚至从原始社会末期，直接跨越到社会主义社会，实现了社会制度的历史性变迁。作为首个省级民族自治区，内蒙古勇当探路者。先后成立鄂伦春自治旗等

3 个人口较少民族自治旗和 18 个民族乡（苏木）。自治区各级人民代表大会先后制定和批准了 565 件地方法规，为贯彻民族区域自治制度提供了法治保障，获得“模范自治区”的赞誉。

这骏马，蹄疾步稳——

“1959 年 9 月 26 日，周恩来亲自为包钢 1 号高炉首次出铁剪彩。日理万机的开国总理为一个高炉剪彩，足见中央对发展内蒙古经济的重视。”90 岁的包钢原经理张国忠的回忆满是自豪。

从自治区成立之初提出牧区工作“千条万条，发展畜牧是第一条”，到去年召开的自治区第十次党代会提出“坚决守住发展、生态和民生底线”，内蒙古 70 年来始终坚持民生优先，践行以人民为中心的发展理念，不让一个困难群众在全面小康路上掉队。截至 2015 年年底，内蒙古农村牧区贫困人口由 1986 年的 600 万人减至 2015 年的 80.2 万人。

这骏马，勇往直前——

“前半辈子种树治沙，后半辈子我要‘吃沙’，沙里淘金！”这是农家女殷玉珍在毛乌素沙漠发出的誓言：拿生命成就绿色，用绿色舒展生命。

作为我国北方重要的生态屏障，内蒙古早在 20 世纪 50 年代，就开始在西部治理沙漠，在东部地区规划并营造了上千公里的大型防护林带。改革开放以来，内蒙古全面实施三北防护林、退牧还草、退耕还林还草等国家重点生态修复工程。2016 年草原植被平均盖度达到 44%，较 2010 年提高了 7 个百分点，基本恢复到 20 世纪 80 年代最好水平。荒漠化和沙化土地面积继续“双减少”。

这骏马，忠肝义胆——

“没有草原父母的养育，就没有今天的我。”当年“江南孤儿”孟根其其格在四子王旗家中对记者深情诉说：民族团结是各族人民的生命线。

从困难时期为国捐粮畜，到“江南孤儿进草原”；从同心协力建包钢，到“让出最好牧场为航天”，草原上流传着一个个动人心弦的民族团结佳话。长期以来，内蒙古坚持把培养使用少数民族干部当作大事，始终注重加强各族干部之间的团结。目前，内蒙古少数民族干部约占干部总数的33%，其中，省部级、地厅级、县处级少数民族干部，分别占同级干部总数的41.67%、33.72%、30%，均高于少数民族人口占总人口的比例。

草色绵延，大地沉雄。短短70年，内蒙古地区生产总值由1947年的5.37亿元，增加到2016年的18633亿元，70年增长了642倍！守望相助，祖国北疆这道风景线更加亮丽辉煌。“不待扬鞭自奋蹄”，内蒙古这匹骏马，正怀抱确信的希望，奔腾向前，开创新纪元！

（原载《人民日报》2017年7月13日）

从貌似熟悉中发现陌生

“一条大河波浪宽。”虽说或头或尾或中部，但让11个分社都来写这条“大河”的话，会不会写得都差不多呢？

这样的担心并非多余，因为这条“大河”我们再熟悉不过。熟地翻三回，再动锄头往往便少了兴致。熟门熟路，眼睛里往往也就没了风景。

2016年4月中旬推出的“构建长江‘绿走廊’”专栏，沿江11个分社一家一篇，都写长江生态，但看下来，却颇有“每一朵浪花都是不一样的”之感。

重庆是开篇，开场当高唱而入，得“黄河落天走东海”之势，赚足读者眼球。《重庆好山好水好生态》，从“碧水长流”“青山常在”到“蓝天常驻”——“获得感满满的‘雾都人’已经懒得到社交媒体上晒‘重庆蓝’了”，给读者呈现的是一幅美丽的山水全景图。

云南篇，便把读者的目光引到了具体江段金沙江——“江流到此成逆转，奔入中原壮大观”（《金沙江“绿银行”》），写云南如何在长江上游打造绿色生态屏障。

同样说江段，贵州选择的是最具地方特色、中外驰名的“美酒河”：赤水——“上游是茅台，下游望泸州，船到二郎滩，又该喝郎酒”（《美酒河再飘香》），从生态保护和地方发展的纠葛中，写出贵州生态理念的进步。

森林归来，才可能清波重现，四川篇则把视角转向长江的守护神——造林护林（《四川绿荫满岸守清波》），10万名伐木工人放下斧头、拿起锄头造林18年。

四川放眼千座山，安徽打量一座城——长江下游著名钢城马鞍山（《马鞍山钢城转型护清流》），从钢城5年将能耗降低四分之一的努力中，写出安徽对长江的呵护。

浙江，是个名字都带水的地方，对水的内涵也认识得更为深刻。《浙江“五水共治”带来海晏河清》，通过“治污水、防洪水、排涝水、保供水、抓节水”“五水共治”，写出了这种识见的高出一筹。

全国最大的淡水湖——鄱阳湖在江西，它注入长江的水量超过黄河、淮河、海河的径流总量，《江西力保“一湖清水”向长江》，又给读者一个全然不同的视角。

“烟花三月下扬州”，扬州是江苏的名片，也是江南的名片。也写一座城，江苏分社的《清水活水润扬州》，则是巧妙选择极富象征性的扬州这个典型来管中窥豹。

长江总长6300公里，就有1061公里横贯荆楚大地，湖北岸线资源最丰富，却提出“留白”理念——尚不具备开发条件的岸线资源保护好，暂不开发。立意高远，新风扑面。

湖南也来写城，不是一座，而是长沙、株洲、湘潭三市。多则易散，报道通篇聚焦于一点——对位于三市中间、被称为三市“公共客厅”和“天然氧吧”的一片500多平方公里的绿地的保护，又辟新径。

万里长江东入海，上海篇独树一帜，报道入海口崇明岛的“生态岛建设”——联合国环境规划署向全球42个岛国推荐的典型，从而反映这个超大城市探索全新绿色跨越发展之路的努力。

从江头到江尾，这组系列报道随波转折，移步换形，风采各具，每篇都有可圈可点处，共性主题写出了个性，熟悉题材写出了陌生，而这一点尤为可贵，对地方分社如何做好地方重点报道很富启示。

分社记者写稿常碰到一个困惑，地方党委政府要求分社把地方的某项重要工作作为重点报道，即使你翻来覆去报道过若干回，他还是希望你再报——“宣传不要怕重复嘛”。可是，报道更多是给读者看的，读者不愿看重复的报道呀，怎么办？

躲不开，也绕不开，你只能从貌似熟悉中去发现陌生。为什么说是“貌似熟悉”？因为新闻每天都在发生，主题虽然不变，是熟悉的，但只要深入采访，就会发现陌生，抓到鲜菜活鱼，用给读者陌生感的新鲜素材来表现这个熟悉的主题。

依水而建、因水而兴的城市不少，但挂牌“清水活水办公室”专责督办水生态治理的，似乎只有一个，那就是以‘州界多水，水扬波’而享誉天下的扬州。(《清水活水润扬州》)

这是江苏篇的开头，讲述的是“似乎只有一个”的新鲜事。

无独有偶，湖北篇也是这样，一开头就给读者讲述了一个耐人寻味的故事：

郁郁葱葱的武汉南岸嘴，至今已经“空置”了17年。南岸嘴是长江汉水交汇形成的半岛，面积180亩，在此稍抬望眼，便可领略两江交汇、三镇鼎立的宏大气魄。

……武汉市立场明确：南岸嘴是武汉“城市之心”，其规划建设要慎之又慎，在没有让世人为之一震的项目之前，要坚决“留白”！因此，武汉放弃了原本可以迅速增加的数百亿元土地收入和GDP，先后六次否定相关开发规划。(《长江“留白”“留绿”未来》)

湖北拥有长江岸线资源最丰富，开发上却强调“留白”，这个理念是“陌生”的，又是用一个多数读者“陌生”的故事叙来，读者的视线便自然追随着记者那支笔摇曳而下了。

初次报道的事物自然是陌生的，最是容易吸引读者的目光。

然而，记者的步履总是匆匆，新闻不允许从容不迫，有时容不得花太多时间去寻找这种初次的“陌生”。那么，同样的主题、题材，就要考虑不同的切入点，去发现那个“陌生的角度”。

齐白石老人有幅名作，题为“蛙声十里出山来”，画面是山涧溪流里，欢快游动着几尾小蝌蚪。蝌蚪可不就是明天的“蛙声十里”吗?

在江西，说到长江，自然让人想起九江，但可能鲜有读者想到，鄱阳湖水系的年均径流量，竟占长江年均径流量的七分之一。写出鄱阳湖的保护，不就写出了江西对长江的保护吗?

这就是角度之变，也颇有“蛙声十里”之妙，而这样的角度，便给人以“陌生感”。

同样，水好，或不好，茶知道，酒也知道。贵州篇巧妙选择了从一个给人陌生感的角度切题：美酒河——赤水河的生态文明建设。

“水面清圆，一一风荷举。”这是人们熟悉的莲荷，而在明末大画家八大山人笔下，“莲叶何田田”被完全颠覆了，那荷梗竟逸出一种松柏劲竹之高洁气象——只因为它是由水面往上看去的。变个角度，不只让人倍感新鲜，甚至给人以全新气象。“横看成岭侧成峰”，角度一变奇峰出，山势或许倍显峥嵘。

在貌似熟悉中尽最大努力去写出陌生，去发现陌生的事、陌生的角度，还包括要多尝试运用陌生的用语。

> 种了半辈子田的仙桥村党支部书记管仕忠直说“看不懂”：好好的地不种庄稼种苜“养地”，新长出来的蚕豆不收当“绿肥”，还能拿到政府生态补偿金；同济大学师生把废弃的田间大棚改造一下，老外和城市白领们就肯掏高价来住，坐在田埂上吃小龙虾、喝咖啡……（《崇明岛生态佳迈向“生态 +”》）

这番叙述是从管仕忠的视角看来的，夹在前后都是记者视角的叙述中，便生出一份“陌生”。

在仁怀市茅台镇茅台集团中华污水处理厂，监测室的屏幕上实时显示着废水经处理后的氨氮和化学需氧量（COD）数据。“你看，废水经处理后的氨氮含量是0.2212mg/l（每升毫克），COD是16.60199mg/l，大大低于5mg/l和50mg/l的国家标准。”厂长陈德龙说完跨步到屋外，从出水口接上半量杯的水，深嗅一下，“无色无味。”(《苦尽甘来“美酒河”》)

报道中要多用引语，这一点可以说已成为记者们的自觉，但如何引得生动、引得自然，还需破解。上述引语不是简单的一引到底，中间插入了说话人的动作细节，大大增强了现场感、画面感，而现场、画面总是会给人几许陌生。

同样，来自现实生活的百姓用语迥异于书面语，也会给人几许陌生。

“小时候在江边可以看到很多江豚嬉戏，就是人称的‘江猪’，但从1989年开始到前年，有近二十年没见过它们了。”在马鞍山滨江文化公园，记者遇到了出生于江心洲的李志飞，“但从去年开始，‘江猪’们又三三两两、成群结队地‘冒泡’了。”(《一江碧水再东流》)

“江猪”们三三两两、成群结队地“冒泡”，颇接地气的口语，同样让人感受那种熟悉中的陌生。

相比于题材、角度，用语的陌生感似乎是小节，而事实上小节不小，语言是任何类型文字作品的根本，题材、角度很好，如果语言太熟套，同样会让人扼腕叹息的。

有兴味或许比有干货更重要

“部长通道”成为2016年两会的一大亮点。不少媒体报道中说，人民大会堂北大厅的“部长通道”，堪称是一条“新闻热线”。最高峰时，聚集于此的中外媒体大军达500多人。

李克强总理在记者会上，也把“部长通道”作为政府政务公开的一个亮点：“我跟他们说：你们可不能记者一发问你就拱拱手一走了之，要把嘴巴张开，直截了当地回答问题。”

部长们确实把嘴巴张开了，各部委负责人40余人次先后在此亮相，与媒体互动，这些“一把手”们在“部长通道”回答了记者轮番抛出的近百个问题。

但是，此次报道中，我们承担“部长通道”报道任务的记者有的却没有交卷，编辑部当晚只好采用新华社通稿。虽然记者没有拱拱手一走了之，后来也交了卷——几天后围绕“部长通道”发了篇挺不错的言论稿，但毕竟面对一场中外媒体云集的“新闻大战”，前半场主要拼“当日报道”，言论是拼后半场，如果不是扣着当日新闻事件写的言论，那么又在其次。

当日为何没报？记者道，感觉没有什么特别的料。

从报道看，在“部长通道”上，国家税务总局局长王军回应了营改增进展计划，住建部部长陈政高回应了北上广深房价暴涨问题……显然，这条“新闻热线”名不虚传，有不少货真料足的新闻，但毕竟受制于会议前的时间限制和这种形式，几十位部长未必个个能抛出干货猛料，有时“没有什么特别的料”，或许也是实情。

但话又说回来，有料没料，有时也在记者有心没心。

我有次随报社代表团访沙特，团长是国际部资深记者刘水明，聊了一路。刘水明驻过多个国家，道刚开始驻外时，特别佩服那些外国记者，一个重要国际性会议结束，那些外国记者拦住某个参会代表，他在旁边就听记者提了一个问题，对方回答得也非常简单，结果第二天打开报纸一看，居然写出一大版分析报道。同外国记者熟悉后一了解，人家为提那一个问题，准备了个把星期，所以代表的回答到位与否，事实上已退化成了那篇报道的"一个新闻由头"。

这就是有心的记者。

从后来本报采用的新华社稿《"部长通道"掀起小高潮》中，我们也不难发现"有心的记者"，如"交通运输部部长杨传堂……回应完'如何治理城市拥堵'的问题后，已经临近会议开始的时间，却又被追问'网络约车会导致拥堵吗'？杨传堂再次与记者们相约问答时间：'大家对网络约车都很关注，所以我在3月14日会专门有一场记者会，详细地跟大家介绍，因为简单地说还说不清楚，我们到时见。'"

记者给交通部长提的问题针对性就极强，很到位，显然是做过功课的。

所以，"部长通道"对于记者的魅力，或许还不仅在于其"有料"，更在于记者同时也是这"料"的共同制作者。

仔细研读新华社这篇报道，笔者不禁想到另一个眼下我们不少记者还不大在意的问题。

倘若以有料没料论的话，这篇1500字的通讯料也不算多，但很是吸引人一读：

"部长！网上流传的延迟退休时间表究竟是不是真的？"还没等人力资源和社会保障部部长尹蔚民在话筒前站稳，现场数百名记者提高嗓门，向9日下午"部长通道"迎来的第一位嘉宾抛出一连串问题。

十二届全国人大四次会议第二次全体会议9日下午3时在人民大会堂举行，会议开始前两个小时，已有大批记者在大会堂北大厅"部长通道”守候经过的部委负责人。工作人员不断提醒：“请大家注意安全！不要拥挤！守在红线外！今天来的部长不止一位，一定会回答大家关心的问题！”

报道这样开头。数百名记者提高嗓门在嚷嚷，工作人员也不断提醒，“注意安全！不要拥挤！守在红线外！”记者将用眼睛捕捉到的细节，气氛、神态、动作等把读者带进所要报道的内容，工作人员的吆喝，更是给读者很强的画面提示。一看这样的开头就让人欲罢不能了。

而这类有趣的场景在文中比比皆是：

住建部部长陈政高5日已在“部长通道”回应过关于“房价”的问题，但由于当天时间紧张，没来得及回答记者所提出的关于棚户区改造的问题。陈政高9日又主动来到部长通道，回应棚户区改造等问题，他开场第一句便是：“大家好！我们是第二次见面了！”

这幕好戏的主演自然是那些部长，而记者的戏份也不少：

新京报记者黄颖感叹：“一天能采访到10位负责人，也是我采访生涯的史上之最了。”

韩国中央日报记者申庚振说：“早就听说这个通道，今天是第一次来，部长通道形式非常好，部长跟记者的交流和跟老百姓交流一样，亲民色彩很重，这是中国特色的交流方式。很开放！很接地气！”

这场会来了10个部长和记者们精彩互动，报道不忘留下一个包袱——

工作人员利用开会间隙，向记者们介绍将于13日和16日继续开放“部长通道”的情况，“放心，我们会尽力为大家安排，到时候答问部长不会比今天少。”

吸引读者兴致勃勃地把这篇报道读完的原因是什么？显然，不是10位部长面对记者认真回答了什么，有多少“干货”，而是发生在“部长通道”现场的这些让人饶有兴味的趣事。

事实上，即使报道里“干货”很足，读者们萝卜青菜各有所爱，也仍会或取或舍，而有趣的东西则无往而不胜，可以老少通吃。因此，从这个意义上说，有时候有趣、有兴味，比有没有“干货”还重要。

其实，有兴味，是一种极高的境界。

中国杂技可谓蜚声世界，大奖拿过不少，但杂技界一直困惑，各路神仙们指点解惑归结一点：不缺超人缺小丑，不缺掌声缺笑声。——一针见血。杂技艺术品类丰富，最易形成明星效应的是滑稽“笑星”。从西汉的东方朔，到小丑代名词“乔克”；从西方幽默大师卓别林，到著名丑角波波夫，真可谓“马戏英豪知多少，唯有丑角留其名”。有着马戏界“奥林匹克”美誉的蒙特卡洛国际马戏节，便以“金小丑”奖为最高荣誉，可谓意味深长。

有兴味，也是写文章的极高境界。古往今来中国美学的传统就是兴味蕴藉，由奇而兴、兴会酣畅和兴味深长。为什么有些精彩的相声佳作你可以反复听，百听不厌，细想想，无不是有人、有事儿，有情、有趣儿，娓娓道来，亲切自然。

新闻报道也是历来主张要“言简兴长”的，让人不仅能从中获得信息、观点思想，还能获得精神上的愉悦甚至升华，而令人会心阅读的往往就是那些自然而然地穿插其中的与新闻有关的闲笔、场景、对话、琐闻等，或是相关资料，既深化了主题，又增加了新闻的文化品位，文章也顿生波澜，曲折动人。

1956年7月1日，本报正式改版时发表社论《致读者》，其中便强调：“尽量把文章写得有条理，有兴味，议论风生，文情并茂。”

瞧，50年前编委会就主张报道要“有兴味”了，要求我们把报道写得有趣一点。

报社原总编辑范敬宜批评我们的报道风格不够丰富多样时说：“只知道旗帜鲜明，不知道委婉曲折；只知道理直气壮，不懂得刚柔相济；只知道大开大合，不知道以小胜大；只知道响鼓重锤，不懂得点到为止；只知道大雨倾盆，不知道润物无声。”

也许可以狗尾续貂再补上一句：只知道有干货，不知道有兴味。

有个年轻作家描述当今文坛的现状时说：野心勃勃的年轻作家比夏天的蚊子还多，但是有趣的数量就没那么乐观。这话似乎也适用我们，有才华有追求的记者乌泱乌泱，但有趣的——能把报道写得“有兴味”的，就少得多了。

如何把报道写得“有兴味”，是一个非常值得我们深长思考的问题。

“部长通道”掀起小高潮

新华社北京3月9日电 记者李汶羲、刘东凯报道：“部长！网上流传的延迟退休时间表究竟是不是真的？”还没等人力资源和社会保障部部长尹蔚民在话筒前站稳，现场数百名记者提高嗓门，向9日下午“部长通道”迎来的第一位嘉宾抛出一连串问题。

十二届全国人大四次会议第二次全体会议9日下午3时在人民大会堂举行，会议开始前两个小时，已有大批记者在大会堂北大厅“部长通道”守候经过的部委负责人。工作人员不断提醒：“请大家注意安全！不要拥挤！守在红线外！今天来的部长不止一位，一定会回答大家关心的问题！”

果然，“部长通道”没让守望在现场的记者失望。人社部、国土资源部、住建部、交通运输部、商务部、民政部等10个部委的主要负责人主动走到话筒前与记者互动。会议开始前有7位负责人答问，会议结束后，又有3位负责人来到“部长通道”回应当下热点问题。新京报记者黄颖感叹：“一天能采访到 10 位负责人，也是我采访生涯的‘史上之最’了。”

很多部长已是“部长通道”的熟客。住建部部长陈政高 5 日已在“部长通道”回应过关于“房价”的问题，但由于当天时间紧张，没来得及回答记者所提出的关于棚户区改造的问题。陈政高 9 日又主动来到部长通道，回应棚户区改造等问题，他开场第一句便是：“大家好！我们是第二次见面了！”

而交通运输部部长杨传堂更是“部长通道”的老朋友，9 日已是他在两会期间第三次接受采访。杨传堂回应完“如何治理城市拥堵”的问题后，已经临近会议开始的时间，却又被追问“网络约车会导致拥堵吗”，杨传堂再次与记者们相约问答时间：“大家对网络约车都很关注，所以我在 3 月 14 日会专门有一场记者会，详细地跟大家介绍，因为简单地说还说不清楚，我们到时见。”进入会场后，他还派身边工作人员出来寻找刚才提问的记者，就没来得及回答的问题进行面对面沟通。

现场工作人员说，各部委负责人都很重视“部长通道”，希望在此回应社会关切，“很多负责人有意愿来回答记者提问，会前就开始排队，没有排上的，只能会后来回答提问。”

韩国中央日报记者申庚振说：“早就听说这个通道，今天是第一次来，‘部长通道’形式非常好，部长跟记者的交流和跟老百姓交流一样，亲民色彩很重，这是中国特色的交流方式。很开放！很接地气！”

“部长通道”的组织者在不断地改进对记者们的服务。工作人员利用开会间隙，向记者们介绍将于 13 日和 16 日继续开放“部长通道”的情况，“放心，我们会尽力为大家安排，到时候答问部长不会比今天少。”

至今，国务院有关部委负责人已有 21 人次先后在“部长通道”回答记者提问。百米“部长通道”连接会内会外，成为世界了解中国的又一扇窗口。

（原载《人民日报》2016 年 3 月 10 日）

有趣，不只是讲故事

很多年过去，张腾扬一定还会记得，他写的长篇综述《京津冀　这三年不寻常》在2017年3月2日的《人民日报》头版头条刊出后——这是他入社以来发的第一个头版头条——当天分社朋友圈里，好几位“小同学”给他献上了玫瑰。

花儿再美，时间也会很快带走它的芳香。然而，倘若能从这次成功“登顶”中认真总结出一番“成功”背后的经验和教训，那么，这芳香便会一辈子氤氲他笔底的报道。

这篇稿曾被几次打回修改，为什么呢？其中的原因便很值得总结。

此篇是《京津冀协同发展调研行》的收官篇，之前北京、天津、河北已分别发过两篇报道，三地多以各自为中心作报道，此稿要求“综述”——把三地三年来协同发展的情况统到一块儿说，给读者勾勒一个整体印象。腾扬的出发点是想把报道做得有趣一些，努力故事化叙述，又想尽量避开前面6篇报道中已讲过的故事，这么一来，留给他可选择的故事代表性就不够了——毕竟调研行前后才6天，初稿很难由“点”看到“面”。

第二稿交来，腾扬还是坚持故事化叙述，注意到以点带面了，但仍然是点说得多，面说得少。尤其是为了让“点”——故事丰满一些，有的重要的“面”限于篇幅也舍弃了。比如，京津冀协同发展摆第一位的是疏解非首都功能，因为这方面的故事少，不生动，第二稿竟没涉及。第三稿开始，才真正按综述的要求来写。

由此可见，这前两稿完全是走了冤枉路。冤在哪里呢？冤在认识模糊上，似乎只有讲故事，报道才好看，才有趣。没有一开始就按“综述”要求写。

力求把报道写得有趣一些，并没错。但“有趣”毕竟不是第一位的，首先还是要准确、到位。作为反映京津冀协同发展三年成就的收官篇，故事固然可以由小见大，但不可能完全替代那个“大”——全面宏观的勾勒描述。

第三稿综述的模样是有了，但没了故事或者故事过简后，报道的“趣”也大大减弱。孔祥武遵张忠主任嘱编辑时，下了很大功夫，看了数万字材料，结合稿件，在宏观叙述中加入了不少自己概括提炼的话语。比如在“三年间，北京调整疏解动物园、大红门、天意等批发市场，清理淘汰一般性制造业企业1300余家”这样的概括性介绍前，加了这样一番评述：

> 调整疏解北京的城市功能，关键是要处理好“舍”与“得”的关系。舍过高速度，得更好效益；舍“大而全”，得“高精尖”；舍局部和眼前利益，得京津冀的协同长远发展。
>
> 疏解功能促协同，北京“舍”得坚决。

好的报道不只需要有血有肉，还要有筋有骨，让筋骨长上结实紧绷的思想肌肉。孔祥武在报道里增加的这段话，貌似高谈阔论挥洒才情，其实是紧紧扣着主题在论述，不就事论事，而是就事论“是”——追寻新闻背后的理。这同样能让读者感觉“有趣”，当然不是讲故事那种“情趣”，而是我们从评论文章中常常感受到的那种“理趣”。要把综述稿写得有趣一些，此类夹叙夹议的手法，是必不可少的。

事实上，也不是只有讲故事才增加报道的“情趣”，情趣是多方面的。有好莱坞编剧教父之称的罗伯特·麦基说：“故事是生活的比喻，它比生活更生动，是生活的一个结。”抓住一个好的比喻，也会让整篇报道情趣盎然。

又到“两会”报道时，“两会”报道的重头戏是代表、委员发言，提炼正确观点容易，把发言写得有趣很难。报社采访组开会时，有同志又提到几年前余荣华跑“两会”时写过的一篇报道《“为何打不出好菜刀”》。

“有人对我说，你是研究金属材料的，为什么我们的菜刀都做不好？大家一说好菜刀，为什么都要去买德国刀呢？”在共青团青联界别小组会上，中科院院士、九三学社中央副主席卢柯委员“一把好菜刀”的发问，引起委员们热议。

卢柯认为，神舟遨游太空、嫦娥登月、蛟龙再创纪录都是中国科技的成就，但是“导弹能上天，马桶还漏水”。至于民用领域，大到飞机小到菜刀，我们生产不出高端优质的产品……

这篇报道之所以能给人留下深刻印象，就缘于记者抓住了那个精彩的比喻——一把好菜刀。就像前些年人们常提起的“15 亿件衬衫换一架飞机”那样，极具典型生活意义。

再比如，语言是新闻报道的要素，新鲜的、富有表现力的语言，同样能让人觉得饶有情趣，兴味盎然。著名作家铁凝曾指出：“当代文学无论从语言还是结构上，在‘精美质地’这个意义上都大大退步了，许多时候倒像是刻意地粗糙和漫不经心。炼句炼意这样的意识基本上让步于繁杂、便捷和快速的文字堆积。”

我们的报道里是不是也同样存在“在‘精美质地’这个意义上大大退步”的问题呢？

2 月 27 日，头版刊发了我带队采写的报道《井冈山：革命老区脱贫了》。我们都知道井冈山是中国共产党夺取政权的起点，如今又成为我国脱贫攻坚的新起点，该如何讲述这个故事？

对井冈山脱贫故事的内在肌理细细思量，困难地抚摸笔底挤出的每一个字、每一个词，不满意，删；不满意，改。吟咏再三，诵读不已，反复斟酌打磨，有了开头这样的文字：

所有壮美的名山都有故事，而最壮美的故事无疑属于井冈山。

然后再来说井冈山在全国率先宣布脱贫这个新闻，这样做报道就不是孤立呈现了，而获得了某种历史的纵深感。

应该说，这个开头文字雕琢的痕迹重了些，但有了点“精美质地”的意思。这或可称作“文趣”，同样能够调动读者的阅读快感。既有形式上的，也是内容上的。文字精练，说得很少，留给读者的空间很大，可以让了解一点井冈山革命史的读者展开联想，自己去完成报道所欠缺的丰满与充实。有微信转发时，题区没说“井冈山脱贫”，直接就用了这句话。

因此，我们不仅要深化“把报道写得有趣一些”的理念，还应该明了：有趣，不只是讲故事，有情趣，还有理趣，以及文趣。

井冈山：革命老区脱贫了

费伟伟　吴齐强　魏本貌

所有壮美的名山都有故事，而最壮美的故事无疑属于井冈山。

八角楼里灯火明，黄洋界上炮声隆。90 年过去，今天，一场气壮山河、战胜贫困的大决战，再次从这里出发。鸡年伊始，江西省井冈山市庄严宣告：率先脱贫摘帽。

经第三方评估确认，井冈山贫困发生率实现 1.6%。

“粮食直补三项 192.6 元，危旧房改造补助 5000 元，土地租金 638 元，黄桃茶叶分红 3300 元，房屋出租 30000 元……”走进黄洋界下神山村的贫困户张成德家，他家 2016 年的各项收益情况，客厅里贴的《贫困户收益确认公示表》上记得清清楚楚。张成德捧出他家的脱贫档案，脱贫政策明白卡、贫困户基本信息卡、帮扶工作记录卡、贫困户收益卡“四卡合一”，记录了他家脱贫的全过程。

防止虚假脱贫，重在精准确定每一个贫困户，艰苦奋斗攻难关。井冈山让群众身边的人、最熟悉的人来把关，精准区别红卡户（特困户）、蓝卡户（一般贫困户）、黄卡户（2014年已脱贫户），派工作队精准聚焦“贫困面有多大、贫困人口有多少、致贫原因是什么、脱贫路子靠什么”。

神山村有贫困户21户，去年全部脱贫，人均收入达7500元，关键就是攻克了“拦路虎”——将2005年修通的3.5公里进村路拓宽了。“原来只够小车过，悬崖峭壁没法会车，货车进不来，大量山货运不出。”村党支部书记黄承忠介绍，去年6月，路全部扩宽到4.5米，并增加了30多处会车点。

路一畅，神山村红色旅游全盘皆活，不只是货畅了，最重要的是客来了。张成德开办了村里第一家农家乐，最多的一天，家里那张吃饭桌接待了8桌客人。2015年他家人均收入才3000多元，去年底人均已超1万。

防止数字脱贫，关键要打造能“自己造血”的扶贫产业，发展可持续，实事求是闯新路。春回井冈，翠竹青青。长坪乡的竹海很出名，竹高肉厚品质优，然而“人在家中穷，竹在山中烂”。“砍下来也难运出山呀，要用钢丝绳溜索慢慢滑下来，下个山得转运三次。”长坪村贫困户钟上平颇无奈。

因地制宜，根据资源情况“对症下药”，井冈山近几年对集中连片的几十万亩毛竹林实行低产改造——修林间作业便道，改善运输条件，每亩毛竹再补助抚育费125元。“现在每亩毛竹增产一成以上，只要砍下来滑到路边，就能运出去卖钱，一亩就可收入约3000块。”已经脱贫的钟上平对过上好日子充满信心。乡干部告诉记者，低改抚育4年后，每亩毛竹增收还可增加一倍以上，“不算春笋、菌菇那些林下收入。”

毛竹低产林改造，只是井冈山“231富民工程”的一角——“十三五”期间发展20万亩茶叶、30万亩毛竹、10万亩果业种植加工基地。2016年，全市茶竹果产业面积已达28.3万亩，其中，毛竹低改已完成8.94万亩。“我们的目标是每个乡镇有一个产业示范基地，每个村有一个产业合作社，每个贫困户有一个增收项目。”井冈山市委主要负责人介绍。

“鞠躬尽瘁打赢攻坚会战，夙兴夜寐走完脱贫长征。”一位叫胡永斌的村支书在工作本上这样写道。走进距市区52公里的葛田乡，大干气氛扑面而来。农网改造、通村组路拓宽、村庄整治都在有序进行，井冈山 6 个未脱贫村，葛田乡占两个。乡干部信心十足地对记者说："贫困户增收问题去年就达标了，主要是基础设施方面还落下点欠账，2017 年，我们乡剩下的两个村都能脱贫。"

（原载《人民日报》2017 年 2 月 27 日）

第七辑

题好一半文

好稿的标准是什么？就是能让读者的目光为这个报道停留。而最先抓人眼球的，就是标题。著名作家海明威对好作品有个比喻：“冰山在海里移动很是庄严宏伟，这是因为它只有八分之一露在水面上。”好标题也像露在水面上的冰山，虽然少，却言简意丰，能让人感受整篇报道的力量。

这种力量首先来自于准确、清晰地反映事件的实质、问题的本质。标题第一要求是准确。你不可能说清楚你不理解的东西。只有清晰理解后，才能概括、提炼出准确而简洁的标题。简洁是思维清晰程度的标志，准确是最优美的文字。很多优秀记者都有一个经验：先起标题后写文。因为起了标题可以增强文章逻辑性，标题明确，报道重点自然清楚，文章的逻辑框架也就有了。所以，新闻界素有“题好一半文”之说。

这种力量还来自标题简洁的文字张力。好标题简短、简洁，却不简单，虚实相生，勾起人阅读的欲望。即使用的是大白话，也超越流俗，接通地气。口语是最生动的，口语的生命力无远弗届。它明晰而不流于平庸，清澈而富有密度，就像天空。

吃透内容才能做好题

郑州以网格为载体为群众提供精准有效服务稿，头版头条予以刊出。标题屡经修改。

原主题：郑州干部看好自己“责任田”

审改题：郑州　城乡每个旮旯都有责任人

见报题：郑州　种好网格责任田

总编室为何将我们送的审改题改了？

夜班值班记录里可见端倪：原题是《郑州　城乡每个旮旯都有责任人》，乍一看，原题更加生动吸引人，但是仔细琢磨，“每个旮旯都有责任人”，对于郑州这种规模的省会城市来说，未免话有些说得过满，所以现题更加严谨准确，而且点出了网格化管理这个主题，突出了新闻重点。

所谓“操千曲而后晓声，观千剑而后识器”，总编室天天做版，夜夜练兵，“千曲”“千剑”之下，制作标题的功夫自是了得。我也多次看他们怎么改题，大多佩服得紧，举两例供大家学习。

2011 年 4 月 29 日，福建召开贯彻落实国家“海峡西岸经济区发展规划”全省县域经济发展工作会，福建分社配合这项工作写了一稿，报社同意 28 日晚上上版，在一版发一篇《福建勇当海西建设主力军》，因为福建日报提出要同日转载，我正好出差回京，到夜班盯稿。当天一版上还有一篇当日新闻：第六次人口普查登记结果发布。按说新闻题好做，实事求是嘛，但眼瞅着编辑们怎么折腾。

消息稿原题为：全国总人口为 13.39 亿

消息中说，普查登记的大陆 31 个省区市和现役军人的人口为

1339724852 人。

但最后见报题为：全国总人口 13.7 亿

这么严肃的数字还能由着我们改？

细心的编辑提出，既然是说全国人口，就得包括香港、澳门、台湾，而人口普查登记结果仅限大陆。一版编辑商记者，记者认为不必改，因为是最权威的国家统计局局长在发布会上公布的，红口白牙，统计局长说的就是“全国人口 13.39 亿”。

但一版编辑还是坚持做了处理，就是加上香港、澳门、台湾后的“全国人口”。

所以很多媒体报道时都是“全国人口 13.39 亿”，包括新华社通稿。

权威不在于位高名重，而在于事实准确。说“全国人口”，自然得名副其实。《人民日报》的修改体现了一种全局意识。

还有一次，标题处理可谓异曲同工。那是 2013 年 10 月 31 日，西藏墨脱公路通车。很久以来，我们都习惯了这样一个说法，墨脱是我国最后一个不通公路的县。记者在文中有这样的表述，当晚我值班，编稿时把这个意思特地拎到了引题上。

第二天，见报稿标题是：

（引题）*墨脱结束不通公路历史*

（主题）**最险天路直达“莲花秘境”**

不仅标题里没了我国最后一个不通公路的县这个表述，文中这类表述也被删掉。一了解，也是出在“全国”这个概念上。

我们常说我国领土 960 万平方公里，和印度存在争议的有约 12 万平方公里。1987 年，印度在有争议的藏南 9 万平方公里上成立“阿鲁纳恰尔邦”。印度公务员代表团原定 2007 年 5 月访问我国，其中有一名官员来自阿邦，我国政府拒绝给其签证，后来印度取消了这次访问。原因就在于如果我们给这个官员办签证，无异承认“阿邦”属于印度。9 万平方公里，相当于一个浙江省，可以设好多县。如果《人民日报》上认定墨脱是“我国最后一个不通公路的县”，无异授人以柄，也有变相承认“阿邦”之实。总编室这个关确实把得好。

这两次修改，令人心服口服。关键就在于编辑肚里有货，吃透事实，站得高，看得准。

而有些修改，便值得商榷。

比如，2014 年 2 月 17 日一版头条《无锡再唱太湖美》，曾在 2013 年 12 月 20 日晚上上版，编辑把此稿和同主题的兰州的稿处理成双头条，对无锡稿标题重新加工，使两篇稿标题形式一致。

无锡稿：

（引题）*关停企业两千多家　水质连续六年向好*

（主题）**无锡抽走太湖“酱油”**

兰州稿：

（引题）*优良天气升至八成　呼吸疾病下降三成*

（主题）**兰州掀掉雾霾“锅盖”**

“酱油”，“锅盖”，多么生动。堪称对仗工整，形式优美。

无锡一稿当天因故撤下，只刊出兰州稿，所以这个优美的对仗题夭折了，编辑遗憾不已。

可我觉得幸亏撤了，否则会闹笑话。太湖水质出问题不假，但“酱油”的说法夸张过头，与“燕山雪花大如席”有一比。太湖水质出在蓝藻污染，蓝藻啥颜色？酱油啥颜色？再严重也和人们概念里的“酱油”不知差出几许。断不可为生动而生动，为追求对仗之形式美而伤及内容，影响表达的准确性。

我认为这个题改得不好，问题就在对稿件内容理解不准确，认识不到位。

第一要义是准确

做标题的第一要义是准确，即准确地概括稿件的内容，抓住最主要的新闻事实，包括阐明新闻的价值、意义。

这个“准确”，当是又正确，又具体，不大不小正合适。

2006年10月25日《中国海洋石油报》头条题《支农产业再添生力军》，就不够准确，新闻的价值说小了。中国化工建设总公司整体并入中国海油，其作用拿该稿最后傅成玉总经理的话说，是“在化工领域和科研上的优势，将有利于中国海油在下游的发展”。

“支农”的说法一下子让人想到当下说得很热闹的社会主义新农村建设，但用来概括这一新闻事件，帽子就显得小了一点。支农产业——化肥，只是化工产品之一，中化建的优势之一，不足以反映中化建的整体优势。因此，还是说“化工领域”更好些，或者我们经常说到海油业务中的“化工板块”。

这个标题的问题是把大的说小了。更常见的问题，是小的说大了，说空了，说虚了。

如二版通讯《风景这边独好》，光看这个题，你可以作无限猜想，因为题相当大。该稿说的是油服一家单位在某项工程中严格管理的事，相对多的篇幅是说他们不仅管好了自己人，还管好了另外两支外面的分包队伍，并举了着装管理、安全管理等具体事例。那么，标题就不妨扣着稿件中着笔最多的这一块内容来做，比如可以说:《他们让外来工也面貌一新》。

再如一版通讯《架起人才之梯——有限公司湛江分公司STEP体系解析》，这个题也有点“头小帽子大”。STEP体系是指导海上员工岗位培训与职业发展的一个文件，或可称作是“人才成长之梯”中的一个台阶，或几个台阶，而“人才成长之梯”是一个完整概念。概念太大，就显得空落落的，不大合身。所有过大的题都犯一个病，放之四海而皆准，可泛泛用于同类所有稿件，即所谓“通用题”。而好的标题应该是“专用”的，量身定做的，那一个题就适合那一篇文章，题文相符。

此稿中有这样一段：“STEP 体系是海上员工岗位晋升的参考与标准，不仅为员工晋升提供了统一标准，也使他们找到了人生的前进方向，为人才队伍的稳定起到了积极作用，海上员工流失率由 2004 年的 8%，降低到了 2005 年的 3%。”

扣住运用 STEP 体系后取得的这一可喜成果，可以考虑做一个这样的题：《这里的员工流失率为何一年降了一半多？》。

不生造词，动宾搭配得舒服，更是“准确”的应有之义。

三版通讯《挑战自我的砺炼》，其中“砺炼”一词，就有生造之嫌。常见的说法是“历练”，或“砥砺”。也许，某篇古文中确有“砺炼”这个说法，譬如孔乙己道“茴”字有四种写法。但既然这个词在现代汉语中已经冬眠，一般而言，只要有合适的字、词表达这个意思，就不必对古词来个“惊蛰”——重新激活，别再用冬烘先生的“爱物”去为难一般读者。用“砥砺”不也很好嘛。

三版通讯《金秋尽展竞技风》，“展……风……”，这一动宾搭配读来不大舒服。是“展现风采”的简省？可以这么简省吗？“展”，有张开、施展、展缓几个义项，似很难与“风”组合。或许用《竞技热风动金秋》《金秋处处竞技风》要好些。

准确、简洁、生动，是对标题的基本要求。简洁，还包括简明、简要之义。简不只是短，还要明。如果不够明，那么宁可句子稍长点，以求明确、到位、生动。

一版通讯《让暖流注入心田》，题很简短，但是简而不“明”，有点虚，也基本属于“通用题”。文章说的是中海油气开发利用公司组织优秀党员和他们的亲属，到韶山毛主席故居开展活动，把“以人为本、关爱员工”的理念具体化。有家属说的一句话很能点明主题："没想到中海油那么有人情味儿。"若把这句话作标题多好，既真切自然，又具体。但相比"让暖流注入心田"，字多了一倍，题长了。哪个好呢？还是用家属说的话好，虽然多几个字，也多一份生动。

做题最难达到的境界，就是既准确、简洁，又生动。但也不是不可企及，因为也有一些规律性的东西。比如说，多用动词。

这一点大家已经注意到了，有的用得还很巧。如二版一则小通讯，写车工技师孙吉秋的技术称雄海南，标题是《"车"遍海南无敌手》，动词活用，很是抓眼球。

汉字词汇十分丰富，同是用动词，还要注意词的动感强度，动感越足越抓人。如《能工巧匠竞技场上显身手》一文，"显"是动词，但动感不强。引题已说是职业技能大赛开赛，主题里的"竞技场上"便可省略，故此题不妨改为《能工巧匠龙虎斗》。同为动词，"斗"较之"显"，动势强得多。

汉字词汇的这种丰富性，为我们提供了多种选择，原则上同一个字、词在一句中最好不要出现两次，即使词性不同（特别是那些五言、七言的句式，引语作题或口语体的例外）。一版《邀四海专家　探勘探新路》，第一个"探"是动词，第二个"勘探"是修饰宾语的，但短短一句出现两个"探"字，总显得不够讲究。作为动词的第一个"探"字，就不妨换换，好在汉字丰富得很，改成"话"，或"觅"，都可以。当然，"探"比"话"动感要强，但此一时彼一时，这里的主要矛盾是用词重复，当务之急是避开这种重复。

以前古人作五言、七言诗，是很讲究"避复"的。不仅不能同字，甚至同音的字、词也要尽量避开。姚雪垠写的《李自成》，有一节被选入中学课本，作者给安了个题目，叫《虎吼雷鸣马萧萧》。有人建议把"虎吼"改为"虎啸"，因为"虎啸"的说法多一些。姚雪垠回答说："这里有个声音美学的问题。啸、萧声韵极近，听着很不响亮，我选用'虎吼雷鸣马萧萧'，就有个使声调响亮的道理。"（《语文报》1986 年 4 月 28 日）瞧，多讲究。

说动感越强越好，也不能教条主义地理解。前一阵，有关部门特别强调，在体育新闻报道中，要注意避免暴力化倾向。说的是当下不少报纸的体育报道，标题里的动词动狠了，走向了语言暴力化。比如《马刺灭掉太阳　掘金弄翻 76 人》《德意志血洗英格兰》《高丽战车碾过巴林》《10 分钟玩死阿曼》《森林狼加时“咬死”国王》。“痛斩”“复仇”“摧毁”“屠戮”“斩杀”“干掉”等，不一而足，字里行间充斥血腥味。体育本来给人以一种单纯的快乐，这些记者编辑们却酷爱用恶狠狠的语言描述体育比赛结果，把竞赛场变成了你死我活的角斗场，把比赛当成了你死我活的肉搏厮杀。

体育报道中频频使用这样的动词，宣扬了暴力，误导了社会，污染了语言环境，违背了奥林匹克精神。

我在《市场报》值班时，发现过这样一个标题:《云南“普洱”杀入“铁观音”产地》。“杀入”一词动感很足，也蕴含着“普洱”与“铁观音”之间竞争相当激烈的意思。但从稿件中披露的事实看，却不是这样。“铁观音”产地的茶商们对此不是特紧张，因为“普洱”是全发酵茶，“铁观音”属于半发酵茶，长期形成的嗜好一时不会改变，多数喝“铁观音”的对“普洱”只是尝个新鲜而已。“普洱”暂时的市场繁荣，远动摇不了“铁观音”深厚的根基。因此，有市场竞争，但并不激烈，更不残酷，“杀入”的说法显然有点危言耸听。况且，还有“语言暴力化”倾向。于是，我将“杀入”改为“俏销”(《市场报》2006 年 11 月 6 日)。

因此，说用动词动感越足越好，其前提还是要准确、到位。

“正确”+“具体”=“准确”

2014 年 2 月 24 日头版头条：

（引题）*把文明乡风种进农民心田*

（主题）**浙江　文化礼堂激活正能量**

稿来得急，是夜班编的，总编室已定下它做头条，催我们快编送审，仓促间推敲不够。送审时此稿标题为：

（引题）*祠堂变身文化殿堂　新风播进农民心田*

（主题）**浙江　“送文化”改为“种文化”**

此稿导语是这样的：“‘物质富裕了，精神更要富有。’经济强省浙江去年新建 1300 多座文化礼堂，通过这一基层文化平台，把文明乡风‘种’进了农民心田。”

导语基本概括了报道的核心内容。了解一下内容再来比较这两个标题，显然见报题改得好。

好在哪儿？好在具体、准确。

“‘送文化’改为‘种文化’”，主题这样表述确实较为生动，但“文化”的内涵极丰富，向农村“送文化”，这些年做了好多事，比如“村村通（广播、电视）”“农家书屋”、演戏演电影，等等。因此，这个主题太泛，不能有效传递核心新闻事实。

有人或说，引题里对此有说明，可以互补。有一定道理。但这叫退而求其次。标题最抢眼的是主题，最优选择就是把最重要的新闻事实放主题上，具体明确，一目了然。当然，还要力求尽可能生动一些。次优选择才是通过引题或副题，对主要新闻事实作补充说明。

准确第一。当无法做到又准确、又生动时，宁可牺牲后者。

把标题做得具体、准确，看似简单，其实并不容易，必须吃透报道。

2014 年 2 月 20 日头版头条是个集纳式报道，在“坚定不移全面深化改革”的主题下，两行副题，报道两个领域的重大改革举措：

工商总局：企业年检 3 月 1 日起取消

中国石化：销售业务向民营资本开放

当天，网上、手机报上，几乎都是这类很具体的标题。

但是如果你仔细看中石化的报道会发现，“销售业务向民营资本开放”是中石化按照十八届三中全会部署，启动混合所有制改革的尝试，此举也标志着第一轮央企改革启动。

因此，有些媒体报道这条新闻时，强调其重大意义，做的主题是这样的：

1. 中石化启动混合所有制改革

2. 中石化破冰（或“试水”）第一轮央企改革

3. 中石化再掘改革红利

都不错，正确，但帽子大了些，不具体，把最重要的、读者最关心的新闻事实“吃掉”了。

这样做题类似“送文化”“种文化”，大而泛。恐怕谁也不能一看题就马上想到指的是“销售业务向民营资本开放”。

而本报做的标题直截了当，读者一看就懂，股民们更明白这是啥意思，“普大喜奔”，结果，中石化股票当天来了个涨停。

因此，“正确”，不等于“准确”。“正确”加“具体”，才是“准确”。

先求精准，再求优美

诚所谓英雄所见略同。

在一次部里的例会上，郝迎灿的上周采编业务述评，是谈标题；接下来，禹伟良谈上月《记者调查》版工作，也是从标题切入，和大家分享几期稿件标题的修改体会。施娟说，标题这个话题说过很多次了，感觉常说常新。

确实，笔墨当随时代。标题也一样，只要你踩准时代节奏，就总会发现新意，说出新话。

但这里还想强调的是，在提倡创新，把标题做得更生动的同时，一定要下大力气琢磨原稿，在准确理解、消化原稿的基础上，精准提炼出标题内容，再大胆突破，求新求美。

2015 年 10 月 11 日头版报眼《河北　美丽乡村建设从改厕做起》，其中的“改厕”一词，我们送审时写的是“除臭”，多形象呀，如在目前，如在“鼻”前。但值班领导审稿时，又改成了很平实的“改厕”，老老实实，没半点花哨，但是很准确。

为什么说“除臭”不够准确呢？

农村的“臭”源有几类，首先当然是厕所，此外还有垃圾，猪场、鸡场，等等。

再说，农村改厕工作十分艰巨，特别是经济条件落后的地方，情况复杂，解决问题必须分步走。到 2015 年年底，河北提出的目标也才是完成一半，而且完成的一半中，很多标准也不高，比如旱厕改化粪池式。这种改变虽然简单，意义很大，但也许未必能完全实现“除臭”，可较之原先河北农村相当普遍的那种连着猪圈的厕所——连茅圈，显然是进步了很多。

因此，“改厕”比“除臭”显然是留有余地的说法，表达得更精准，让我们的工作也更主动。

党报公信力首先是个“信”字，大到事实，小到标题，都要把准确放在首位。在此前提下，我们再力求生动鲜活，增强公信力，扩大传播力。

有一个经编辑处理过的稿件的标题，给我留下的印象特别深刻。2015年5月28日的通讯《东江清流润明珠》，原稿标题为：“为有源头清水来”。且不说原标题多么陈词滥调，单说一下改题之妙。

广东分社的这篇通讯，介绍东江——深圳调水工程50年来向香港输水逾200亿立方米，占了香港总用水量的75%以上。所以英国前首相撒切尔夫人曾评价说：“东深供水工程是关系到香港繁荣的特殊工程。”

“清水”是泛泛而指，东江很具体很实，“明珠”似虚而实，因为大家都知道香港享有“东方明珠”的美誉。从浩浩清流，到灿灿明珠，画卷如展。一个“润”字，点透了东深工程对香港繁荣的重要意义，恰如点睛的那一画。既有明确内容，又有诗情画意；既有古诗的韵律美，又有生动的意象美，读来让人眼前一亮。

说到这个一字之改，禁不住想起2014年12月26日总编室视点版改的一个标题。当天有一篇对南水北调中线主体工程全部完工这一新闻的深度解读。

原题为：南水如何向北调

编辑初改为：京津冀豫共饮长江水

再改为：从此南水通北渠

反复推敲后最终改定：从此汉水润京华

也是一个“润”字，整个标题顿时闪亮。

精准有力，生动优美。改标题，就该这样去努力。

“话留三分”

在评 2015 年 7 月份地方部好新闻时，河北分社的《河北　条条通道连京津》入选，但这篇消息的标题实在说不上好，最大的问题就是不够真实，话说得太满。一年前，我们组织了《京津冀协同发展》大型采访报道，2014 年 8 月 24 日头版头条《京津冀　谋篇起笔“大交通”》披露：“河北和京津之间有 18 条‘断头路’和 24 条‘瓶颈路’，包括京昆、京台、京秦等 4 条国家级高速。”这还仅指省际高等级的公路，没算河北和京津之间县一级的。我们都明白辟通一条路有多难，要花多大功夫。不到一年时间，就能“条条通道连京津”啦？显然，这不是实事求是的说法。

另，2015 年 8 月 2 日头版头条：

（肩题）*破解体制机制、经济结构两大矛盾*

补齐创新不足、创业不多两大短板

（主题）**辽宁激活振兴新动力**

文章一开篇就这样写道：“去年以来，老工业基地辽宁经济增速持续下降，尤其是今年上半年主要经济指标，掉在了后面。”

辽宁，乃至整个东北都出现了“经济增速持续下降”的问题，原因何在？很重要的，就是肩题所提炼的问题，关键是未能“破解”“补齐”。倘若真能“补齐创新不足、创业不多两大短板”，把全社会发展经济的活力释放出来，何止于“经济增速持续下降，尤其是今年上半年主要经济指标，掉在了后面”呢？这“后面”可不是形容词，是实实在在的全国倒数。

可以说，病症找得很准，而表述很不准。至少，“破解”“补齐”宜各删掉一个字，改为“解”和“补”。去一字，既体现问题意识，也体现过程意识，说明辽宁直面问题、解决问题“正在进行时”，少一字比多一字要好很多。

满招损，谦受益。招什么损？人民日报公信力。信心比黄金更重要，但信心不是喊口号喊出来的，信心的根基还在于实事求是。不切实际的激昂高调，必然为读者诟病，必然伤害人民日报的公信力。

这个问题，社领导常提醒，今年以来也没少说。

2015 年 3 月 22 日头版头条《浙江实体经济强劲回暖》刊出后，社内外就有很多不同声音。衡量实体经济的发展情况，由简单的几个数据是无法做出科学判断的，况且，在整个经济下行的大背景下，变数依然很大，过于乐观的说法会导致我们工作上的被动。社领导就这个标题及时对版面做了提醒。

这些发在一版的重点稿标题经过我们手，当然最终还是由版面改定的。但我们把标题做得到位一点，会对版面有一个好的引导。老话说，饭吃七成，话留三分。任何时候，脑子都不能太热，这也是一个编辑应有的涵养。

补记

多留一点余地，就会多掌握一份主动。从内网上看到谢国明副总编在清华大学讲课时举的一个例子，很是能说明这个道理，恰好引用的也是我们分社的报道。

2013 年冬季，从 11 月 15 日至 12 月 15 日，北京供暖一个月，重污染天数同比减少一半。有报道称：“这是清洁空气行动计划年度措施正在开始起效，而六省区市联防联控、大力加强治煤的方向非常正确。”12 月 22 日，北京分社也撰写了相关消息，本报头版采用了此稿。当晚这个消息上版后，编辑反复斟酌后认为，这并不能完全归功于环保措施，相对有利的天气条件也是重要因素。所以给报道加了一句话：“这是天帮忙、人努力共同发挥作用的良好结果。”并且把这个意思做到了标题上：

（肩题）*天帮忙人努力共同发挥作用*

（主题）**北京供暖一月重污染天同比减半**

这就实事求是地点明了北京重污染天气减少的原因。入冬50多天来，北京地区没有下雨、天气干燥，有利于污染物的扩散。巧的是，报道见报当天，23日，北京再度遭遇重污染天气。

一版编辑们额手称庆，道："稿件中话不能说得太满，要留有余地，否则可能引起被动。"

谢总讲课时也很感慨："实事求是的报道，使我们避免了一次尴尬。"

标题如何短下来？

2014 年 2 月 11 日一版报眼稿件《贵州 16 万绣娘踏上脱贫路》，原标题为《贵州　16 万绣娘带动近 50 万人脱贫》，我在审阅编辑改稿时将题改为《贵州　16 万绣娘喜踏脱贫路》。为何这样修改？基于两点考虑：

一是主题宜短，坚决突出核心事实。如何突出？就是要分清新闻事实中的主从关系。具体到这个标题里，16 万绣娘是主，近 50 万人是从，取主舍从，这样就把字数减下来了，也使标题更加简练。

二是主题宜实，别让读者存疑半毫。“近 50 万人”的说法出自哪里？出自一种推算，贵州省妇联做了调研，一名“签约”绣娘可以影响、带动周围 3~4 名妇女就业。但这只是一种推测，样本科学性如何很难保证。只能说“或许如此”。新闻的魅力在事实准确，标题对事实则具强化作用，“或许”的事实不该强化。有意思的是，或是限于版面，刊出的此稿中，一版编辑直接删掉了这个“带动近 50 万人”的说法。

对照见报稿，标题改动了一个字，“喜踏”改为“踏上”。说“喜”不乏依据，不说更显平实。“天然去雕饰，清水出芙蓉”。我从这一字之改中体会到编委会改文风的决心：务去粉饰。以人民日报的地位和影响力，就应该创造一种朴实无华的大气文风。

标题宜简白

2014 年 2 月 25 日一版刊发了孔祥武编的消息《地方两会劲吹节俭务实风》及配写的评论《坚持不懈改会风》，中央电视台《新闻联播》和中央人民广播电台《新闻和报纸摘要》播完他们自采的消息后，摘播了《人民日报》的这篇评论。

这个报道任务社领导 21 日晚上才布置，要在这么短时间里完成“消息加评论”，时间相当紧，评论任务本来完全可以交给评论部，但小孔也勇敢承担了下来。评论条理清晰、语言简洁，消息和评论写得都很好，26 日下午的编前会上，评报也给予了较高的评价。事实说明，地方部采编人员也完全能够胜任部分评论工作。感谢小孔带了一个好头。

此篇评论送审的标题为《驰而不息改会风》，米博华副总编做了修改。“驰而不息”，是习近平总书记前不久一次讲话中的提法，米总作为人民日报评论、社论的把关人，平时尤其重视中央最新精神、最新表述的学习，对这个提法的出处不会不了解，但他还是把“驰而不息”改成了通俗简明的“坚持不懈”。为什么这么改？

本报评论部对评论写作有个“三简”要求：简单逻辑，一得之见；简白语言，一目了然；简要事例，一言蔽之。“简白语言”，就是强调用语要简明准确，避免读者望文生义，错误解读。

这方面我们教训不少。2013 年 7 月 24 日“人民论坛”有篇强调领导干部要发挥带头作用的文章，标题用焦裕禄的一句名言——《“干部不领，水牛掉井”》。在 20 世纪六七十年代，读者们对这句话很熟悉，那时这样做肯定是个好标题，生动，“接地气”。但眼下语境变了，不少人看不懂。因此，有网站转载此稿时，不好好琢磨，没吃透文章中心内容，又想方便读者，把标题改成了《没有领导干部，群众创造性无法发挥》。结果，让有些不理性的网友逮住了，来个借题说事，曲解成否定人民群众的创造力。

责任或主要在网站，但我们自己呢？这样的标题是很生动，但它也确实容易让目前语境下很多读者理解上产生歧义。

我想，米总对这篇评论的标题这样改，便是出于让人一看就明白这样一种考虑。

“驰而不息”，一个新鲜出炉的热词，较之“坚持不懈”，确实生动一些。但也因为新鲜，有些读者可能不知所云，难免猜测臆断，甚至误读。如果今后“驰而不息”用多了，成了大家耳熟能详的新成语，自然不妨上标题。就像前些年“GDP”出现在文里时，还要加个括号解释一下，现在你即使用在标题上，谁不明白？

大白话更生动

《江苏：经济强省描绘“鱼米之乡”》一稿于 2014 年 1 月 8 日刊出，一版夜班对标题的修改很见水平，在此谈一点认识。

此稿原题为：

江苏　经济强省永续“鱼米之乡”

部里会商时认为，“永续”的说法太满，是大忌。另外，导语突出江苏粮食自给，但既是经济强省，又是农业强省，江苏在农业上之强，关键在于其农业现代化水平领先全国。这一点应该改写到导语里。白班改稿后的标题为：

（引题）*科技支撑　强农惠农*

（主题）**8000 万江苏人饭碗装满“江苏粮”**

这个标题应该说改得还是挺生动的，但不准确。主要原因还是围着原题的思路在修改，强调“粮食自给”和强调“鱼米之乡”一样，都没反映出江苏农业强的特质——农业现代化水平全国领先。

我改为：

（主题）**江苏：经济大省　农业强省**

（副题）粮食自给有余　农业现代化水平全国领先

一版夜班继续修改，见报稿改为：

（引题）*江苏领跑农业现代化*

（主题）**经济大块头　农业硬身板**

改得非常到位，而且大白话更实在，更生动。特别提请大家注意有一处改动，“领先”改为“领跑”，一字之改见水平。领先是形容词，领跑是动词。我们常说，一个动词胜过一打形容词，这就是一个好例子。

此稿在版上刊出时下面有一篇《今日谈》文章《讲好大白话是一种能力》，文中说：“白话不‘白’，更富智慧。”我觉得用来概括这个改题的成功也很恰当。改文风，就包括改标题的文风，希望大家今年在这方面下更大功夫。

多用动词，巧用动词

（一）

2014 年 4 月 16 日的《环球时报》和《参考消息》头条都是美俄在乌克兰事件上摩擦的最新报道，《参考消息》的标题是“俄美总统乌克兰事件掰手腕”。《环球时报》做了个双行题：

（引）*俄战机十二次贴近美舰　两总统通电话相互批评*

（主）**俄美黑海对峙险些走火**

《参考消息》这样的标题半个月前、一个月前都可以用，或许如果事件不继续恶化的话，一个月后、两个月后也可以用。

“掰手腕”是个形象化的生动说法，可用得一多，便俗了滥了，生动不再。形象化当然不如形象——“对峙险些走火”，动感强烈，画面形象可感。

具体才能生动，动词摹写的形象，永远高于形容词虚拟的形象化。

（二）

《宁夏全力逆转沙漠化》一组稿上版时，总编室副主任胡果在当天《值班手记》中做了点赞，杨振武总编辑对这篇“手记”的意见“很赞同”，做了个批示，胡主任通知我去看一下。总编室这本《值班手记》内容丰富，十分精彩，记录了不少稿件处理的情况、标题修改的过程，给人极大启发。可惜，“保护知识产权”，不能“请回来”让大家尽睹风采。

最近针对大家改标题中的问题，对多用动词强调得较多。事实上，多用只是第一步，要用好，用得恰到好处，需要我们投入更多心血。总编室《值班手记》2014 年 11 月 27 日记录了这方面的一个实例，可以给我们启示。“侵权”一次，敬录在此供诸位学习借鉴：

原题：**嫦娥三号将携“玉兔”奔月**

平实，未突出奔月的浪漫、美感。

改为：**嫦娥拥玉兔　欲赴月宫行**

“拥”字增动感和情趣，但“赴”“行”书面语不够精准，没描摹出此次嫦娥三号卫星“落月”和“巡月”两大看点。

再改为：**嫦娥拥玉兔　月宫初试步**

“试步”形象，且概括准确，点出了首次巡月这一最大亮点，但“初”字令人感觉已试步成功。

又改为：**嫦娥拥玉兔　月宫且试步**

“且”有不确定性，或将的意思。感觉相对而言，比较周全。

还试着继续改，还有一个也受到好评的题：嫦娥拥玉兔，欲试凌月步

“凌月步”从“凌波微步”化来，颇具境界，但三字搭配不够熟，读来不通畅，稍“隔”。于是改定“且试步”。

"文采不是华彩"

《宁夏全力逆转沙漠化》2014年1月14日头版头条刊出，杨振武总编辑在当天版面批示中表扬了此稿。部里的同志多次给我提建议希望谈谈标题，在此便借题发挥一下，说说宁夏稿"后1"通讯标题的修改。

此次采访我让朱磊和施娟各写一稿，我最后"总装"。通讯选用朱磊的框架，融进施娟以一个女记者的敏感，观察、"抓拍"到的生动细节。通讯原题为《万里黄沙披锦绣》。

杨总的批示有个标题：坚实的脚印。我们此次采访，基本把宁夏沙化、荒漠化最严重的地方都跑到了。接了地气，对大地的印象自然格外深刻。宁夏的沙化、荒漠化治理确实取得了很了不起的成就，但即使撇开季节因素，也远远谈不到"披锦绣"。这些地方长了近10年的树看上去也就像刚栽一两年的样子，而且就像稿中所说，沙漠里最好活、好长的，不是树，是灌木，柠条、沙蒿、花棒，东一丛、西一丛的。治沙的关键，不是要让沙漠变绿洲，而是让流动沙丘"固定"，别再折腾人。万里黄沙要"披锦绣"，不可能，也没必要，宁夏人治沙的新境界、大境界是"人沙和谐"。

或有人说，通讯的标题可以适当夸张，文采飞扬，容易有感染力。

不错，但追求生动感人不能背离实事求是，只能是以事实为基础的"适当"，必须把握好分寸。做实题，要防止把话说得太满；做虚题，同样要避免把话说得太满。

记得原总编辑范敬宜以前在人民日报说过这个问题，他是个著名文人，通讯也喜欢做文采飞扬的虚题，但他同时强调：文采不是华彩。他指的华彩，就是过分的夸张、拔高，或者虚张声势，用一些华丽而空洞的辞藻。

基于宁夏沙漠化已基本逆转这样的事实，我将通讯的标题改为《万里黄龙今已缚》。对“万里”这一说法，也颇斟酌了一番，百度了一下宁夏的面积：5.18 万平方公里。而宁夏沙漠化面积达 22.8%，“黄龙”盘踞一万多平方公里。这才放心改定，最后见报也是这个题。

虚题要虚中见实

一次读到于宁副总编的值班手记《标题还要多推敲》，谈 2004 年 9 月 5 日夜班对一篇通讯标题的修改。通讯报道一位农村小学教师的先进事迹，原题为《吐尽银丝织春景》。于总指出，这“会使人误以为王生英已去世，而且用春蚕吐丝喻人民教师的修辞已用得太多”。……最后，用这位女教师的一句平实而见精神境界的话做标题:《学生是我最大的财富》。

这则手记涉及做标题的两个重要原则，一要准确，二要求新。这两点，尤其对做通讯的标题极有针对性。

通讯是本报偏爱的一个品种，它一般篇幅较长，内容丰富，有时做实题很难笼括全篇。虚题则容量大，易概括。因此，许多人写通讯时偏好做虚题。

20 世纪 80 年代中期，我在一版当编辑，其时谭文瑞任总编辑。他值夜班时，喜欢挑当天要上版的某篇通讯做个虚题。神骛八极，想出若干佳句，一字一字精雕，细细推敲吟哦，终于选出一个既富文采、又具神韵的标题，有时还让我们传看，评说一二。

范敬宜总编辑似也好做虚题。1994 年,《人民日报》推出一组在社会上引起极大反响的报道《来自东西南北中的报告》，被公认是大手笔。10 年过去，那精彩的标题仍为人乐道，如《力挽春风度玉关》《北国春光正露头》《逐鹿中原势纵横》，等等。这些题，无不凝聚着范总的心血。2002 年，我拟出一本新闻作品集，为自己从事新闻工作 20 年做一小结，请范总作序。7 月份把书稿给他，11 月底他把序给我，而标题还空着。范总说，题还没想好，容再酌。一代著名报人，为一个普通记者的文稿作序，认真如斯；为推敲一个标题，竟认真如斯！

好的虚题，确实既富文采，又契合主题，可谓神韵兼备。虚题当然贵在文采，但仍应以准确为首位，决不能唯美是求，为贪气势宏大而伤了文意。《吐尽银丝织春景》一题，意境很美，于总批评的春蚕吐丝“修辞已用得太多”固然是不足，但最关键的，是“会使人误以为王生英已去世”，而因题害文。

2004年9月7日一版上有一虚题，我以为也失之伤意。该版上半部登了一幅照片：“来自新疆塔里木盆地强大的天然气流，经过2500公里的‘长途跋涉’，9月6日上午到达陕西省靖边县，这标志着西气东输工程全线输气贯通。”

内容好，新闻性也强，一版编辑特地给这一图片新闻做了个颇具气势的标题：《气贯东西》。

重视给图片做题，是一版版面改革的新气象之一，它有效突出、强化了图片的新闻性，非常值得其他版学习。但具体分析这张图片的新闻事实，《气贯东西》这个标题则不够准确。

我们知道，西气东输工程中的“东”，东端指上海，东部受益的第一个城市（用户）是郑州。那么这个“东”，至少应该是郑州（含郑州）以东的河南、安徽、江苏、浙江、上海等地。西气东输全长4000公里，现在这气经过2500公里长途跋涉到了陕西靖边，事实上还是在“西”的范畴里。

西气东输工程分陕西靖边——上海、新疆轮南——靖边两段建设。靖边——上海段已通气，先用陕北长庆气田的气东输。这次是新疆气通到了靖边。2004年10月1日，才把靖边站的阀门打开，让新疆气涌进东段管线输抵上海，这才完成“西气东输工程全线输气贯通”。而这是这一图片新闻发表后的事了。

因此，《气贯东西》一题，虽气韵生动，但欠准确。

这些年我国经济建设取得了很多令人振奋的成就，但我们在报道这些新闻时务必热中有冷——头脑保持清醒，别在虚题里鼓虚劲。2003年三峡首台机组发电时，新华社发了条消息，称“三峡水电可照亮半个中国”。消息导语写道：当 26 台 70 万千瓦水轮发电机组全部运行时，三峡水电站的年均发电量将达到 847 亿度，可“照亮”半个中国。

许多报刊用这篇消息时，都采用了这个特带劲的题：《三峡水电可照亮半个中国》。

26 台机组全部运转，是 2009 年的事，届时总装机达到 1820 万千瓦。这是个什么概念呢？截至 2004 年 5 月底，我国发电装机容量已突破 4 亿千瓦。以目前每年新增装机 2000 万千瓦的速度计算，到 2009 年三峡机组全部发电时，全国的总装机容量当在 5 亿千瓦左右。即使以水电论，截至 2004 年 9 月底，我国水电装机也已突破 1 亿千瓦。三峡电站确实是宏伟绝伦，但其装机仍只是我国总装机量的二十几分之一，怎么可能“照亮半个中国”呢？

或有人说，夸张一下嘛，就像李白的“白发三千丈”“飞流直下三千尺”。

用夸张手法营造一种宏大的意境、气势等，是一种重要修辞手法，当然也可以用在做标题上。

夸张也称夸饰，最早见于刘勰的《文心雕龙》：“然饰穷其要，则心声锋起，夸过其理，则名实两乖。若能酌诗书之旷旨，剪扬马之甚泰，使夸而有节，饰而不诬，亦可谓之懿也。”夸而有节，饰而不诬，是说夸饰必须建立在客观真实的基础上，运用夸饰须有一定的度，“人有多大胆、地有多高产”式的无节制乱夸饰，非但不能增强文辞的感染力，而且会给人荒诞不经的感觉。

清人陆以恬在《冷庐杂识》中举了这样一个例子：

> 《史记·蔺相如传》记相如持璧却立倚柱，曰“怒发上冲冠”。描摹传神，事虽虚而不觉其虚，弥觉其妙。《晋书·王逊传》袭其语而增一句曰：“怒发冲冠，冠为之裂”，则近于拙矣。

何以一妙一拙？“怒发冲冠”，是虚语，夸张而已；“冠为之裂”，却是写实，自然不经推敲。这就提示我们，夸张而涉及数量词时一定要注意：不要让人误认是事实。你道“白发三千丈”，人皆曰：“妙哉。”你若道“白发三丈三”，人必曰：“吹牛！”

“半个中国”说，其谬也即在此。

当然，这绝不是说做虚题时做得虚一点好，而是说要虚得在理。虚题也应求实，好的虚题都是虚中有实，虚中见实的。

2003 年，我主编《两会特刊》一版，最后一期刊登了一张北京人民大会堂里代表们热烈鼓掌的照片，省略了照片说明，只做了一个虚题：《掌声如潮》。皮树义同志将此题改为《掌声 · 民意》。“掌声如潮”，仅是形容一个场面，而一加“民意”二字，掌声就成为一种寓意丰沛的特殊语言，这个标题所传达的信息量也无疑大大增强。这样一改，可谓以虚击实，以虚驭实。既含蓄，又生动，因为它虚中见实，内涵丰富而明晰。

虚中求实，理应求这样一种能够让人明了易懂的“实”。

2003 年 8 月 26 日，国民经济版刊出一篇通讯，介绍河北省玉田县林南仓镇农民丁国顺自办家庭文化馆，将收藏、订阅的种植养殖、果菜栽培等十大类图书报刊免费供农民兄弟阅读。国家林业局局长周生贤得知后，派人向丁国顺捐赠图书 530 册，赠送优质油桃苗 100 株，并致信祝愿书屋越办越红火。

通讯原题为《斗室引绿皆为春》，诗意盎然，可夜班编辑看了感觉不知所云，又顾不上细细揣摸其意，只好“割爱”。根据通讯主要内容，改为《局长赠书到农家》。

我当晚值班，后仔细琢磨《斗室引绿皆为春》之意，似读出了一点意思：“斗室”者，因家庭文化馆只有四十几平方米；“引绿”，盖指此事引起了国家林业局领导的重视，给他们送来了树苗和书；“皆为春”，当是说普通农民丁国顺和国家林业局领导，都为一共同目标而情系“三农”。但是，现在生活节奏加快了，即使编辑们费劲“揣摸”出将此题放行了，读者也无太多的闲暇时间琢磨这样需要脑筋转几个弯的标题。

虚题的确给人以含蓄美，然而太过含蓄以至于搞得人一头雾水，那就不如直一些、白一些吧。

通讯做虚题要“虚实结合”

春节刚过，福建即酝酿全国“两会”期间的宣传报道。省委宣传部一负责同志对我说，去年“两会”你们做了个特刊“砥砺奋进看福建”，今年再“砥砺”一次吧——再做一期特刊。

“砥砺奋进看福建”，是那期特刊头版头条的标题。时过一年，那篇通讯写的什么，别人可能早不记得了，却对标题还留有印象，这或许正可说明标题在新闻作品中特具的魅力。

2011 年全国“两会”期间，驻闽中央新闻单位服务地方，对福建科学发展、跨越发展取得的新成绩都作了报道，《福建日报》综合各中央新闻单位发稿的情况作报道时，标题用的就是本报的题：“砥砺奋进看福建”。

各家央媒精彩纷呈，为何《福建日报》唯独青睐本报这个标题呢？因为它体现了福建本届领导班子的一种思路，倡导的一种精神，抓住了福建科学发展、跨越发展的那种精髓。

这是一个虚题，是我们写通讯经常采用的做题方法。

我写通讯偏好虚题，尤其喜欢用七言诗句。通讯，特别是全景式的工作通讯，文章大开大合，标题也当势雄力沉。虚题富于文采，气势宏大，有助于深化精神，提升境界。

一位早期的新闻学者谈到标题时说：“标题者，新闻之缩影，事实之骨髓。”既然是缩影，是骨髓，句式就不可能也不应该过繁，字数就不可能也不应该太多。以七言诗句制题，岂不正恰到好处？

另外，有一点是我国新闻工作者不能不考虑的，就是中国读者的文化传承、语言习惯。句子结构的选择及句子的长度，是有重要社会语言学意义的，这些因素常常和“易读性”联系在一起。一个唐诗宋词熏陶下的国度，传统的五言、七言句式，更容易为读者理解并喜闻乐见。

虚题名为“虚”，其实是必须在事实基础上加以渲染的，所谓“虚中有实”“虚中见实”，既要让人看了有不同凡响之感，又要让人稍加回味便心下了然。因此，必须“虚实结合”。

2003 年，我任《两会特刊》一版主编，最后一期用了一组代表、委员在会上畅所欲言的照片，我做了个虚题：“共话发展题　同奔幸福路”。两会编辑组组长皮树义改为：“共话发展主题　同奔全面小康”。

原来那个“题”，可以理解为“问题”“难题”“话题”，改为“主题”，意思明确了许多。改革开放后，“发展主题”可谓一以贯之，党的十六大更是明确指出，发展是我党执政兴国的第一要务。加一“主”字，一下子就将内容扣紧、扣实了。

“幸福路”改为“全面小康”，也有异曲同工之妙。“幸福路”是虚指，“全面小康”则是党中央提出的我国第三步战略目标，是这届“两会”的重要议题之一。

这一改，不仅内容更丰富，新闻性也更突出了，标题紧扣内容，虚实结合，内涵丰富而明晰。

做出一个好的虚题，着实不易，有一个“讨巧”的办法，就是“借力”。中国素有诗国之称，历代先贤骚客给我们留下了丰富的宝藏，关键在于我们要“识宝”，“借”得恰到好处。

2011 年是美国“9 · 11”十周年，这一天，美国在世贸中心遗址举行了隆重的纪念仪式。9 月 12 日的《文汇报》在头版刊登了一幅图片，画面是一位在“9 · 11”恐怖袭击中失去儿子的老人，跪在纪念碑前抚摸碑上镌刻的儿子的名字。

图片用了这样一个标题：“十年生死两茫茫”。

这是苏东坡纪念亡妻的词作《江城子》中的一句，朴素真挚，沉痛感人。

何谓好标题？布封说，好的语言是“恰当的词放在恰当的地方”。好标题也一样，就是用得恰当。编辑把东坡这句词“借”用在这里，十分贴切，确实是放在了“恰当的地方”。

2012 年 1 月 6 日，本报头版头条刊发了我和赵鹏采写的《潮打平潭海气通——福建加快平潭综合实验区开放开发纪实》。文章发表后，平潭的同志对这个标题给予很高评价，认为有文采，气势大，并且意思表达精当到位。虚题不仅在于能较好地概括文章的内容，还在于便于评价新闻的意义。平潭是福建第一大岛，目标定位是“打造海峡两岸人民的共同家园”，“海气通”含蓄地点出了这个意思，也点出了平潭开放开发的亮点。而这个标题，其实也是“借”来的。

福州山川峻美，形胜东南，无数文人墨客徜徉山水间留下了许多诗词佳作。宋代朱熹《游西湖》一诗中有这样的句子：“湖光尽处天容阔，潮信来时海气通。”平潭一稿的标题便是对此句稍加“改造”点化而来的。

“借”古诗入题有一点要注意，就是字面意思不可太深奥，不宜用典，要使普通读者能一读就明白。

2011 年 2 月 27 日本报头版头条是福建分社采写的，我做的原题是：《八闽鼙鼓动地来》，“借”白居易《长恨歌》里“渔阳鼙鼓动地来，惊破霓裳羽衣曲”一句点化而成。但见报时，编辑将标题改成了《福建谋变之年提速提气》。且不论虚题实题哪个更好，我想，可能促使编辑改题的一个原因，就是“鼙鼓”一词比较深奥，好多读者恐怕这个词怎么念都不知道。

还有一点要注意的，就是标题做完后要多读，多推敲。标题中一定要用动词，“一个动词胜过一打形容词”，写文章如此，做标题也是如此。只有多读、多推敲，才能找到那个意思最恰当、音韵最响亮的动词。

2011 年 6 月 7 日，本报头版头条刊发了我和赵鹏采写的《八闽飞歌唱跨越——写在中央支持福建加快建设海西经济区两周年之际》。“飞歌”原为“高歌”，题做完后我仍然一直在反复推敲，发稿前终于下定决心把“高歌”改为“飞歌”。

“高歌”形容一种声势，体现一种精神状态，而“飞歌”则是真正的动词，更富画面感和美感。

2008 年 4 月 23 日本报头版头条题为《一桥飞越杭州湾》。我想，若标题中的“飞越”改为“飞跨”当更好。因为虽然都是动词，但“跨”显然比“越”动感更强，更有气势，音韵也更响亮，作者多读几遍便自会感觉。

更多诉诸个体的情感共鸣

2016年7月27日，杨振武社长批示肯定记者调查版《唐山四十年》一文："稿子抓得很及时，写得也好，值得充分肯定。"

这个批示，批在人民网、新媒体中心对《唐山四十年》于7月22日在记者调查版刊发后做的一份舆情报告上。《唐山四十年》刊出后，本报新媒体矩阵发力二次传播，众多网站、微博客、微信公众号转发，成为纪念唐山大地震40年各种报道的重要转引来源。

这份报告介绍了本报和新媒体以及其他媒体转载、转发时对标题的处理情况，从标题制作的角度比较一番，也颇能给人以启发。

人民网统计，刊发当天，有30多家网站转载，并做重头文章推介。转载时有的改了标题。

本报记者调查版做的标题很正，很平实，大气宏观：《唐山四十年》

部分重要网站转载时重新做题，但基本上也沿用这种"正而平实"的思路，如：

中新网：《唐山大地震40周年：在巨灾中挺立，在毁灭中新生》

华讯网：《唐山：正酝酿着又一次凤凰涅槃》

中国搜索：《巨震后的新唐山涅槃重生40年：在灾难中失去　由进步来补偿》

凤凰网：《人民日报刊文纪念唐山四十年：从瓦砾中站立起来了》

中国军网：《唐山四十年：活下来、站起来、赶上去、闯过去》

军网的这个题，化用了《唐山四十年》报道中四个小标题里的"关键词"。

值得我们关注和思考的，是以微信代表的另一类风格的标题。

本报客户端:《人民日报推出整版报道大地震亲历者讲述唐山四十年》

本报微信:《铭记！唐山大地震 40 年，听 14 位亲历者催泪讲述……》

大气宏观的标题，由于“大”，聚焦亦难。聚焦模糊，便容易丢失看点。相比而言，从微观切入，聚焦便容易许多。

没有心灵的内面，文字就会流于平面。《唐山四十年》这篇报道，主笔孔祥武采访了 14 位经历过唐山大地震的普通人，通过人物个体命运变幻的述说以及历史大背景中小细节的呈现，来唤醒读者的同情心，鲜活生动，具象沉实，作者的情感温度和认知深度通过这些亲历者的故事，传递给了读者。14 位亲历者的叙说，不仅触及自身心灵，记者细腻的笔触也触动着人类共同的情感。从人的维度去回首往事，报道由此获得了更大的传播效应。

本报新媒体的标题，正是突出了人的维度，因而产生了更好的传播效果。人民日报新媒体中心统计，截至 25 日，单条微博总阅读量 220 万次，转发、评论和点赞总数 5176 次；微信阅读数 18.68 万，点赞数 1363；客户端文章评论跟帖 841 条，点赞数 1275。

显然，微信的反响远远大于网媒。来自人民网舆情数据中心的统计也可以说明这一点：截至 7 月 25 日上午 9 点，《唐山四十年》在微信平台转载量最大，转载篇次 187 次；网媒转载共计 126 次。

富有温情的情感类文章、有价值的故事，更易在微信平台——“微关系”“熟人传播”的网络圈中传播，或许是该文在微信平台取得转载量最大的原因之一。但不可否认，“题好一半文”，标题在其中也发挥了很大作用——从微观切入，打情感牌，让作者编者的一片深情直抒胸臆，令受众备感亲切，难以忘怀。

或许正因如此吧，很多微信公号转发时大多采用《铭记！唐山大地震 40 年，听 14 位亲历者催泪讲述……》这个题，也有的稍作变动，如：

今日头条:《40 年了你还好吗？听 14 位唐山大地震亲历者催泪讲述》

还有的直戳读者泪点:《〈人民日报〉刊文，这样讲述唐山 40 年，很多

人都看哭了！》

综上所述，不是用后者来否定前者。媒体属性不同，标题手法自有差别，比如平面媒体的主标题，受限于版面篇幅，字数有严格限制。更不是煽情就比沉稳好，稍冷一点的调子叙述起来，或许读者会感觉更有张力和持续性。

尺有所短，寸有所长。新旧媒体的融合是大势所趋，这种融合，势必渗透方方面面。本报标题已形成一种正而平实、大气宏观的风格，众多重要网站在转载我们的报道时虽然对标题做了修改，但思路与我们一致，也说明对这种风格的认可。但是，是否还可以再糅进微观一点、注重人的维度的因子呢？更多诉诸个体的情感共鸣，或许更有利于聚焦看点，抓读者眼球。正像著名摄影记者皮特·亚当斯所说："对于伟大的摄影作品，重要的是情深，而不是景深。"

回到《唐山四十年》这篇报道上，目前只标了一行主题，或可汲取本报微信做标题的手法，做成肩、主双行题：

（肩题）*听 14 位大地震亲历者讲述*

（主题）**唐山四十年**

事实上，强调"微观一点、注重人的维度的因子，更多诉诸个体的情感共鸣"，不仅是针对标题，也包括我们的整个报道。

好标题是一字一字抠出来的

卢新宁副总编辑在编前会上表扬了2015年9月16日经济版头条的标题：

（引题）*现行强制性国家标准、行业标准、地方标准达一万余项，交叉重复矛盾造成执行困难*

（主题）**标准多到不标准，必须标准！**

卢总说，审样时看到这个标题，先是眼睛一亮，接着有些困惑，又生出一点担心，怕这样的创新有点说不大清，不符合记协提出的评中国新闻奖的要求。经济版主编沈寅解释，第一个标准是名词，第二个标准是形容词，第三个标准是动词，完全说得清。犹犹豫豫签发了。今天听到好几个同志反映这个标题做得好，有新意。

卢总要求大家都来用心做好标题，“题好一半文”。

这里要点赞卢总的雅量，更要称赞沈寅等创新的勇气。一眼就可以看出，这个标题是花了工夫琢磨的，并且可贵的是很理性，知其所以然，把创新亮点概括得清清楚楚。

眼下我们在重点稿编辑中也注意到了对标题的推敲，但功夫还下得不够深。好标题是一字一字苦苦抠出来的，只要时间赶趟，就要敢于拒绝平庸。特别是重点稿不太多，每篇稿子的标题，都要拿出点“绞尽脑汁”的劲头。

事实上，改出来一个好标题是十分快乐的。不信？试试！

百炼成题

“春风又绿江南岸”，王安石的这句诗大家都很熟悉，诗人反复修改诗句的故事大概也不陌生。此句始为“又到江南岸”，后改为“又过江南岸”，又圈掉“过”改成“入”，再圈掉“入”改为“满”，最后才定下那个千古传诵的“绿”字。

吟安一个字，何止是捻断数茎须呀。

这是“发表”之前。

“发表”之后呢？仍挡不住诗人依旧浅吟低唱，涵泳不已，务求更佳。

杜甫七律《曲江对酒》有句：“桃花细逐杨花落，黄鸟时兼白鸟飞。”宋朝魏庆之的《诗人玉屑》里记载，有一士大夫收藏了杜甫这首诗作的墨迹，杜甫题诗赠友，“发表”了，仍细细吟哦，后来，“自以淡墨改三字”——将前句“桃花欲共杨花语”改为“桃花细逐杨花落”。

“桃花欲共杨花语”，意境挺美，却是模糊的，与后句“黄鸟时兼白鸟飞”之间没有呼应。“桃花细逐杨花落”，三个字一改，桃花拟人化了，具象清晰了，动感顿出，前后两句相互顾盼，画面融合，意境浑成。

怎么突然想起拣拾这粒“玉屑”了呢？因为听了禹伟良不经意间说的几句话。

2016 年 7 月 29 日，记者调查《湖北还湖》刊出。下午与伟良闲聊，他道昨晚签发版样后，脑子里还是这块版，一夜都没睡好，自忖也许思想解放一点，再加上两个字的话，或许会更有意思一点：《湖北　还湖找“北”》。

“找北”，化自日常生活中人们常说的“找不着北”。改革开放后 30 多年快速发展，让有些地方忘记了改革的“初心”，迷失了发展方向，动不动以发展的名义征良田、填湿地，生态环境日益恶化，汛期一来便是“百年一遇”。用老百姓的话说：找不着北了。由此引申。

“找北”一说内含颇丰，也口语化，接地气。“还湖找‘北’”，又巧用修辞中的拈连手法，由湖北省名，拈连出“还湖找‘北’”，让读者脑瓜子“急转弯”一下，增添几许阅读情趣。

当然，真要上了标题，总编辑那里未必能通得过。因为本报标题总体崇尚端庄大气风格，小情调、小幽默不大入得法眼。但是，报纸都出来了，还在那里琢磨标题得失，这种虽尘埃落定，仍壮怀不已的精神，实在令人感佩。我想，这份执着和热爱，和老杜的“自以淡墨改三字”也是有一比的吧。

做标题，或者说改标题，是编辑的一项重要职责。目前，由于我们做的不是“终端产品”，总觉得标题最终还要由夜班编辑定夺，因此，在改标题上下的功夫很不够。比如，这样一种情况司空见惯，不少分社的重点稿我们精心改过编过了，内容与原稿其实已经有了很大差别，然而，标题却还是原稿的那个。或者，标题稍稍做了改动，但显然不如改文章那样用心，那样下功夫。

做出一个好的标题，不能靠抖机灵，需要细细修改，苦苦斟酌，百炼千锤，从而以最精当的字句表达出丰满的内容。

实际上，这要求我们每个编辑日常须养成那种反复琢磨标题的好习惯，就像伟良那样。

这，也是人民日报的优良传统之一。

我 20 世纪 80 年代进报社时，老编辑钟立群曾给我们做过一次做标题的培训，30 多年过去，还记得他当场点评的一个标题。那时农村改革大潮方涌，养鸡大户、养猪大户还是“新生事物”，大流通也随之而兴，江苏苏北地区的鸡大量销到江南。有家报纸报道这个消息时做了这样一个标题：《百万雄鸡下江南》。

我们都知道毛主席那句名诗：“百万雄师过大江”。钟老说，这个标题首先是政治不正确，胡乱化用毛主席的诗，很严肃的搞得很不严肃。第二是内容不准确，怎么可能养的都是公鸡呢？销的都是公鸡呢？母鸡们怎么办？全场哄堂大笑。

笑识名编好风采。钟老那时已退休或将退休。再听说他的消息，是在《社内生活》上了。

他的女儿钟嘉写了一篇《在父亲最后的日子里》："一天下午，他睡醒来，平躺着，脸上表情平静。我坐在床边，揉着他常常冰凉而麻木的手。他突然说：我曾经做过一个标题，《春分不闻黄鱼叫》……"

在生命最后的日子里，一个把毕生献给新闻事业的老报人，还在他曾经做过的标题里徜徉、流连。

春风又绿江南岸。如今，我们已承继了钟老钟爱的身份——人民日报编辑，然而，我们是否能够承继钟老挚爱编辑事业的那种精神呢？在当下愈来愈浮躁的新闻生态下，或许该有这样一问。

这个标题为何失当？

读 2014 年 1 月 2 日二版头条《耕地其实还在减少》感觉有点奇怪，两天前——12 月 31 日刚刚报道过此事——头版发消息，第 9 版作详细报道。对比细读后明白了，这是对两天前的消息再解读。如这篇报道的第一个小标题即：“增加 2 亿亩怎么看？只是账面数据的变化，不代表我国耕地面积增加了”。

显然，此稿属于对上一稿处理失当的补救。这“失当”中，恐怕包括标题制作。

12 月 31 日头版消息标题为：

（主题）**全国耕地 20 亿亩**

（副题）增加逾 2 亿亩，人均仍不到世界水平一半

20 亿亩是第二次全国土地调查公布的最新数据。我们都知道，这些年耕地保护一直叫得很响，有一个口号就是 18 亿亩的红线坚决不能突破。因此，很多人脑海里已经深深烙下了“18 亿”这个数字，这个 20 亿自然比 18 亿多出来 2 个亿。似乎没错。

可事实上，当天 9 版在详细解读的报道中已作说明：“多出的 2 亿亩耕地当中，相当部分已经在现有的播种面积当中体现出来。……全国农作物的播种面积是在现有的耕地面积基础上，通过抽样调查计算出来的。从 2004 年开始，国家取消了农业税，而且不断加大对粮食的补贴力度，这样一来，过去有一些没有种的，或者没有上报的耕地，也陆续用来进行农业耕种。”由此看来，那个“18 亿”其实是个约数。

但这个解释依然不够明晰，不如 1 月 2 日补救稿说得直白明了：“只是

账面数据的变化，不代表我国耕地面积增加了”。

所以，头版消息副题“增加逾 2 亿亩”，显然不妥。

无独有偶，12 月 31 日，同样的内容，海外版做的标题是：我国耕地增加逾 2 亿亩。

犯错的是编辑，但误导编辑的还是记者的稿件表达得不够明了。特别是此类报道，多年宣传报道已给读者留下深刻印象，尤其要“丁是丁，卯是卯”，直截了当说个清楚。

后　记

半世情缘

生在江南，吴语轻软，米也糯软；到济南读大学便愁了吃，馒头干，不好咽。那还是20世纪70年代末，吃粮凭票，票分全国、地方，粮分细面、粗粮。大米属细面，一个月仅一斤六两；粗的是玉米面、黑面，各类杂粮，做的馒头更粗硬，更难咽。某日，有位杭州籍男生在宿舍放声恸哭，同学劝，老乡劝，辅导员劝，甚至找来与他同组的女生劝，谁都劝不住。哭啥呀？不说。哭够，号了一嗓：我——想——吃——大——米——饭！

我没落泪，可也挡不住对米饭拂之不去的念想。毕业死活回南方！那念头在脑海里盘旋不去。

1983年毕业，大学生是香饽饽，江苏也有名额。我前一年参加全国大学生散文竞赛拿了奖，正春风十里，却挑了个比山东更北的地方——北京人民日报社。

因为北京？北京有二十几个单位向我们招手。

因为记者风光？新华社记者似乎更牛——那时候不少电影里有这个角色，去新华社也有名额。

选择只是瞬间，而我的心底很可能已藏了一个太久太久的秘密。

2010年，我在《人民日报》副刊发了篇散文《心底的那块黑板》，说的是上小学时办学校黑板报的事。有同事开玩笑：你退休写回忆录可称“办报生涯五十年”。

也许，对“办报”情有独钟，真的就是那时落的种。

入社第三年参加中央讲师团，在芜湖师范支教一年，天天和幼儿师范班上 40 个清纯阳光女孩面对面，常常不由自主地心跳加速。就找个漂亮妹子留下吧，挺好的。夜里千条路，早上起来卖豆腐。舍不下办报。

1990 年调经济部，和中石油、中海油之类超级央企打交道。报社工资低，分房又老轮不上，一家三口挤“筒子楼”。来我们这里吧，有房，收入高，还有“位子”。很是诱惑。然而……谢了，不如办报。

还曾有机会调中南海，但是但是……思来想去，还是办报。

在新媒体盛况空前的当下，我最早嗅到了报纸死亡的气息。2009 年 3 月，改革开放后最早诞生的报纸、人民日报社办了 30 年的《市场报》转型为人民网一个频道——市场报网。作为末任副总编辑，我写了最后那期《致读者》：

“道一声再见，不是悲壮的永别，而是一次光荣的转身！”

市场报网能完成“光荣的转身”吗？不知道。但我知道：我，决不转身！

“纸”也许会死，但“报”永不消亡，只要人们对媒体的需求还在，就得有人办报，只不过“纸”也许变“屏”，也许……其他，正像汉字不会亡一样，阅读不会死，媒体不会死！

作别《市场报》，旋即创办《中国能源报》。2010 年底调任人民日报社福建分社社长，首席编辑变首席记者，“席”未暖，两年半后又回人民日报社地方部重执编务。

还是办报，还在办报，还欢喜办报。

报纸是一种精致阅读体验，守住这份精致，才能在新媒体时代岿然屹立，这需要一批人怀抱理想坚持不懈，守正创新。

然而，三十年河东，三十年河西。报纸的精致，源自办报人的较真。三十年前，人民日报社业务批评与自我批评风气蔚然，编辑部大厅的评报栏，是每天最靓的一道风景。“感谢批评，感恩批评”，不少年轻人以获得老编辑、老记者批评为荣。“评上高级记者后，恐怕还愿赐我批评的就更少了。”我的老领导、经济部主任艾丰获评人民日报第一批高级记者后，曾发出这样一声长叹。

光阴荏苒，“河东”“河西”景象大变，那“河”也早已不再那么清澈、那么湍急……

这是一个被称为“人人手里都握麦克风”的时代，办报早已光环不再，谁还批评？和谁较真？重业务、好争鸣的氛围似乎也飘荡随风，化为轻絮。

退一步说，即使有人对批评欢迎依然，可你能胜任批评者的角色吗？仅凭三十多年资历，仅凭个人一点感悟，如果难以超越经历的有限和经验的狭隘，又能给人多少切实帮助呢？又如何给人更开阔的视野和超越的眼光呢？这，同样也令人纠结。

怅然之中，忍不住回望来路。

我分到人民日报就在一版上夜班。头一回写稿，是投一版的小言论专栏《今日谈》，副总编辑丁济沧亲自指导修改，从标题到内容。第二回，总编室主任陆超祺改得更细，稿样如“天女散花”，真的只恨地板上少条缝。一字一字数下来，剩下来我写的不过十几个字。哪还好意思署名？组长李济国笑着圆场：那就老陆、小费各取一字吧。刊出时署名：陆飞。

头一次写通讯，就被总编室副主任吴元富“毙”了，在本书《学会“站在天安门上看问题”》一节中细说了此事原委。如果说一个人大局观的培养也有开始的话，当是起步于这次稿子的被毙。

后调机动记者组。此前刚参加《少数民族地区纪行》报道，发表了近20篇通讯，那时《人民日报》才8块版，这个成绩已算不错，我向组长高新庆请战“独立写大稿”。老高却冷下脸：你那些风貌通讯就是走马观花，要学会调查研究问题。让我“跟班”到煤炭大港秦皇岛，调查当时十分猖獗的“煤倒”，写内参。

1990年，我调经济部，因为是外行，开始挺紧张，发了几篇稿，又有点飘飘然。副主任吴长生严肃指出，你的报道只见结果不见过程，没深度，不能给人启示。亲自指导点拨，让我采访全国煤炭系统第一个放开煤价走向市场的徐州矿务局。

部主任艾丰的教诲更令我终生难忘，批评我写的一篇头版头条“把肉埋在了碗底”，还把这个改写案例收进他的《新闻写作方法论》。老艾带我采访康佳集团，亲拟写作提纲，稿子出来从头改到尾，叮嘱再三：要用观点统领材料，“拎起来”写！

还有，跟着黄彩忠上夜班，学配短评，学做标题，三番五次受敲打：要刀刃上用钢，在要害处着笔，像一把匕首的刀尖；跟着皮树义创办《经济周刊》，从选题策划到版式策划，从办报内容到办报格局，从做新闻要有意义到既要有意义又要有意思，再要有创新……

当年的青葱小伙，如今鬓侵半苎。唯经时光打磨，那些往事，才会闪现内在光泽。就像一个人只有离开了故乡，那些陈年旧事才会在记忆里熠熠闪光。

一代人是该有一代人担当的，而最好的感恩，莫过于使命承担。

时光把我带到了把关人的位子上，写稿少了，看稿多了，很多来稿中的毛病，自己当初也曾犯过，脉象明了，前辈当年的教诲犹在耳边。鲁迅先生说过：“在学习者一方面，是必须知道了‘不应该那么写’，这才会明白原来‘应该这么写’的。”于是，我努力像当年那些对我耳提面命的前辈那样，格外认真地阅读，并遵奉鲁迅先生“批评必须坏处说坏，好处说好，才于作者有益”的教导，不揣冒昧，放下患得患失，实事求是地真诚道出自己的一点看法。

本书中多数篇章仓促杀青于工作中，未必想透，文字也不甚精准，抑或失之过于率直。也深知这般实话实说，原也未必都那么招人待见，无非一片冰心，竭尽绵薄。

大学虽读的是中文，却没受过文艺评论训练，思维方式还止于传统的随意性、领悟性，浅显表层，缺少深度。书中主要的篇章发于 2014 年下半年以来人民日报社地方部《值班手记》和报社内网《业务研讨》，这次结集，为弥补随笔式杂感式的散漫，加进了早些时候的部分相关旧作，努力增加点宽度，增强点系统性条理性，以期相辅相成。例如十多年前应邀给《中国海洋石油报》评报写的若干札记，及其他一些场合相关的文章、发言等。

批评自然要依据文本，当对稿不对人，篇后所引例文，为避免给作者造成无谓压力，除荐读报道署名，借稿说事的概不署名。自己的稿不再署名，与人合作者自然例外。

本书编讫喜闻佳音，“人民眼”专栏获评2016年度中国新闻奖一等奖。自2015年年初开始，所职地方部举国内分社全体之力，创办了人民日报第一块深度报道版——《记者调查》，每周一期，迄今已发上百期，“人民眼”为该版主打专栏，我参与始终，本书中也有多篇对这个专栏稿件的批评。

这或是上苍对踏实办报、敬业谋文，力图守住报纸这份精致者的嘉勉吧。

路漫漫其修远兮。我当不辱使命，也注定难了此情。

研讨新闻报道业务，尤其是党报报道，这类书无疑很小众。但此书付梓时出版社告知，我主编的《人民日报记者说·典型人物采访与写作》一书将二次印刷。甚是欣慰，留下联系方式，真诚欢迎批评指正，多提意见建议，以供有机会再版或修订时参考。

本人邮箱：feiweiwei@people.cn

2018年新春于北京金台园